Tom DeMarco und Timothy Lister

Wien wartet auf Dich! Der Faktor Mensch im DV-Management

Übersetzt von Peter Hruschka

Carl Hanser Verlag München Wien

Titel der Originalausgabe
Peopleware: Productive Projects and Teams

Published by Dorset House Publishing Co, Inc, 353 West 12th St. New York NY 10014.

Das **Titelfoto** zeigt die Plastik „Menschen im Gespräch" von Heinz Tobolla vor der Zentralbibliothek der TH Aachen.
Foto: Elfriede Corr

CIP-Titelaufnahme der Deutschen Bibliothek

DeMarco, Tom:
Wien wartet auf Dich! : Der Faktor Mensch im DV-Management /
Tom DeMarco und Timothy Lister. Übers. von Peter Hruschka. –
München ; Wien : Hanser, 1991
Einheitssacht.: Peopleware <dt.>
ISBN 3-446-16229-1
NE: Lister, Timothy:

Umschlag: Kaselow Design, München
Druck und Bindung: Druckerei Sommer GmbH, Feuchtwangen
Printed in Germany

"Gott, wie unvergleichlich sind des Kaisers neue Kleider!"
Keiner wollte es sich anmerken lassen,
daß er nichts sehen konnte,
dann hätte er ja für sein Amt nicht getaugt
oder wäre sehr dumm gewesen.
Keines von des Kaisers Kleidern
hatte jemals soviel Anklang gefunden.
- Hans Christian Andersen

Für alle unsere Freunde und Kollegen,
die uns geholfen haben,
nicht auf des Kaisers neue Kleider hereinzufallen

Inhaltsverzeichnis

Danksagung

Es ist immer wieder erstaunlich, wenn einem kleinen Film mit nur drei Darstellern im Abspann eine Liste von fünfzig bis hundert Beteiligten folgt. Oftmals kann man aus den Aufgabenbezeichnungen keine Rückschlüsse ziehen, welche Rolle diese Personen denn nun wirklich bei der Herstellung des Films gespielt haben. Aber trotzdem wäre der Film ohne deren Mitwirkung nicht zustandegekommen.

Auch die Produktion eines Buches hängt von der Mitarbeit vieler einzelner Personen ab, selbst wenn es so ein dünnes Buch wie dieses ist. Wir haben keinen zweiten Beleuchter und keinen dritten Assistenten für die Schminke gebraucht. Aber wir haben von den Beiträgen von Freunden und Kollegen profitiert, die uns in verschiedensten Rollen beraten haben: als Pointeure, Phrasierungsassistenten, Platitüdenkritiker, Anekdotenerzähler, Wortwahlkorrektoren, Nebensatzentflechter, Albernheitdetektoren und als Eine-Geschichte-zuviel-Vernichter. Regie führte unsere Lektorin Janice Wormington. Sie hat uns bei allen unseren Bemühungen betreut und uns sehr freigiebig ihre enorme Energie, ihre Kompentenz und ihre (normalerweise) gute Laune zur Verfügung gestellt.

Mark Wallace von der Firma Information Engineering und Linda Prowse von Hewlett Packard waren geduldig genug, um mehrere frühe Versionen des Manuskripts zu lesen und zahlreiche Verbesserungsvorschläge einzubringen. Und auch alle folgenden Personen haben wissentlich oder unwissentlich mindestens eine Idee zu diesem Buch beigetragen: Art Davidson, Wendy Eakin, Justin Kodner, Steve McMenamin, Lou Mazzuchelli, Nancy Meabon, Ken Orr, John Palmer, James und Susanne Robertson, John Taylor und Dave Tommela. Besonderen Dank sind wir auch den professionellen Softwareentwicklern schuldig, die an unseren Produktivitätsstudien und Programmierwettbewerben in den Jahren 1977 bis 1987 teilgenommen haben. Ein herzliches Danke an alle.

Die Ideen, die wir in diesem Buch darstellen, stammen teilweise aus unseren Erfahrungen mit liebenswürdigen und fürsorglichen Managern, mit denen wir bisher zusammengearbeitet haben. Zu denen gehören Johnny Johanessen und Al Stockert von den Bell Telephone Laboratorien, Sven-Olof Reftmark und Harry Nordström (Philips Schweden), Gerard Bauvin (La SLIGOS), Ron Hester, der jetzt bei IMI Systems arbeitet, Bill Plauger (jetzt bei Whitesmith, Ltd.), Nancy Rimkus von American Express und Jerry Wiener, wo auch immer er momentan sein mag.

Vorwort zur deutschsprachigen Ausgabe

"Narren stürzen sich auch auf Dinge,
wo Weise vorsichtig zögern."
- Alexander Pope

Ein Kind wird in seiner Unschuld oft dazu verleitet, Erfahrungen aus seiner eigenen, kleinen Welt auch auf die große Welt anzuwenden. Diese Naivität wirkt bei einem Kind bezaubernd. Wenn ein Erwachsener das Gleiche tut, hält man ihn vielleicht für einen Narren.

Tun wir das nicht gerade, wenn wir diese typisch amerikanische Arbeit in eine ganz andere Welt bringen? Betrachten Sie nur dieses seltsame Trio: Sie als deutscher Leser (als Manager, als Entwicklungsingenieur oder als Methodenanwender) und wir beide: amerikanische Berater, die Ideen und Verhaltensweisen anprangern, wie sie nur allzu häufig bei Managern in den USA beobachtet werden können. Die kulturellen Unterschiede zwischen uns sind gewaltig. Wegen dieser Unterschiede haben wir früher immer angenommen, daß Veröffentlichungen über Firmenkultur, die auf unserer Seite des Atlantiks sinnvoll sind, auf Ihrer Seite vielleicht irrelevant sind. Nach ein paar Beratungsaufträgen in der alten Welt haben wir das noch einmal überdacht. Nun scheinen uns doch wenigstens einige der Schwachstellen des amerikanischen Managements auch auf Europa zuzutreffen. Und viele der von uns vorgeschlagenen Lösungen funktionieren vielleicht auch in Ihrer Organisation.

Wir hoffen aufrichtig, daß einige Ideen aus diesem Buch auch für Ihre Arbeit relevant und hilfreich sind. Wir sind sicher, daß Sie bei anderen Teilen vielleicht nur den Kopf schütteln werden. Vielleicht fragen Sie sich: was sind das eigentlich für komische Typen, dieser DeMarco und der Lister, wenn ihnen solche Ideen durch den Kopf gehen. Teilweise wird man das mit den kulturellen Unterschieden begründen können. Aber nur teilweise; denn viele der amerikanischen Leser halten uns auch für komische Typen. Vielleicht sind wir das auch. Vielleicht stürzen wir uns deshalb oft auf Dinge, “wo Weise vorsichtig zögern”.

Oktober 1990

Tom DeMarco
Camden, Maine

Timothy Lister
New York, NY

Vorwort

Wenn Sie jemals an einem größeren Entwicklungsprojekt beteiligt waren, dann kennen Sie sicherlich die Weisheit, die in dem Spruch enthalten ist: “Entwickeln Sie das erste System als Prototyp, mit der Absicht, es wegzuwerfen”. Erst wenn man ein System fertiggestellt hat, weiß man, wie man es eigentlich richtig gemacht hätte. Natürlich kann man nur selten ein Projekt ein zweites Mal machen, aber es wäre doch sehr schön.

Diesen Gedanken kann man auch auf ganze Karrieren übertragen. Nimmt man uns zwei zusammen, so haben wir schon fast 30 Jahre lang Projekte geleitet oder Projektleiter beraten. Das meiste, was wir gelernt haben, haben wir dadurch gelernt, daß wir es das erste Mal falsch gemacht haben. Wir konnten uns jedoch nie den Luxus leisten, ein Projekt noch einmal zu wiederholen, um es beim 2. Mal völlig richtig zu machen. Stattdessen haben wir dieses Buch geschrieben.

Es ist als eine Sammlung von Essays zusammengestellt; jeder einzelne davon behandelt einen Pfad, auf dem Manager normalerweise geführt werden, meistens zu ihrem Bedauern. Sie werden typischerweise von Aspekten der Managementüberlieferung irregeführt, einer Überlieferung, die so überzeugend und lauthals vorgebracht wird, und doch so oft falsch ist. Wir wurden selbst Opfer all dieser Überlieferungen. Wenn das Buch seinen Zweck erfüllt, dann wird es Ihnen vielleicht einige der Fehlwege ersparen.

Die Überlieferung ist voll von *einfachen* Lösungen: Nehmen Sie die Schätzung der Mitarbeiter und verdoppeln Sie diese. Halten Sie alle unter Druck. Lassen Sie Mitarbeiter nie zu Hause arbeiten, dort tun sie doch nichts. Die Lösungen, die wir auf den folgenden Seiten vorschlagen, sind alles andere als einfach. Wir werden Ihre Aufmerksamkeit auf den Menschen als Individuum lenken, auf die hochpolitische Arena der Büroumgebung, auf das Rätsel, wie man gute Leute behält, auf das packende, aber manchmal erbittert diskutierte Thema “Teams”, und schließlich auf das schwer faßbare Thema Spaß.

Das ganze Buch ist eine sehr persönliche Arbeit. Deshalb haben wir uns entschlossen, hin und wieder nicht als Autorenteam zu schreiben, sondern unsere individuellen Meinungen einzustreuen. An all den Stellen, wo wir unsere Individualität bewahrt haben, ist der Text mit unseren Initialen (TDM oder TRL) gekennzeichnet, damit Sie wissen, welcher Autor zu Ihnen spricht.

Wir haben im Text des Buches auf Fußnoten und Zitate verzichtet. Die Quellenangaben und andere Erläuterungen finden Sie jedoch im abschließenden Kapitel "Kommentare" mit Verweis auf die jeweiligen Seiten und auf das Literaturverzeichnis, in dem wir alle Quellenangaben zusammengefaßt haben.

September 1987

Tom DeMarco
Camden, Maine

Timothy R. Lister
New York, New York

TEIL I

MENSCHEN FÜHREN

Die meisten von uns sind als Manager für *einen* Fehler besonders anfällig: wir versuchen, Menschen so zu führen, als hätten wir es mit austauschbaren Bausteinen zu tun. Es ist ganz klar, woher dieser Hang kommt. Denken wir einmal nach, welche Vorbereitung wir für unsere Managementaufgaben hatten: Wir fielen unseren Chefs als geeignete Kandidaten für eine Managementlaufbahn auf, weil wir erfolgreich in Projekten gearbeitet haben, als Techniker und als Entwickler. Bei diesen Tätigkeiten mußten wir oft unsere Ressourcen in modulare Teile aufteilen, je nach Branche entweder in Softwareprogramme, in Schaltkreise, oder in andere Einheiten. Jedes von uns erstellte Modul wurde so entwickelt, daß es sich von außen gesehen wie eine Black-Box verhielt, denn dann konnten wir alle Details des Innenlebens dieses Moduls ungefährdet ignorieren. Wir haben alle Teile so entwickelt, daß sie von außen über Standardschnittstellen angesprochen werden konnten.

Nachdem wir uns jahrelang auf modulare Methoden verlassen haben, ist es kein Wunder, daß wir nach unserem Aufstieg in die Managementebene versuchen, mit Mitarbeitern auf die gleiche Weise umzugehen. Leider funktioniert das weniger gut.

In Teil I beginnen wir damit, Personen unter einem anderen Blickwinkel zu sehen und einen anderen Weg zur Menschenführung vorzuschlagen. Dieser Weg berücksichtigt insbesondere, daß die Personen, mit denen wir arbeiten, im wesentlichen *nichts mit modularen Bausteinen* gemeinsam haben.

Kapitel 1

Irgendwo scheitert heute ein Projekt

Seit Computer zum ersten Mal in größerem Maße eingesetzt wurden, sind bestimmt schon Zehntausende Buchhaltungsprogramme geschrieben worden. Wahrscheinlich sind auch jetzt - während Sie diese Zeilen lesen - Dutzende Buchhaltungsprojekte im Gange. Und irgendwo auf der Welt scheitert heute eines davon.

Stellen Sie sich das vor! Ein Projekt, bei dem keine wirkliche technische Innovation notwendig ist, geht einfach den Bach hinunter. Bei Buchhaltungsprogrammen ist das Rad schon so oft neu erfunden worden, daß einige Veteranen unter den Programmierern so ein Projekt schon mit verbundenen Augen abwickeln könnten. Trotzdem passiert es manchmal, daß so ein Projekt scheitert.

Nehmen Sie einmal an, Sie würden am Ende eines solchen Debakels aufgefordert, eine Autopsie durchzuführen. (Das würde natürlich niemals vorkommen, denn es gibt ein ungeschriebenes Gesetz in unserer Branche, das die Untersuchung unserer Fehlleistungen verhindert.) Nehmen Sie an, Sie bekämen die Chance, herauszufinden, wo die Fehler lagen, bevor sich alle Beteiligten irgendwo im Dunkeln verkriechen konnten. Ihr Ergebnis würde mit Sicherheit *nicht* lauten, daß fehlende Technologie das Projekt zum Scheitern gebracht hat. Man ist auf jeden Fall auf der sicheren Seite, wenn man heute behauptet, daß die Erstellung von Buchhaltungsprogrammen technisch möglich ist. Die Erklärung muß irgendwo anders liegen.

Seit 1977 haben wir jedes Jahr eine Untersuchung von Entwicklungsprojekten und deren Ergebnissen durchgeführt. Wir haben die Projektgrößen festgehalten, die Kosten, die Fehler, Produktivitätsfaktoren, und Erfolg oder Mißerfolg bei der Einhaltung der geplanten Termine. Bis jetzt haben wir ungefähr fünfhundert Projekthistorien gesammelt, alle aus echten, industriellen Entwicklungsprojekten.

Wir haben beobachtet, daß ca. fünfzehn Prozent aller untersuchten Projekte fehlgeschlagen sind: sie wurden beendet, abgebrochen, "zurückgestellt", oder sie haben Ergebnisse geliefert, die nie gebraucht wurden. Bei größeren Projekten sind die Erfolgschancen noch geringer. Ganze fünfundzwanzig Prozent der Projekte, die einen Umfang von fünfundzwanzig Personenjahren oder mehr hatten, wurden nicht beendet. Bei unseren ersten Untersuchungen haben wir die Fehlschläge einfach außer Acht gelassen und nur die erfolgreichen Projekte weiter analysiert. Seit 1979 haben wir jedoch alle noch auffindbaren Beteiligten von Projekten befragt, warum die Projekte schief gegangen sind. Bei der überwältigenden Mehrheit der gescheiterten Projekte haben wir *kein einziges Anzeichen von Technologieschwierigkeiten gefunden, das das Scheitern erklären könnte.*

Der springende Punkt

Die Ursache, die uns am häufigsten von unseren Gesprächspartnern für die Fehlschläge genannt wurde, war "Politik". Wenn Sie einmal über dieses Wort nachdenken, werden Sie feststellen, daß es oft ziemlich leichtfertig verwendet wird. Unter "Politik" werden oft so unterschiedliche und wenig zusammengehörige Dinge wie Kommunikationsprobleme, Personalprobleme, Schwierigkeiten mit dem Chef oder mit dem Kunden, mangelnde Motivation oder starke Fluktuation über einen Kamm geschoren. Viele Personen verwenden das Wort *Politik*, um alle Aspekte der Arbeit zu umschreiben, bei denen es um Personen geht. Aber unsere Sprache hat für diese Aspekte ein viel treffenderes Wort zur Verfügung: sie können als Projekt-*Soziologie* zusammengefaßt werden. Die wirklichen politischen Probleme stellen davon eine winzig kleine und pathologische Teilmenge dar.

Wenn Sie Probleme in einem Projekt als politisch einstufen, dann sind Sie sehr fatalistisch eingestellt. Wir wissen, wie wir mit technischen Herausforderungen fertig werden können. Aber seien wir einmal ehrlich: Wer von uns fühlt sich im Bereich der politischen Herausforderungen ganz sattelfest? Wenn wir die Probleme in die Klasse der soziologischen statt politischen Herausforderungen einstufen, dann machen wir sie handhabbarer. Projekt- und Teamsoziologie liegen vielleicht ein wenig außerhalb Ihres bisherigen Erfahrungsschatzes, aber keineswegs jenseits Ihrer Möglichkeiten.

Wie auch immer Sie personenbezogene Probleme nennen, mit einem müssen Sie rechnen: Sie werden damit in Ihrem nächsten Projekt mehr Schwierigkeiten haben, als mit allen Entwurfs-, Implementierungs- und Methodenproblemen zusammengenommen. Das ist die Grundthese dieses Buches:

Die größten Probleme bei unserer Arbeit sind keine technologischen Probleme, sondern soziologische Probleme.

Die meisten Manager geben bereitwillig zu, mehr Probleme mit Personen als technische Schwierigkeiten zu haben. *Aber sie verhalten sich als Manager nicht dementsprechend.* Sie handeln täglich so, als wären die technologischen Probleme ihre größte Schwierigkeit. Manager verbringen ihre Zeit damit, äußerst verwickelte und hochinteressante Fragestellungen zu durchdenken, die ihre Mitarbeiter lösen sollen. Manchmal könnte man glauben, daß sie die Aufgaben selbst lösen und nicht nur die Arbeit anderer planen und kontrollieren wollen. Ständig suchen sie nach technischen Genies, die ihnen versprechen, irgendeinen Teil der Arbeit auf besonders intelligente Weise zu automatisieren. (Lesen Sie zu diesem Punkt auch Kapitel 6, “Laetrile”.) Die wichtigsten, personenorientierten Aspekte ihrer Arbeit erhalten oft die niedrigste Priorität.

Ein Teil dieses Phänomens läßt sich durch die typische Karriere des durchschnittlichen Managers erklären. Die meisten haben zuerst gelernt, wie die Arbeit gemacht wird und nicht, wie sie gemanagt wird. Nur ganz selten findet man Firmen, in denen neue Manager irgendwelche Tätigkeiten nachweisen können, durch die sie ihre Fähigkeiten und ihr besonderes Talent für die Rolle im Management beweisen konnten. Sie haben im Normalfall wenig Managementerfahrung und keine geeignete Managementpraxis. Warum finden wir dann so oft neue Manager, die davon überzeugt sind, den Großteil ihrer Zeit über technologische Fragen brüten zu können und wenig bis gar keine Zeit an personenbezogene Fragen denken zu müssen?

Die High-Tech Illusion

Die Antwort liegt vielleicht in dem, was wir heute die “High-Tech Illusion” nennen: bei allen Personen, die sich mit *irgendwelchen* technischen Aspekten beschäftigen (und wer von uns tut das heute nicht?), herrscht die weit verbreitete Überzeugung vor, sie tummeln sich in einem High-Tech Geschäftsfeld. Beispiele für diese Illusion finden sie auf Parties, wenn jemand damit angibt, daß er “mit Computern arbeitet”, oder “im Telekommunikationsbereich beschäftigt ist”, oder mit “elektronischem Banktransfer zu tun hat”. Sofort fühlt man sich als Teil der High-Tech Welt. Nur unter uns gesagt: Normalerweise gehören diese Personen nicht dazu. Nur die Forscher, die den Durchbruch in diesen Gebieten erreicht haben, gehören wirklich zur High-Tech Welt. Der Rest von uns ist nur Anwender der Ergebnisse. Wir nutzen Computer und andere Technologiekomponenten, um unsere Produkte zu entwickeln oder unsere Dienstleistungen zu erbringen. Wir führen diese Arbeiten in Teams oder in anderen ziemlich eng verknüpften Arbeitsgemeinschaften durch. Daher leben wir in einem Umfeld, in dem menschliche Kommunikation eine tragende Rolle spielt. Unsere Erfolge sind auf gute menschliche Zusammenarbeit bei unseren Projekten zurückzuführen, und unsere Fehler resultieren aus schlechter menschlicher Zusammenarbeit.

Warum konzentrieren wir uns lieber auf die technische Seite unserer Arbeit statt auf die menschliche? Es liegt nicht darin, daß diese wichtiger ist, sondern daß sie einfacher zu handhaben ist. Die Installation eines neuen Plattenlaufwerks für den Computer ist wesentlich einfacher, als das Auffinden der Ursachen, warum Herr Sauerbier so eine Heidenangst hat und warum Fräulein Wagner schon nach wenigen Monaten mit der Arbeit in der Firma nicht mehr zufrieden ist. Menschliche Beziehungen sind kompliziert, ihre Effekte sind nicht sehr klar und deutlich zu beobachten, aber sie spielen eine wichtigere Rolle als alle anderen Aspekte der Arbeit zusammengenommen.

Wenn Sie sich dabei ertappen, daß Sie sich mehr auf die technischen als auf die soziologischen Aspekte konzentrieren, dann verhalten Sie sich wie die bekannte Witzfigur, die ihren

Schlüssel in einer dunklen Straße verloren hat, aber in der benachbarten Straße sucht, “weil dort die Straßenbeleuchtung besser ist”.

Kapitel 2

Hamburger herstellen, Hamburger verkaufen

Softwareentwicklung unterscheidet sich wesentlich von anderen Produktionsprozessen. Oft jedoch sind die Manager von Softwareprojekten und damit verbundenen Entwicklungsaufwänden aber von Managementideen geprägt, die aus typischen Produktionsprozessen stammen.

Versetzen Sie sich für einen Augenblick in die Lage des Managers der lokalen Niederlassung einer Fast-Food Kette. Wenn Sie an Effizienzsteigerung in so einem Betrieb interessiert wären, dann wären einige oder alle der folgenden Maßnahmen sicherlich vernünftig:

- Fehler ausmerzen. Dafür sorgen, daß die Maschinen (und die Menschen) möglichst reibungslos und störungsfrei laufen.
- Möglichst sofort und hart eingreifen, wenn Angestellte bei der Arbeit herumalbern.
- Angestellte wie austauschbare Teile von Maschinen behandeln.
- Den Normalbetrieb optimieren. (Denken Sie nicht daran, wie der Betrieb in Gang gekommen ist, oder was Sie machen müßten, um ihn zu schließen.)
- Verfahren standardisieren. Machen Sie alles stur nach Vorschrift.

- Experimente ausschließen. Dafür werden die Leute in der Zentrale bezahlt.

Das wären sinnvolle Ansätze, wenn Sie im Fast-Food Bereich oder in einem anderen Produktionsprozeß arbeiten, aber nicht für Ihr jetziges Umfeld! Diese Mentalität - Hamburger herstellen, Hamburger verkaufen - kann in Ihrer Entwicklungsumgebung fatale Folgen haben. Damit reduzieren Sie nur die Arbeitsfreude Ihrer Mitarbeiter und lenken deren Aufmerksamkeit von den wirklichen Problemen, die sie lösen sollen, ab. Dieser Managementstil wird die Arbeit unmittelbar negativ beeinflussen.

Um kreative, geistig arbeitende Mitarbeiter effektiv anzuleiten, müssen Sie Maßnahmen ergreifen, die fast diametral den oben genannten gegenüberstehen. Unsere Vorschläge für solche Maßnahmen sind in den folgenden Abschnitten beschrieben.

Fehlerquoten

Für die meisten Kopfarbeiter sind gelegentliche Fehler ein natürlicher und heilsamer Teil ihrer Arbeit. Leider trifft man sehr oft eine Einstellung an, die Fehler bei der Arbeit fast mit dem Begriff "Sünde" gleichsetzt. Wir müssen sehr hart an uns arbeiten, um diese Einstellung loszuwerden.

In vielen Gesprächen mit Software-Managern haben wir eine Strategie eingeführt, die wir als *iterativen Entwurf* bezeichnen. Die Idee dahinter beruht im wesentlichen darauf, daß Entwürfe manchmal von ihrer Machart her sehr fehleranfällig sind; diese Entwürfe sollten weggeworfen und nicht verbessert werden. Man sollte immer mit solchen Sackgassen bei Entwurfsarbeiten rechnen. Der Arbeitsaufwand, den man verliert, wenn man in eine solche Sackgasse hineingerät, ist im Verhältnis zu den Vorteilen eines klaren Neuanfangs relativ klein. Zu unserer Überraschung hörten wir von vielen Managern, daß diese Einstellung firmenpolitisch gegenüber ihren Chefs nicht durchsetzbar ist: "Wie können wir denn ein Zwischenprodukt wegwerfen, für dessen Erstellung unsere Firma Geld ausgegeben hat?" Sie schienen der Überzeugung zu sein, den Aufwand für die Rettung eines verkorksten Entwurfs eher verkraften zu können, auch wenn dadurch längerfristig Mehraufwände entstehen.

Wenn man ein derartiges Betriebsklima fördert, in dem einfache Fehler nicht erlaubt sind, dann zwingt man seine Mitarbeiter in die Defensive. Sie trauen sich nicht mehr, etwas auszuprobieren, was vielleicht schief gehen könnte. Als Chef fördern Sie diese Defensivhaltung, wenn Sie Verfahren streng systematisieren und sehr starre Methoden etablieren. Dann wird es Ihren Mitarbeiter nicht mehr möglich sein, wichtige strategische Entscheidungen zu treffen, vor lauter Angst, daß sie etwas Falsches tun könnten. Jede Ihrer Maßnahmen zur Vermeidung technischer Pannen und Fehler wird die Standardtechnologie vielleicht im Durchschnitt geringfügig verbessern. Die Teamsoziologie wird darunter jedoch erheblich leiden.

Der gegenteilige Ansatz wäre es, Ihre Mitarbeiter zu gelegentlichen Fehlern zu *ermuntern*. Sie können das dadurch erreichen, daß Sie Ihre Mitarbeiter hin und wieder fragen, welche erfolglosen Pfade sie beschritten haben, und dabei klar machen, daß "keine" nicht die beste Antwort ist. Wenn jemandem etwas schief geht, dann sollten Sie ihm gratulieren - es ist ein Teil dessen, wofür er bezahlt wird.

Eine Holzhammerdefinition für "Management"

Management ist ein sehr komplexer Sachverhalt; man kann eigentlich keine einfache Definition dafür geben. Die feinen Nuancen waren einem erfahrenen Manager, den wir auf einer Konferenz in London kennengelernt hatten, aber verloren gegangen. Er hat seine ganze Erfahrung auf diesem Gebiet in folgendem Satz zusammengefaßt: "Management heißt, Leute in den Hintern zu treten." Das kommt der Ansicht gleich, daß Manager all das Denken übernehmen und die Personen unter ihnen nur ihre Anweisungen ausführen. Vielleicht mag das für die Hamburgerproduktion ja auch funktionieren, aber sicher nicht bei Aufgaben, die man eher mit dem Kopf als mit den Händen erledigt. Dabei muß jeder Beteiligte sein Gehirn eingeschaltet haben. Sie können natürlich Personen "treten", um sie aktiver zu machen, aber Sie machen sie dadurch nicht kreativ, erfinderisch oder nachdenklich.

Ein Tritt mag vielleicht die Produktivität von Personen kurzfristig verbessern, langfristig ist dies sicherlich nicht die sinnvollste Maßnahme: Es gibt nichts Entmutigenderes für einen

Mitarbeiter, als das Gefühl, daß die eigene Motivation ungeeignet ist und daher durch die des Chefs "ersetzt" werden muß.

Das Traurigste an diesem Managementstil ist die Tatsache, daß er fast immer überflüssig ist. Nur in seltenen Fällen muß man drakonische Maßnahmen anwenden, um Personen bei der Arbeit zu halten; die meisten mögen ihre Arbeit. Manchmal muß man Personen eher dazu anhalten, *weniger* zu tun, um auf diese Weise sinnvollere Ergebnisse zu erhalten (mehr darüber in Kapitel 3).

Ein Lager für neue Mitarbeiter

In einer Produktionsumgebung ist der Vergleich von Personen mit Maschinenteilen erlaubt. Wenn ein Teil ausgeleiert ist, dann holt man sich ein neues. Das Ersatzteil ist mit dem Original 100% austauschbar. Sie bestellen ein neues Teil mehr oder weniger nur nach einer Nummer.

Viele Entwicklungsleiter haben die gleiche Grundhaltung. Kein Mitarbeiter ist unersetzlich; daran glauben sie fest und stark. Weil sie sich davor fürchten, daß ein wichtiger Mitarbeiter kündigen könnte, reden sie sich ein, daß es so etwas wie eine Schlüsselposition unter den Mitarbeitern gar nicht gibt. Ist nicht die wichtigste Aufgabe eines Managers die Sicherstellung, daß die Arbeit weitergeht, auch wenn einzelne Leute gehen? Sie handeln so, als würde es ein Lager für Mitarbeiter geben, das man anrufen kann und einfach sagt: "Schicken Sie mir einen neuen Fritz Wolkenstein, aber einen, der ein bißchen weniger arrogant ist als der letzte."

Einer meiner Kunden führte ein Personalgespräch mit einem seiner besten Mitarbeiter und war völlig überrascht, daß dieser etwas anderes wollte, als nur eine Gehaltserhöhung. Er sagte, daß er öfter zu Hause gute Ideen hätte, daß aber seine Modemverbindung in die Firma ziemlich langsam und umständlich zu handhaben wäre. Er fragte deshalb an, ob die Firma ihm nicht eine bessere Verbindung zu seinem Haus installieren und ihm ein leistungsfähigeres Terminal zur Verfügung stellen könnte. Die Firma tat dies auch. In den folgenden Jahren verbesserte die Firma sogar noch die kleine Heimbüroausstattung dieses Mitarbeiters. Aber mein Kunde ist ein untypischer Fall. Ich frage mich, was ein weniger sensibler Manager gemacht hätte. Viel zu viele

Manager haben Angst vor allem, was ihre Mitarbeiter unternehmen, um ihre Individualität zu bewahren.

-TRL

Ein Beispiel für einen weniger sensitiven Manager ist ein Chef, der extreme Anzeichen von Angst wegen der Individualität eines Mitarbeiters zeigte: Einer seiner sehr talentierten Kollegen war fast das ganze Jahr extern bei Kunden im Einsatz und lebte deshalb hauptsächlich von seinen Spesen. Eine Analyse seines Spesenkontos ergab, daß seine Ausgaben für Essen weit von denen anderer extern Beschäftigter abwich. Er gab ca. fünfzig Prozent mehr für Essen aus als andere. In einer empörten öffentlichen Hausmitteilung wurde der Kollege als "Spesenkrimineller" angeprangert. Die *Gesamtsumme* der Spesen dieses Mitarbeiters war jedoch keineswegs außerhalb der Norm. Alles, was er zuviel an Essen brauchte, hat er an anderen Stellen eingespart. Der Mann war insgesamt nicht teurer, nur anders.

Die Individualität der einzelnen Mitarbeiter stellt für jeden Manager, der blind den Managementstil aus Produktionsumgebungen übernommen hat, ein fortwährendes Ärgernis dar. Der geborene Personalmanager hingegen erkennt, daß Einzigartigkeit und persönliche Note eine vitale Kraft und Effektivität in die Projekte bringen. Individualität ist etwas, was gepflegt werden sollte.

Ein Projekt, das stabil läuft, ist tot

Der Gedanke an stabile Produktionsprozesse ist für Entwicklungsprojekte besonders schlecht geeignet. Wir übersehen oft die Tatsache, daß das Ziel eines Projekts eigentlich darin liegt, es (erfolgreich) zu beenden. Die einzige stabile Situation in einem Projekt ist seine Totenstarre. Wenn Sie nicht gerade eine Autopsie für ein gekipptes Projekt oder ein auf der Kippe befindliches Projekt vornehmen, dann sollten Sie Ihre ganze Aufmerksamkeit als Projektmanager auf die *Dynamik* der Entwicklung lenken. Oft aber wird der Wert von Personen für ein Projekt nach ihren stabilen, meßbaren Eigenschaften beurteilt: wieviele Zeilen Code sie schreiben können, oder wieviel Dokumentation sie produzieren können. Wir schenken leider der Tatsache, wie *gut jemand in ein Team paßt*, viel zu wenig Aufmerksamkeit.

Vor einige Jahren habe ich bei einer Firma einen Kurs über Design gehalten. Mittendrin zitierte mich ein höherer Manager heraus und forderte mich auf, einige Kursteilnehmer (aus seinem Projektteam) zu beurteilen. Sein besonderes Interesse galt einer der Mitarbeiterinnen. Es war offensichtlich, daß er Zweifel an ihren Leistungen hatte: "Ich weiß nicht genau, was sie eigentlich zu dem Projekt beiträgt - sie ist im Programmieren nicht sehr gut, auch nicht beim Testen und auch sonst nicht." Nach einigen Nachforschungen habe ich folgende erstaunliche Feststellung gemacht: Während ihrer zwölfjährigen Firmenzugehörigkeit hatte die Frau nur in Projekten gearbeitet, die überaus erfolgreich verliefen. Es war nicht offensichtlich, was sie dazu beitrug, aber die Projekte waren immer erfolgreich, wenn sie dabei war. Nachdem ich sie in dem Kurs fünf Tage lang beobachtet und mit einigen ihrer Kollegen gesprochen hatte, kam ich zu dem Schluß, daß sie ein hervorragender Katalysator war. Die Teams arbeiteten viel besser zusammen, wenn sie dabei war. Sie half den Kollegen, Kommunikationsprobleme auszuräumen und miteinander auszukommen. Die Projekte machten mehr Spaß, wenn sie im Team war. Als ich diese Feststellung dem Manager nahebringen wollte, stieß ich auf Probleme. Er wollte einfach nicht verstehen, daß die Rolle eines Katalysators in einem Projekt wichtig ist.

-TDM

Ein Katalysator ist wichtig, weil ein Projekt immer in Bewegung ist. Eine Person, die einem Team hilft, konstruktiv zusammenzuarbeiten, ist doppelt soviel wert wie eine Person, die "nur" arbeitet.

Wir haben keine Zeit, über die Arbeit nachzudenken; nur genug, um sie zu machen.

Wenn Sie die Aufgabe erhalten, eine bestimmte Arbeit zu erledigen, wieviel Zeit sollten Sie zur eigentlichen Ausführung der Arbeit einplanen? Keine hundert Prozent. Sie sollten sich etwas Zeit reservieren, für Brainstorming, zum Untersuchen von neuen Methoden, zum Austüfteln, wie Sie Teilaufgaben vielleicht ganz vermeiden können, zum Lesen, zur Weiterbildung oder einfach zum Vertrödeln.

Wenn wir auf unsere eigene Karriere als Manager zurückschauen, so kommen wir beide zu der Erkenntnis, daß wir in diesem Punkt versagt haben. Wir haben viel zu viel Zeit damit verbracht, die Arbeit zu erledigen, und uns nicht genug Zeit genommen, um die wichtige Frage zu stellen: "Soll denn das überhaupt gemacht werden?" Die Mentalität, die bei einer stabilen Hamburgerproduktion vorherrscht, versucht nicht einmal, ein Lippenbekenntnis dafür abzugeben, daß man bei der Arbeit denken sollte. Dort versucht man nur, hundert Prozent der Aufwände für die Arbeitsausführung zu verwenden. Wenn man eine Entschuldigung für die fehlende Zeit zum Denken sucht, dann schiebt man immer Zeitdruck vor. Als ob es irgendwo Arbeit gebe, die nicht unter Zeitdruck steht!

Die Bedeutung des etwas überlegteren Ansatzes wird umso größer, je mehr auf dem Spiel steht. Wenn wahre Herkulestaten verlangt werden, dann müssen wir lernen, weniger Zeit in die eigentliche Arbeit zu stecken und mehr Zeit mit dem Nachdenken über die Arbeit zu verbringen. Je heldenhafter die geforderten Leistungen sind, desto wichtiger ist es, daß die Teammitglieder lernen, gut miteinander auszukommen und das Projekt zu genießen. Das Projekt, das bis zu einem unmöglichen Abgabetermin erledigt sein muß, kann nicht ohne häufiges Brainstorming und ohne ein gutes Projektessen auskommen oder ohne ähnliche Maßnahmen, die den einzelnen Teilnehmern dabei helfen, als Team eine effektive Einheit zu bilden.

Aber das sind alles nur Binsenweisheiten. Jeder weiß das und verhält sich dementsprechend, nicht wahr? Falsch. Wir sind so stark auf das "Machen" ausgerichtet, einfach irgendetwas machen, daß wir nur knappe fünf Prozent unserer Zeit für alles andere zusammen verwenden: zum Planen, zum Ausprobieren neuer Methoden, zur Weiterbildung, zum Lesen, zum Schätzen, zum Budgetieren, zum Termine machen und für die Auswahl von Personal. (Diese Fünf-Prozent-Zahl stammt aus der Analyse von Systementwicklungsprojekten, aber sie scheint allgemeiner anwendbar zu sein, vielleicht sogar für die Gesamtheit aller Angestellten.)

Die Statistik über das Lesen ist besonders enttäuschend: Der durchschnittliche Software-Entwickler besitzt kein einziges Buch zu dem Thema seiner Arbeit und hat nicht einmal eines gelesen. Diese Tatsache ist erschreckend für jeden, der mit der Qualität der Arbeit in Projekten zu tun hat; für uns beide, die wir Bücher schreiben, ist sie wahrlich tragisch.

Kapitel 3

Wien wartet auf Dich

Vor einigen Jahren habe ich mit einem Manager eines großen Projektes in Südkalifornien alte Computergeschichten ausgetauscht. Er begann mir zu erzählen, welche Effekte sein Projekt und die unmöglichen Arbeitszeiten auf sein Team hatten. Es gab bereits zwei Scheidungen, die in direktem Zusammenhang mit Überstunden standen, die seine Leute machen mußten; die Kinder von einem Kollegen hatten Schwierigkeiten mit Drogen, wahrscheinlich weil ihr Vater im letzten Jahr zuwenig Zeit gehabt hatte, sich um sie zu kümmern. Außerdem hatte der Leiter des Testteams einen Nervenzusammenbruch erlitten.
Als er mit all den Horrorgeschichten fortfuhr, wurde mir klar, daß der Mann auf eine seltsame Weise prahlte. Man könnte fast annehmen, daß nach ein oder zwei weiteren Scheidungen und einem Selbstmord sein Projekt ein wirklicher Erfolg gewesen wäre - wenigsten in seinen Augen.

-TDM

Trotz all dem Gerede über "smarteres Arbeiten" ist die Meinung weit verbreitet, daß richtiges Management nur damit zu tun hat, wie man seine Leute dazu kriegt, härter und länger zu arbeiten, meistens auf Kosten ihres Privatlebens. Manager geben immer damit an, wieviele Überstunden ihre Mitarbeiter leisten, und welche Tricks man anwenden kann, um noch mehr aus ihnen herauszuholen.

Management nach der spanischen Theorie

Geschichtsforscher haben vor langem schon Theorien über verschiedene Wertvorstellungen entwickelt: Nach der spanischen Theorie beispielsweise existiert nur eine feste Menge von

Werten auf der Welt. Deshalb liegt der Weg, Reichtümer anzuhäufen, in der Erkenntnis, wie man diese effizienter aus dem Boden und aus dem Rücken der Leute herausholt. Alternativ dazu gab es die englische Theorie, nach der man Werte durch Genialität und Technologie schaffen kann. Daraus resultierte in England die industrielle Revolution, während die Spanier versuchten, das Land und die Indianer in der Neuen Welt auszubeuten. Sie transportierten ungeheure Mengen an Gold über den Atlantik. Das Ergebnis ihrer Bemühungen war eine enorme Inflation, weil zuviel Gold für viel zu wenig brauchbare Waren vorhanden war.

Die spanische Theorie über Werte ist heute unter Managern noch weit verbreitet. Man merkt das immer dann, wenn sie über Produktivität sprechen. Produktivität sollte eigentlich heißen, mehr an einem Arbeitstag zu schaffen; oft bedeutet es aber nur, mehr für einen Tageslohn herauszuschinden. Zwischen den beiden Ansichten besteht ein großer Unterschied. Die Manager, die nach der spanischen Wertetheorie arbeiten, träumen davon, Produktivitätssteigerungen durch den einfachen Mechanismus von unbezahlten Überstunden zu erreichen. Sie dividieren die Arbeitsleistung einer Woche einfach durch vierzig Stunden, und nicht durch die achtzig oder neunzig, die die Mitarbeiter tatsächlich hineingesteckt haben.

Das kann man eigentlich nicht als Produktivität bezeichnen - eher als Betrug - aber so machen es heute viele amerikanische Manager. Mit Zuckerbrot und Peitsche schmeicheln und prügeln sie ihre Mitarbeiter zu Überstunden. Sie schärfen ihnen ein, wie wichtig der Abnahmetermin ist (obwohl dieser vielleicht völlig willkürlich festgelegt wurde; die Welt bleibt nicht stehen, wenn ein Projekt einen Monat später fertiggestellt wird). Sie verleiten sie dazu, unhaltbare Pläne zu akzeptieren, und bringen sie durch Beschämung dahin, alles und jeden zu opfern, um die Termine einzuhalten; sie tun alles, um sie zu noch härterer und längerer Arbeit anzuhalten.

Ein Bericht von der Heimatfront

Den ganzen Tag im Büro sind Ihre Entwickler der Botschaft "länger und härter arbeiten" ausgesetzt; abends zu Hause hören sie eine ganz andere Botschaft. Dort heißt es: "Das Leben geht an Dir vorbei. Deine Schmutzwäsche stapelt sich im Schrank, Deinen

Kindern fehlt die Zärtlichkeit, und Dein Partner fängt schon an, sich anderweitig umzusehen. Es gibt nur noch eine Runde auf dem Karussell des Lebens, nur noch einen Schuß auf die Zielscheibe. Und Du verschwendest Dein Leben mit COBOL ..."

> Aber Du verstehst, wenn Dir jemand die Wahrheit sagt,
> Du kannst haben, was Du willst, oder einfach nur alt werden.
> Du wirst vielleicht ins Gras beißen, bevor Du die Hälfte der Strecke erreichst
> Wann merkst Du endlich ... daß Wien auf Dich wartet?
>
> -"The Stranger", Billy Joel

Das Wien, das in dem Lied von Billy Joel auf Dich wartet, ist die letzte Station Deiner persönlichen Reise. Wenn Du dort ankommst, ist alles vorbei. Wenn Sie glauben, daß Ihre Mitarbeiter nie über so wichtige Fragen nachdenken, dann sollten Sie selbst noch einmal nachdenken. Ihre Mitarbeiter wissen ganz genau, wie kurz die Lebenszeit ist, die jedem einzelnen zur Verfügung steht. Und sie wissen ganz genau, daß es da noch etwas Wichteres geben muß, als den dummen Job, an dem sie gerade arbeiten.

Überstunden gibt es nicht

Überstunden von tariflichen Angestellten ist ein Hirngespinst im Kopf von naiven Managern. Sicherlich hat man manchmal Vorteile, wenn man samstags einige Stunden arbeitet, um einen Termin am Montag einhalten zu können. Aber solche Situationen werden fast immer dadurch ausgeglichen, daß die Mitarbeiter danach weniger Stunden arbeiten, um mit ihrem Privatleben wieder klar zu kommen. Über die ganze Projektlaufzeit hinweg betrachtet, wird jede Überstunde durch eine Stunde weniger Arbeit kompensiert. Diese Kompensation kann Ihnen kurzfristig Vorteile verschaffen; langfristig gleicht sich das alles wieder aus.

> Sei nicht so verrückt, schalte einen Gang zurück,
> Lege den Hörer neben das Telefon und verschwinde für einige Zeit.
> Das ist schon o.k., Du kannst Dir ein, zwei freie Tage leisten.
> Wann merkst Du endlich ... daß Wien auf Dich wartet?

Manager, die nach der spanischen Theorie arbeiten, sehen die unbezahlten Überstunden nicht, weil sie einfach die Woche mit vierzig Stunden ansetzen, egal wieviele Stunden ihre Mitarbeiter erbracht haben. Sie sehen aber auch die Ausgleichsstunden nicht, denn diese stehen nicht in den Stundenabrechnungszetteln. Es ist die Zeit, die man einfach am Telefon verbringt, in Plauderstunden mit Kollegen, oder die Zeit, die man zum Ausrasten benutzt. Keiner kann wirklich viel mehr als vierzig Stunden arbeiten, zumindest nicht über längere Zeiträume und mit der Intensität, die man für kreative Arbeit braucht.

Überstunden sind wie ein Sprint: das kann man auf den letzten Metern eines Marathonlaufes machen, wenn man noch Kräfte übrig hat. Wenn man schon auf dem ersten Kilometer sprintet, dann bringt dies nur Energieverlust. Wenn ein Manager versucht, seine Mitarbeiter zu zuvielen Sprints anzuregen, dann führt dies nur zum Ansehensverlust für ihn. Die besten Mitarbeiter haben solche Dauersprints alle schon einmal mitgemacht. Sie kennen die Effekte gut genug; in aller Ruhe und mit aufmerksamen Blick hören sie sich den enthusiastischen Vortrag ihres Managers an, der eindringlich predigt, daß der Termin Ende April gehalten werden muß. Dann nehmen sie ihren Stundenausgleich, wann immer es geht, und arbeiten schließlich und endlich genau ihre vierzig Stunden pro Woche. Die besten Mitarbeiter reagieren auf diese Art; aber es gibt auch einige Arbeitssüchtige.

Arbeitssucht

Arbeitssüchtige Mitarbeiter leisten Überstunden ohne Entgelt und Ausgleich. Sie sind bereit, zu unmöglichen Zeiten zu arbeiten, obwohl das oft auf Kosten ihrer Leistungsfähigkeit geht. Wenn man sie unter Druck setzt, dann nehmen sie vieles in Kauf, was ihr Privatleben erheblich belastet. Aber nur eine Zeit lang. Früher oder später dringt auch bei den verbissensten Workoholics die Botschaft durch:

> Tritt doch ein wenig auf die Bremse, Du bist ohnehin gut.
> Du kannst nicht alles jetzt schon erreichen, Deine Zeit kommt noch.
> Obwohl es draußen an der Grenze sicherlich spannend ist.
> Wann merkst Du endlich ... daß Wien auf Dich wartet?

Sobald Ihr Mitarbeiter diese Botschaft einmal verinnerlicht hat, ist er für immer für das Projekt verloren. Die Erkenntnis, daß er wichtigere Werte (Familie, Liebe, Heim, Jugend) für weniger wichtige Werte (Arbeit) geopfert hat, zerstört ihn. Sie führt dazu, daß der, der unwissend etwas geopfert hat, nach Rache strebt. Er geht nicht zu seinem Chef und erläutert ruhig und bedacht, daß sich die Randbedingungen in Zukunft ändern müssen - er kündigt einfach. Wieder einer ausgelaugt! So oder so, er ist weg.

Arbeitssucht ist eine Krankheit, aber keine Krankheit wie Trunksucht, die nur relativ wenige betrifft. Arbeitssucht ist eher vergleichbar mit Grippe: jeden erwischt es ab und zu ein wenig. Wir schreiben hier nicht darüber, weil wir die Ursachen der Arbeitssucht untersuchen wollen oder Heilmittel dafür vorschlagen. Wir wollen ein einfacheres Problem besprechen, nämlich, wie Sie als Manager mit ihren Workoholics umgehen sollten. Wenn Sie versuchen, sie im Stile der spanischen Theorie bis aufs Blut auszubeuten, dann werden sie sie früher oder später verlieren. Auch wenn Sie sie noch so dringend brauchen und all die Überstunden noch so notwendig wären, so dürfen Sie dies nicht auf Kosten von deren Privatleben zulassen. Der Verlust von guten Personen ist das nicht wert. Diese Erkenntnis gilt auch über den engen Bereich der Arbeitssucht hinaus, für alle Bereiche der wirklich *sinnvollen* Produktivitätssteigerung.

Produktivität: die Schlacht gewinnen, aber den Krieg verlieren

Wenn Sie das nächste Mal jemanden über Produktivität sprechen hören, dann hören Sie genau hin, ob der Sprecher auch das Wort *Fluktuation* erwähnt. Wahrscheinlich werden Sie es nicht hören. In den vielen Jahren, in denen bereits über Produktivität diskutiert wird, und in den Hunderten von Artikeln darüber haben wir noch nie einen Experten gefunden, der etwas über das eng damit zusammenhängende Thema der Fluktuation gesagt hat. Welchen Sinn macht es denn, das eine ohne das andere zu diskutieren? Betrachten wir doch einige Maßnahmen, die Firmen ergreifen, um ihre Produktivität zu steigern:

- das Personal zu mehr Arbeit anhalten
- den Prozeß der Produktentwicklung automatisieren

- die Qualitätsmaßstäbe für Produkte modifizieren (mehr darüber im nächsten Kapitel)
- Vorgehensweisen standardisieren

All diese Maßnahmen können die Arbeitsfreude mindern und die Zufriedenheit beeinträchtigen. Die Steigerung der Produktivität birgt daher das Risiko erhöhter Fluktuation in sich. Das heißt nicht, daß man Produktivitätssteigerung nicht ohne stärkere Fluktuation erreichen kann. Wir sagen nur, daß man die Fluktuation beachten soll, wenn man sich vornimmt, die Produktivität zu steigern. Sonst erreicht man eine "Verbesserung", die durch den Verlust guten Personals mehr als kompensiert wird.

Die meisten Firmen haben nicht einmal Statistiken über ihre Fluktuation. Fast niemand kann Ihnen sagen, wieviel die Ersetzung eines erfahrenen Mitarbeiters wirklich kostet. Und wenn man über Produktivität nachdenkt, dann vernachlässigt man die Effekte der Fluktuation oder betrachtet diese als kostenneutral. Das Eagle-Projekt bei Data General ist ein Paradebeispiel. Das Projekt war ein Triumph der spanischen Theorie: Arbeitssüchtige Mitarbeiter leisteten unzählbare, unbezahlte Überstunden. Dadurch kam man auf Produktivitätszahlen, die vorher noch nie da waren. Am Ende des Projektes hat nahezu die gesamte Mannschaft gekündigt. Was hat das gekostet? Niemand hat diese Gleichung jemals aufgelöst.

Produktivität wurde definiert als die Vorteile geteilt durch die Kosten. Die Vorteile werden in eingespartem Geld und Gewinn aus der erbrachten Arbeit gemessen. Die Kosten sind die Gesamtkosten, inklusive des Ersatzes von Mitarbeitern, die in dem Projekt ausgeblutet sind.

Reprise

Die letzten Jahre hindurch habe ich als Berater in einem Projekt gearbeitet, daß äußerst reibungslos voranging. Die Projektleiterin wußte, daß sie den versprochenen Termin hundertprozentig einhalten würde. Eines Tages wurde sie vor ein Managementgremium gerufen und um einen Statusbericht gebeten. Sie erläuterte, daß sie die pünktliche Fertigstellung des Produktes zum ursprünglich geplanten Termin am 1. März garantieren könne. Das Gremium brütete einige Zeit über der unerwartet guten Nachricht, und rief sie am nächsten Tag wieder herbei. Das Gremium eröffnete ihr, daß der Endtermin auf den 15. Januar vorgezogen wurde, weil sie so gut im Zeitplan für den 1. März liege.

-TRL

Ein Zeitplan, den ein Projekt tatsächlich einhalten kann, war für die Anhänger der spanischen Theorie wertlos, weil dadurch die Mitarbeiter nicht genügend unter Druck gesetzt wurden. Es ist wesentlich besser, eine unmögliche Zeitplanung vorzugeben, um möglichst viel Arbeitsleistung aus dem Team herauszuholen.

Wahrscheinlich haben Sie mehr als einen Manager in Ihrer Karriere kennengelernt, der Anhänger der spanischen Theorie ist. Es ist sehr leicht, über deren Kurzsichtigkeit zu lächeln, aber so leicht sollten Sie es sich nicht machen. Jeder von uns ist schon einmal der Versuchung erlegen, als kurzzeitige, taktische Maßnahme Druck auf Mitarbeiter auszuüben, um sie zu mehr Arbeit zu veranlassen. Um dies zu erreichen, mußten wir die schlechtere Effektivität der Leistung und die resultierende Fluktuation ignorieren. Aber das Ignorieren von unerwünschten Nebeneffekten ist leicht. Weniger leicht ist es, unbequemen Wahrheiten, wie der folgenden, ins Auge zu schauen:

Personen unter Zeitdruck arbeiten nicht besser; sie arbeiten nur schneller.

Um schneller zu arbeiten, müssen Sie Qualitätseinbußen und Einbußen der Zufriedenheit bei der Arbeit in Kauf nehmen.

Kapitel 4

Qualität ja - wenn die Zeit reicht

Die Psychologie des zwanzigsten Jahrhunderts geht davon aus, daß der Charakter von Menschen durch einige wenige Basisinstinkte beherrscht wird: Überleben, Selbstachtung, Fortpflanzung, Gebietsanspruch und einige weitere. Diese sind fest in den Gehirnzellen eincodiert. Sie können über diese Instinkte in intellektueller Weise nachdenken, wie Sie es jetzt gerade tun, aber wenn Sie diese *fühlen*, dann ist immer Leidenschaft im Spiel. Sogar die kleinste Änderung an diesen vorprogrammierten Werten kann große Unruhe auslösen.

Das Aufkommen starker Emotionen ist immer ein Anzeichen dafür, daß die instinktiven Wertvorstellungen im Gehirn bedroht wurden. Ein junger Manager mag vielleicht noch glauben, daß man Projekte auch durchführen kann, ohne jemals mit den Emotionen von Mitarbeitern konfrontiert zu werden; aber jeder, der etwas Erfahrung als Manager hat, weiß das Gegenteil. Unsere Arbeit gibt uns viele Gelegenheiten, Emotionen ins Spiel zu bringen.

Wahrscheinlich fällt Ihnen selbst mindestens ein Vorfall ein, bei dem Emotionen als direktes Ergebnis irgendeines arbeitsbezogenen Sachverhalts aufgeflammt sind. Denken Sie jetzt an diesen Vorfall und fragen Sie sich (vielleicht schon zum x-ten Male): Woher kamen all die Emotionen? Ohne irgendetwas über den Vorfall zu wissen, an den Sie gedacht haben, möchten wir darauf wetten, daß eine Bedrohung der Selbstachtung mit im Spiel war. Es mag viele verschiedene Gründe für emotionale Reaktionen im täglichen Leben geben, aber am Arbeitsplatz ist eine Bedrohung der Selbstachtung eine der wesentlichen Ursachen von Emotionen.

Wir neigen dazu, unsere Selbstachtung eng mit der Qualität der Produkte, die wir herstellen, zu koppeln - nicht mit der *Quantität* der Produkte, sondern mit deren *Qualität*. (Aus irgendwelchen Gründen empfindet man wenig Zufriedenheit, wenn man große Mengen von zweitklassigem Zeug produziert, obwohl es oft das ist, was unter den gegebenen Umständen erforderlich wäre.) Jede Ihrer Maßnahmen, die die Qualität des Produktes gefährden, kann dazu führen, daß die Emotionen Ihrer Mannschaft sich direkt gegen Sie richten.

Die Flucht vor Güte

Manager gefährden die Qualität von Produkten, indem sie unhaltbare Termine vorgeben. Sie denken darüber nicht unter den oben angeführten Aspekten nach; stattdessen meinen sie, daß sie damit ihren Mitarbeitern eine interessante Herausforderung stellen, die Ihnen dabei hilft, nach Güte zu streben.

Erfahrene (getretene) Mitarbeiter wissen es besser. Sie wissen, daß ihre Leistung übermäßig eingeschränkt ist, wenn man ihnen die Pistole an die Schläfe hält. Es gibt keine Freiheitsgrade für sie, mehr Ressourcen hineinzustecken, um den Endtermin zu halten. Auch die Alternative zwischen mehr Personal oder weniger Funktionalität ist nicht vorhanden. Das einzige Ventil zum Dampfablassen ist die Qualität. Mitarbeiter, die unter extremen Zeitdruck gestellt werden, fangen an, Abstriche an der Qualität zu machen. Probleme werden unter den Teppich gekehrt, auf die lange Bank geschoben oder auf die Endbenutzer abgewälzt. Entwickler werden Produkte abgeben, die nicht stabil und auch nicht vollständig sind. Sie werden das nicht gerne tun, aber was bleibt ihnen denn übrig?

Die hartgesottenen, welterfahrenen Manager unter Ihnen haben natürlich eine Entgegnung dafür parat: "Einige meiner Leute würden ewig an einer Aufgabe herumspielen, alles unter dem Vorwand der 'Qualität'. Aber der Markt verlangt gar nicht nach so viel Qualität - man will die Produkte lieber gestern haben, und man akzeptiert sie auch, wenn sie mit der heißen Nadel gestrickt wurden." In vielen Fällen haben sie mit ihrer Meinung über den Markt vielleicht auch recht - aber die Entscheidung, seine Leute in Zeitdruck zu bringen, und zu verlangen, ein

Produkt abzuliefern, daß nicht ihren eigenen Qualitätsstandards entspricht, ist fast immer ein Fehler.

Wir Manager halten Qualität oft nur für eine zusätzliche Eigenschaft von Produkten, für etwas, das in verschiedenen Ausprägungsstufen je nach Markterfordernissen eingebaut werden kann. Qualität ist wie die Schokoladensauce auf dem Eisbecher: für die, die mehr mögen, etwas mehr, und für die, die weniger mögen, etwas weniger.

Die Systementwickler haben andere Ansichten über Qualität. Da ihre Selbstachtung sehr stark an die Qualität der von ihnen erzeugten Produkte gekoppelt ist, neigen sie dazu, sich selbst Qualitätsstandards vorzugeben. Das Minimum, das sie zufriedenstellt, ist mehr oder weniger die beste Leistung, die sie bisher erbracht haben. Das ist natürlich ein höherer Anspruch, als der Markt erfordert oder bereit ist, zu bezahlen.

"Der Markt kümmert sich überhaupt nicht um so viel Qualität." Lesen Sie diese Worte und weinen Sie darüber, denn sie sind fast immer wahr. Viele Personen sprechen in den hellsten Tönen über Qualität oder weinen bitterlich über fehlende Qualität, aber wenn es um den Preis für Qualität geht, dann kommen die wahren Werte ans Tageslicht. Bei einem Softwareprojekt können Sie z.B. Ihrem Anwender folgendes präsentieren: "Aus unseren empirischen Erfahrungen heraus können wir die Zeit zwischen zwei Fehlverhalten des Produkts heute auf circa 1.2 Stunden festlegen. Wenn wir Ihnen das Produkt also heute ausliefern, dann ist es relativ instabil. Wenn wir noch drei weitere Wochen Aufwand investieren, dann wird die Zeit zwischen zwei Fehlern bei ca. 2000 Stunden liegen, was sich doch sehen lassen kann." Nach dieser Eröffnung dürfen Sie damit rechnen, daß Sie im folgenden betretenes Schweigen und hilfloses Räuspern vernehmen können, bevor einer der Anwender dann verlegen stottert: "Wir sind ja alle sehr qualitätsbewußt, aber drei Wochen: das ist ja richtig viel Geld!"

Wenn wir die Softwareszene betrachten, so stellen wir fest, daß diese Industrie inzwischen ihre Kunden daran gewöhnt hat, daß selbstentwickelte Anwendungsprogramme ein bis drei Fehler pro Hundert Zeilen Code aufweisen! Wir wollen nicht besonders ironisch sein, aber meistens schiebt man diese traurige Tatsache einem mangelnden Qualitätsbewußtsein der Entwickler in die Schuhe. Das heißt, genau die Personen, die man auf der einen

Seite beschimpft, daß sie "ewig an Programmen herumbasteln, alles unter dem Vorwand von 'Qualität'", werden auf der anderen Seite für die mangelnde Qualität verantwortlich gemacht. Legen wir den Finger doch einmal in die richtige Wunde. Diejenigen, die die Musik bezahlen, verlangen nach einem billigen Lied. Die Software-Anwender haben gezeigt, wo ihre wahren Qualitätsstandards liegen, indem sie regelmäßig Entwicklungsprojekte unter extremen Zeitdruck stellen und dann Produkte mit minderer Qualität akzeptieren.

Dies alles klingt vielleicht wie Stichelei gegen Software-Anwender und gegen die vom Markt akzeptierten Standards im allgemeinen, aber man muß das nicht so sehen. Wir müssen annehmen, daß die Personen, die für unsere Arbeit bezahlen, erwachsen und intelligent genug sind, um einen vernünftigen Mittelweg zwischen Qualität und Kosten einzuschlagen. Der springende Punkt hier ist die offensichtliche Diskrepanz zwischen der vom Kunden geforderten Qualität für ein Produkt und den (oft höheren) Qualitätswünschen der Entwickler. Das ist ein natürlicher Konflikt. Wenn man die Qualität reduziert, dann schreckt man vielleicht einige Käufer ab. Aber die weniger große Marktdurchdringung, die fast immer die Folge einer Qualitätsminderung ist, wird durch den größeren Profit bei jedem verkauften Stück mehr als ausgeglichen.

Wenn der Qualitätsstandard vom Käufer festgelegt wird und nicht vom Hersteller, dann sprechen wir von *der Flucht vor Güte*. Ein marktgetriebener Qualitätsstandard ist nur sinnvoll, solange man die Auswirkungen auf die Einstellung und die Effektivität der Entwickler ignorieren kann.

Langfristig betrachtet wird die marktgetriebene Qualität teurer. Die Erfahrung hier ist:

Qualität, die die Anforderungen der Anwender weit übertrifft, ist ein Mittel zur Produktivitätssteigerung.

Wenn sie daran zweifeln, machen sie einmal beim folgenden Gedankenexperiment mit: Fragen Sie hundert Personen auf der Straße, welche Organisation, Kultur oder Nation für hohe Qualität berühmt ist. Wir sind sicher, daß mehr als die Hälfte davon heute mit "Japan" antworten wird. Nun fragen Sie noch einmal hundert andere Personen, welche Organisation, Kultur oder Nation für ihre hohe Produktivität berühmt ist. Wiederum wird sich die Majorität für "Japan" entscheiden. Die Nation, die als anerkannter Führer auf dem Qualitätssektor gilt, ist auch für ihre Produktivität bekannt.

Moment mal. Wie ist ein Zusammenspiel von hoher Qualität mit großer Produktivität möglich? Das widerspricht doch dem gesunden Hausverstand, denn mehr Qualität bedeutet doch immer höhere Produktionskosten. Um dem Rätsel auf die Spur zu kommen, sollten Sie die Worte von Tajima und Matsubara lesen, die zu den meist beachteten Kommentatoren des japanischen Phänomens gehören:

> Das Abwägen zwischen Preis und Qualität gibt es in Japan nicht. Stattdessen ist der Gedanke, daß hohe Qualität Kostenreduzierungen mit sich bringt, weit verbreitet.

Qualität ist gratis, aber ...

Philip Crosby hat die gleiche Idee in seinem 1979 veröffentlichtem Buch *Quality is free* vertreten. In dieser Arbeit hat Crosby zahlreiche Beispiele und eine rationale Begründung für folgende Idee gegeben: Wenn man die Entwickler ihre eigenen Qualitätsstandards vorgeben läßt, dann erhält man genügend Produktivitätssteigerung, um die Kosten für die gesteigerte Qualität wieder auffangen zu können.

Uns befällt manchmal eine dunkle Ahnung, daß das Buch von Crosby der Industrie mehr geschadet als genutzt hat. Das Problem besteht darin, daß die meisten Manager das Buch nicht gelesen haben, aber jeder hat den Titel gehört. Der Titel blieb als einzige Aussage des Buches in den Köpfen hängen. Überall hört man Manager euphorisch über Qualität reden: "Nur der Himmel ist die Grenze für Qualität, wir wollen so viel gratis Qualität, wie wir nur kriegen können." Daraus entsteht kaum ein positives Qualitätsbewußtsein. Diese Einstellung ist genau das Gegenteil von dem, was Crosby erreichen wollte.

Die wirkliche Botschaft über die verschachtelten Qualitäts- und Produktivitätseffekte muß man vielleicht mit anderen Worten ausdrücken:

Qualität ist gratis, aber nur für diejenigen, die bereit sind, viel dafür zu bezahlen.

Die Firma, die nur ein Budget von null Mark und null Pfennig für Qualität bereitstellt, bekommt immer den entsprechenden Gegenwert. Eine Strategie "Qualität ja - wenn die Zeit reicht" stellt sicher, daß sich garantiert keine Qualität in das Produkt einschleichen kann.

Hewlett-Packard ist ein Beispiel für eine Firma, die die Vorteile von gesteigerter Produktivität durch hohe, von den Entwicklern vorgegebene Qualitätsstandards, schon erntet. Die Firma hat Qualität zu einem Kult gemacht. In so einer Umgebung hört man das Argument, daß man mehr Zeit und Geld braucht, um qualitativ besser zu werden, eigentlich nie. Die Entwickler wissen, daß sie Teil einer Kultur sind, die qualitativ bessere Produkte produziert, als der Markt sie verlangt. Diese Identifizierung mit Qualität führt zu mehr Zufriedenheit mit der Arbeit und zu den niedrigsten, in der Industrie bekannten Fluktuationszahlen.

Vetorecht

In einigen japanischen Firmen, insbesondere bei Hitachi Software und in Teilen von Fujitsu, haben die Projektteams ein starkes Vetorecht bei Auslieferungen, wenn sie glauben, daß das Produkt noch nicht marktreif sei. Obwohl die Kunden sicherlich das Produkt bereits im gegenwärtigen Zustand akzeptieren würden, können die Projektteams es zurückhalten, bis ihre eigenen Vorstellungen über Qualität erfüllt sind. Natürlich sind die Projektleiter in Japan unter dem gleichen Druck wie hier: sie werden gezwungen, irgendetwas jetzt gleich zu liefern. Aber es hat sich bereits eine derart starke Qualitätskultur aufgebaut, daß japanische Manager nicht auf die Idee kämen, ihre Mitarbeiter zu zwingen, weniger gute Qualität abzugeben.

Könnten Sie Ihren Mitarbeitern ein Vetorecht bezüglich Auslieferungen einräumen? Natürlich braucht man dazu Nerven wie Drahtseile, wenigsten beim ersten Mal. Sie würden wahrscheinlich befürchten, daß das Parkinsonsche Gesetz gegen Sie arbeitet. Dieser Gedanke ist so wichtig, das wir ihn in einem eigenen Kapitel aufgreifen wollen.

Kapitel 5

Noch einmal Parkinsons Gesetz

Im Jahre 1954 hat der englische Autor C. Northcote Parkinson die Idee publiziert, daß der Arbeitsaufwand immer so weit anwächst wie die Zeit, die für die Arbeit zur Verfügung steht. Dies ist heute als Parkinsonsches Gesetz bekannt.

Wenn wir nicht wüßten, daß viele Manager keinerlei Managementausbildung erhalten haben, dann könnte man zu der Annahme kommen, daß sie alle auf einer Schule waren, an der ein Intensivkurs über Parkinsons Gesetz und seine Auswirkungen unterrichtet wurde. Sogar Manager, die wissen, daß sie nichts über Management wissen, klammern sich an diese axiomatische Wahrheit über Personen und ihre Einstellung zur Arbeit: an das Parkinsonsche Gesetz. Es stärkt ihre Überzeugung, daß unmögliche, optimistische Liefertermine das einzige Mittel darstellen, wie man Arbeit fertig bekommt.

Das Parkinsonsche Gesetz und die Newtonschen Gesetze

Parkisons Gesetz ist weit davon entfernt, ein Axiom zu sein. Es ist kein Gesetz in dem Sinne der Newtonschen Gesetze. Newton war Wissenschaftler. Er erforschte die Auswirkungen der Schwerkraft nach strikt wissenschaftlichen Methoden. Seine Gesetze wurden erst nach strengen Überprüfungen und Tests veröffentlicht. Sie haben der Überprüfung der nächsten zweihundert Jahre standgehalten.

Parkinson war kein Wissenschaftler. Er hat keine Daten gesammelt, vielleicht hat er nicht einmal die Regeln für statistische Schlußfolgerungen gekannt. Parkinson war Humorist. Sein

"Gesetz" setzte sich nicht durch, weil es wahr ist, sondern weil es lustig ist.

Natürlich wäre Parkinsons Gesetz nicht lustig, wenn es nicht ein Körnchen Wahrheit enthielte. Parkinson zitierte Beispiele für sein Gesetz aus einer fiktiven Behördenbürokratie. Einige vermuten, daß diese nach dem Vorbild der englischen Post geschaffen wurde. Bürokratien sind für derartige Probleme anfällig, weil die Zufriedenheit der Angestellten mit ihrer Tätigkeit normalerweise sehr niedrig ist. Aber Sie arbeiten vielleicht nicht in einer solchen Bürokratie. Und wenn Sie darin arbeiten, dann unternehmen Sie vielleicht alles, um solche Effekte von Ihrem Personal abzuwenden, denn sonst würde nie etwas fertig. Dadurch ist die Arbeitszufriedenheit Ihrer Mitarbeiter meist in hohem Maße gegeben. Das führt zu der einfachen Aussage, die man aber festhalten sollte:

Das Parkinsonsche Gesetz trifft auf Ihre Mitarbeiter mit Sicherheit nicht zu.

Die Lebenszeit Ihrer Angestellten ist einfach zu kurz, um bei der Arbeit herumzutrödeln. Da sie ihre Arbeit mögen, sind sie nicht so sehr geneigt, sie auf ewig zu verzögern - das würde nur ihre Zufriedenheit verzögern, nach der sie sich alle sehnen. Ihre Mitarbeiter sind genauso darauf aus wie Sie, die Arbeit fertigzustellen, unter der Voraussetzung, daß sie dafür nicht ihre eigenen Qualitätsideen aufs Spiel setzen müssen.

Sie kennen unseren Oskar nicht!

Jeder Manager muß wenigsten einmal in seiner Karriere mit jemandem zu tun haben, der die Arbeit gerne vermeidet, wo immer das möglich ist, der keine eigenen Ansprüche an Qualität hat oder der ganz einfach seine Arbeit nicht schafft. Bestätigt denn das nicht Parkinsons Gesetz?

In einer gesunden Umgebung sind die Gründe dafür, daß einige nicht mithalten, entweder mangelnde Kompetenz, mangelndes Vertrauen oder mangelnde Übereinstimmung mit Kollegen im Projekt oder mit den Projektzielen. In keinem dieser Fälle kann Termindruck das Problem lösen. Wenn ein Mitarbeiter unfähig erscheint oder sich scheinbar überhaupt nicht um die

Qualität seiner Arbeit kümmert, dann ist das ein sicheres Anzeichen dafür, daß der arme Kerl von den Schwierigkeiten der Arbeit überfordert ist. Er braucht nicht noch mehr Druck. Was er braucht, ist eine andere Arbeit, vielleicht in einer anderen Firma. Sogar in den wenigen Fällen, wo ein bißchen Druck die einzige Möglichkeit ist, sollte es nicht der Projektleiter sein, der den Druck ausübt. Es klappt viel besser, wenn der Druck aus dem Team heraus kommt. Wir haben Fälle von gut zusammengestellten Teams gesehen, wo sich der Manager hinten anstellen hätte müssen, wenn er mit einem Kollegen schimpfen wollte, der nicht so wie die anderen mitgezogen hat.

In späteren Kapiteln werden wir noch mehr über Teams erzählen, und darüber, wie man vernünftige Kriterien zur Gestaltung von Teams findet. Man muß dabei nicht feststellen, was funktioniert, sondern eher, was nicht funktioniert: wenn Sie Ihre Mitarbeiter als Parkinsonsche Personen sehen, dann funktioniert es nicht. Das kann sie nur entwürdigen und demotivieren.

Einige Daten der Universität New South Wales

Der Hang, das Parkinsonsche Gesetz ernstzunehmen, verschwindet natürlich nicht, nur weil wir sagen, daß er verschwinden sollte. Einige sorgfältig recherchierte Daten darüber, daß das Gesetz für die Majorität der Angestellten nicht zutrifft, könnten viel eher wirken. (Vergessen Sie einmal für einen Augenblick, daß Parkinson keinerlei Daten verfügbar gemacht hat, die den Wahrheitsgehalt seiner Behauptung unterstützen. Er hat die Behauptung nur einige hundert Seiten lang wiederholt.)

Zwei renommierte Forscher der Universität von New South Wales, Michael Lawrence und Ross Jeffery, führen jedes Jahr Projektstudien durch. Sie messen laufende Industrieprojekte anhand eines anerkannten Datensammlungsstandards. Jedes Jahr stellen sie einen anderen Aspekt der Projektarbeit in den Mittelpunkt. Die Ergebnisse von 1985 geben uns einen Einblick in die Nichtanwendbarkeit des Parkinsonschen Gesetzes. Sie sind nicht gerade die Sensation, die das Gesetz komplett ungültig machen, aber einige ernsthafte Zweifel daran sollten durch die Ergebnisse doch entstehen.

Lawrence und Jeffery wollten die Produktivitätseffekte verschiedener Schätzverfahren ermitteln. Ihr Ziel war es, den alten

Glauben zu bestätigen oder zu widerlegen, daß Entwickler (in diesem Fall Programmierer) härter arbeiten, wenn sie ihre eigenen Schätzungen einhalten wollen. Für jedes der 103 Projekte entwickelten Lawrence und Jeffery eine gewichtete Metrik für die Produktivität, ähnlich zu der Produktivitätsmetrik aus dem COCOMO-Modell von Barry Boehm. Dann teilten sie ihre gesammelten Daten in Gruppen ein, gegliedert nach der Art, wie die ursprünglichen Schätzungen zustande kamen. In Tabelle 5.1 haben wir einen Ausschnitt aus den Ergebnissen wiedergegeben.

AUFWANDSSCHÄTZUNG DURCH:	DURCHSCHNITTLICHE PRODUKTIVITÄT	ANZAHL VON PROJEKTEN
nur Programmierer	8.0	19
nur Projektleiter	6.6	23
Programmierer & Projektleiter	7.8	16

Tabelle 5.1: Produktivität gemäß verschiedener Schätzverfahren (Teilergebnis)

Bis hierher scheinen die Ergebnisse den Volksglauben zu bestätigen: Programmierer scheinen etwas effektiver zu arbeiten, wenn sie selbst schätzen können, im Vergleich zu den Fällen, wo Manager die Schätzungen abgeben, ohne ihre Mitarbeiter überhaupt einzubeziehen. Wenn die Schätzungen zusammen vorgenommen werden, dann liegen die Werte irgendwo in der Mitte.

In 21 Projekten, die in diesem Jahr untersucht wurden, stammten die Schätzungen von einer unabhängigen Stelle, meistens von Systemanalytikern. Diese Projekte schnitten merklich besser ab als diejenigen, bei denen die Schätzungen von Programmierern und/oder Managern durchgeführt wurden:

AUFWANDSSCHÄTZUNG DURCH:	DURCHSCHNITTLICHE PRODUKTIVITÄT	ANZAHL VON PROJEKTEN
nur Programmierer	8.0	19
nur Projektleiter	6.6	23
Programmierer & Projektleiter	7.8	16
Systemanalytiker	9.5	21

Tabelle 5.2: Produktivität gemäß verschiedener Schätzverfahren (Teilergebnis)

Dieses letzte Ergebnis stützt den weitverbreiteten Glauben keineswegs. Warum sollten denn die Programmierer mehr arbeiten, als es nach ihren eigenen Schätzungen notwendig wäre, nur um die Schätzungen von Systemanalytikern einzuhalten? Die Versuchung liegt nahe, dies einfach als eine Anomalie in den gesammelten Daten abzutun. Aber wenn Sie wie wir daran glauben, daß schlechte Schätzungen immer ein demotivierender Faktor sind, dann muß man dieses Ergebnis nicht vertuschen. Die Systemanalytiker sind die besseren Schätzexperten; besser als die Programmierer und besser als die Manager. Sie verstehen typischerweise die Arbeit bis ins Detail, sind aber nicht von dem natürlichen Optimismus der Personen befallen, die die Arbeit durchführen müssen und auch nicht von den politischen oder budgetären Randbedingungen des Chefs beeinflußt. Außerdem haben Systemanalytiker normalerweise mehr Erfahrung beim Schätzen; sie können den Aufwand für Projekte genauer voraussagen, weil sie das in der Vergangenheit öfter gemacht haben und dadurch ihre Lektion gelernt haben.

Schlechte Schätzungen und hoffnungslos enge Terminpläne schwächen die Energie von Entwicklern. Capers Jones, der für seine Metrikstudien über Entwicklungsmodelle bekannt ist, hat es folgendermaßen ausgedrückt: "Wenn der Terminplan eines Projektes von Grund auf unrealistisch und unvernünftig ist, so daß selbst mit einer Menge von Überstunden nichts erreicht werden kann, dann wird das Projektteam zornig und frustriert ... und die Moral sinkt auf den Nullpunkt." Dabei spielt es fast keine Rolle, ob die "von Grund auf unrealistischen und unvernünftigen" Termine vom Chef oder von den Entwicklern kommen. Personen arbeiten einfach nicht sehr effektiv, wenn sie sich in einer aussichtslosen Situation befinden, in der sie garantiert nicht gewinnen können.

Das überraschendste Ergebnis der Studie von Lawrence und Jeffery aus dem Jahre 1985 stand ganz am Ende, als sie die Produktivität der 24 Projekte untersuchten, für die es überhaupt keine Schätzungen gab. Diese Projekte wiesen noch viel höhere Produktivität auf:

AUFWANDSSCHÄTZUNG DURCH:	DURCHSCHNITTLICHE PRODUKTIVITÄT	ANZAHL VON PROJEKTEN
nur Programmierer	8.0	19
nur Projektleiter	6.6	23
Programmierer & Projektleiter	7.8	16
Systemanalytiker	9.5	21
(keine Schätzung)	12.0	24

Tabelle 5.3: Produktivität gemäß verschiedener Schätzverfahren (Teilergebnis)

Die Projekte, bei denen der Chef keinerlei Druck bezüglich des Fertigstellungstermins ausübte ("Weckt mich auf, wenn ihr fertig seid!") wiesen die allerhöchste Produktivität auf. Natürlich kann mit alledem nicht bewiesen werden, daß das Parkinsonsche Gesetz für Entwickler nicht zutrifft. Aber stimmen Sie die Ergebnisse nicht nachdenklich?

Die Entscheidung, ob Sie auf ein Projekt Termindruck ausüben sollen oder nicht, müssen Sie nach ähnlichen Kriterien fällen, wie die Entscheidung, ob Sie Ihr Kind bestrafen sollen oder nicht: Wenn Sie den richtigen Zeitpunkt treffen, zu dem Ihre Begründung einsichtig ist, hilft es in beiden Fällen. Wenn Sie immer Termindruck ausüben oder Ihr Kind immer bestrafen, dann deutet das nur darauf hin, daß Sie mit sich selbst Schwierigkeiten haben.

Variation über das Thema von Parkinson

Wenn man das Parkinsonsche Gesetz geringfügig variiert, dann stößt man auf einen Sachverhalt, der erschreckenderweise auf viele Organisationen zutrifft:

Die Arbeit an der internen Organisation tendiert dazu, den ganzen Arbeitstag auszufüllen.

Dieser Effekt fängt zu dem Zeitpunkt an, zu dem eine Firma gegründet wird und verschlimmert sich von Jahr zu Jahr. Nehmen Sie das als teilweise Begründung, warum es weniger Spaß macht, in sehr eingesessenen Organisationen zu arbeiten. Die wenigen, noch übriggebliebenen Angestellten der Dutch East India Company, die 1651 gegründet wurde und einst die größte

Firma der Welt war, verbringen heute vierzig Stunden pro Woche damit, Formulare auszufüllen. Beachten Sie bitte folgendes: in diesem Fall leidet die Firma an dem Parkinson-Syndrom, nicht die einzelnen Angestellten. Darauf werden wir in Teil II des Buches noch einmal zurückkommen.

Kapitel 6

Laetrile

Laetrile ist eine farblose Flüssigkeit, die aus dem weichen Inneren von Aprikosenkernen herausgepreßt wird. In Schweden kann man diese Flüssigkeit in Lebensmittelgeschäften ungefähr für den selben Preis wie Mandelaroma kaufen. Man benutzt sie beim Backen so wie andere Extrakte. In Mexiko wird diese Flüssigkeit für 50 Dollar pro Tropfen als "Heilmittel" für die tödliche Geißel Krebs verkauft. Natürlich heilt sie gar nichts. Alle Anzeichen deuten darauf hin, daß alles nur grausamer Betrug ist. Aber da auch sonst niemand den Todeskandidaten irgendetwas anbieten kann, werden die Versprechungen der Laetrile-Quacksalber ernst genommen, ganz egal wie schändlich diese sind. Personen, die extrem verzweifelt sind, prüfen Behauptungen nicht allzu kritisch nach.

Manche Manager sind in ähnlicher "extrem verzweifelter" Lage, und diese Verzweiflung macht sie zu einfachen Opfern für vielerlei technische Laetrile, die vorgeben, die Produktivität zu steigern. Nur selten gibt es Belege für die Wirksamkeit der offerierten Versprechungen. Aber auch sie verzichten auf Belege, weil ihre Not so groß ist.

Nehmen Sie ab, während Sie schlafen!

In einem Anfall von dummen Übermut begann ich eines Tages, Anzeigen über Produkte auszuschneiden, die hundert Prozent Produktivitätssteigerung oder mehr versprachen. Innerhalb ganz kurzer Zeit war der Stapel erheblich angewachsen. Es war erstaunlich, wie viele verschiedene Mittel angeboten wurden, um große Produktivitätssprünge zu machen. Seminare, paketierte

Programme, Methodiken, Bücher, Wandtafeln zur Planung, Hardware-Monitore, Programmiersprachen und Monatsschriften. Als ich mit der U-Bahn eines Nachts nach Hause fuhr, sah ich auf der Rückseite der New York Post eine Anzeige. Der Text lautete: "Nehmen Sie ab, während Sie schlafen!" Diese Anzeige schien nahtlos zu meinen anderen zu passen.

-TRL

Wir stehen alle vor der großen Herausforderung, unsere Produktivität zu steigern. Dieses Problem läßt sich nicht mehr auf einfachem Weg lösen, denn alle einfachen Ideen hat man schon längst ersonnen und ausprobiert. Trotzdem sind einige Organisationen erfolgreicher als andere. Wir sind überzeugt davon, daß die Erfolgreichen nicht irgendeine bestimmte moderne Technologie benutzen. Ihre bessere Effektivität kann vollständig dadurch erklärt werden, daß diese Organisationen ihre Leute auf effektivere Weise behandeln. Sie modifizieren deren Arbeitsumfeld und die Firmenkultur und setzen einige von den Maßnahmen um, die wir in den Teilen II bis IV behandeln werden. Die relative Wirkungslosigkeit der Technologie ist vielleicht ein wenig entmutigend, zumindest wenn man kürzere Zeiträume betrachtet, denn die Modifikationen der Firmenkultur, die wir vorschlagen, sind nicht leicht einzuführen und brauchen etwas Zeit, bevor die Wirkung eintritt. Es wäre alles viel einfacher, wenn man die Anzeige in einer Zeitschrift ausschneiden und einen Scheck über einige Tausend Mark beilegen könnte, und dann postwendend ein Produktivitätsverbesserungsinstrument geschickt bekäme. Natürlich würde so ein Instrument nicht viel bringen, aber Problemen auf die leichte Art aus dem Weg zu gehen, ist oft attraktiver als harte Lösungen zu erarbeiten.

Die sieben Sirenen

Die falschen Hoffnungen, die durch technologische Ansätze zur Umschiffung von Problemen erweckt werden, sind oft wie die Sirenen, die den armen Odysseus in Versuchung geführt haben. Jede davon greift nach Ihnen mit ihrer eigenen trügerischen Botschaft - eine attraktive Täuschung, die zu nichts führt. Solange Sie an die Versprechungen glauben, werden Sie nicht mit der harten Arbeit beginnen, die notwendig ist, um eine gesunde Firmenkultur aufzubauen.

Die speziellen Sirenen, die Sie verführen wollen, hängen von dem Geschäftsfeld ab, in dem Sie arbeiten. Wir haben sieben in dem Feld identifiziert, das wir am besten kennen, nämlich Softwareentwicklung. Im folgenden stellen wir Ihnen diese vor und geben zu jeder unsere eigenen Antworten:

DIE SIEBEN FALSCHEN HOFFNUNGEN DES MANAGEMENTS

1. Es gibt einen neuen Trick, den Sie verpaßt haben, und der die Produktivität immens steigert.

   Antwort: Sie sind bestimmt nicht so blind, daß Sie etwas wirklich Wichtiges einfach übersehen haben könnten. Sie sind doch ständig auf der Suche nach neuen Ansätzen und probieren die Dinge aus, die am Erfolgversprechendsten aussehen. Keine der Maßnahmen, die Sie getroffen haben oder noch zu treffen beabsichtigen, kann die Produktivität immens steigern. Diese Maßnahmen fördern aber eine gewisse Frische in Ihrer Mannschaft. Mitarbeiter mögen es, wenn ihr Geist gefordert wird, wenn sie etwas lernen und sich verbessern können. Die Aussage, daß es da eine magische Innovation am Markt gibt, von der Sie bisher nichts gehört haben, ist nur eine Taktik, die Ihnen Angst machen soll. Sie wird von denen angewandt, die Ihnen etwas aufschwatzen wollen.

2. Andere Manager erreichen Produktivitätssteigerungen von 100 Prozent, oder 200 Prozent, oder noch mehr.

   Antwort: Vergessen Sie das! Die Wundermittel, die Ihnen auf diese Weise angepriesen werden, sind meistens Werkzeuge zur Unterstützung der Programmier- und Testphase von Projekten. Aber sogar, wenn es uns gelänge, Codierung und Test komplett abzuschaffen, könnten Sie keine Steigerungen von 100 oder mehr Prozenten erwarten. Es blieben dann noch immer die Aufwände für Systemanalyse, Verhandlungen, Spezifikationen, Ausbildung, Abnahmetests, Umstellungen und vieles andere übrig.

3 Die Technologie entwickelt sich so rasch weiter, daß Sie den Anschluß verpassen.

Antwort: Ja, die Technologie entsteht in sehr kurzen Zyklen, aber (wieder diese High-Tech Illusion) die meisten Ihrer Aufgaben haben nichts mit High-Tech zu tun. Die Hardware hat sich sehr rasch weiterentwickelt, die Softwareentwicklung hingegen ist relativ statisch. Noch immer sind COBOL und FORTRAN sinnvolle Programmiersprachen, obwohl sie mehr als drei Jahrzehnte alt sind. Integrierte Datenbanken sind noch immer ein heißes Thema, genau wie vor 25 Jahren. Die Produktivität bei der Softwareentwicklung hat sich pro Jahr nur um 3 bis 5 Prozent verbessert; diese Zahlen liegen nur unwesentlich über den Wachstumsraten in der Automobil- oder Stahlproduktion.

4. Ein Wechsel der Programmiersprache wird Ihnen riesige Vorteile bringen.

Antwort: Programmiersprachen sind wichtig, denn sie haben Einfluß auf die Art und Weise, in der man über ein Problem nachdenkt. Aber auch hier gilt wieder: der Einfluß kommt eigentlich nur in der Implementierungsphase von Projekten zur Geltung. Manche 4.-Generationssprache könnte man als Gipfel der technischen Laetrile ansehen, wenn man die übertriebenen Versprechungen hört. Die Verwendung eines 4-GL Pakets ist für bestimmte Anwendungen sicherlich besser, als die ganze Anwendung in COBOL zu schreiben. Aber selbst vor der Erfindung von 4-GLs waren die meisten von uns schlau genug, etwas besseres als COBOL zur Listenerzeugung (oder für andere typische 4-GL Anwendungen) zu verwenden. Derartige Produkte sind auf Marktnischen ausgelegt, und sind daher keine Programmiersprachen im allgemeinen Sprachgebrauch. Das heißt nicht, daß das keine guten Produkte sind. Sie sollten sie auf jeden Fall benutzen, wenn Ihnen diese bei Ihren Problemen weiterhelfen. Wenn Sie damit 15 Prozent mehr Produktivität im Gesamtprojekt bekommen, dann sollten Sie sich freuen. Aber erwarten Sie nicht viel höhere Zahlen.

5. Wegen Ihres Anwendungsrückstaus müssen Sie Ihre Produktivität sofort verdoppeln.

   Antwort: Der vielzitierte Anwendungsrückstau ist ein Mythos. Wir wissen alle, daß Projekte im Endeffekt viel mehr kosten, als ursprünglich dafür geplant war. Die Kosten für ein System, das in diesem Jahr nicht erstellt wurde (weil die Kapazität dafür nicht ausreichte) setzen wir daher optimistischerweise mit 50 Prozent (oder noch weniger) der wirklichen Erstellungskosten an. Das typische Projekt, das in der Liste des mystischen Anwendungsstaus steckt, ist nur deshalb dort, weil es nicht genügend Geschäftsvorteile verspricht, selbst bei der optimistischen Kostenunterschätzung. Wenn die wahren Kosten bekannt wären, dann würden wir das Projekt als das einstufen, was es wirklich ist: ein wirtschaftlicher Fehlschlag. Es sollte daher nicht in der Liste der nicht begonnenen Projekte sein, sondern in der Liste der abgelehnten Projekte.

6. Sie automatisieren doch sonst alles; ist es nicht höchste Zeit, auch Ihre Softwareentwicklungsmannschaft zu automatisieren?

   Antwort: Das ist eine andere Variante der High-Tech Illusion: Der Glaube, daß die Arbeit von Softwareentwicklern leicht automatisierbar ist. Der Schwerpunkt der Arbeit liegt in der Kommunikation mit Menschen, um die Wünsche des Kunden durch Anwendung formalerer Verfahren strukturieren zu können. Diese Arbeit bleibt immer erhalten, unabhängig von den Änderungen am Erstellungsprozeß. Und sie sind wahrscheinlich nicht zu automatisieren.

7. Ihre Mitarbeiter arbeiten viel besser, wenn Sie sie kräftig unter Druck setzen.

   Antwort: Nein - sie werden nur weniger Spaß an ihrer Arbeit haben.

Bisher klingt das alles sehr negativ. Wenn der Druck auf Mitarbeiter die Produktivität hemmt, und wenn auch der neueste technologische Schnickschnack nicht viel hilft, welche Möglichkeiten bleiben uns denn dann als Manager?

Das ist Management

In meinen Berufsanfängen hatte ich das Vergnügen, in einem Projekt zu arbeiten, das von Sharon Weinberg geleitet wurde. (Sie ist nun Geschäftsführerin der Codd & Date Consulting Group.) Sie war ein Musterbeispiel für vieles, was ich heute unter begnadetem Management verstehe. An einem kalten Wintertag habe ich mich aus dem Krankenbett in die Firma geschleppt, um einen ziemlich unstabilen Prototypen für eine Vorführung zusammenzuschustern. Als Sharon in die Firma kam, fand sie mich an mein Terminal geklammert. Sie verschwand und kam nach einigen Minuten mit einer heißen Tasse Suppe zurück. Nachdem sie mich gefüttert und dadurch meine Lebensgeister wieder erweckt hatte, fragte ich sie, wo sie denn neben ihren vielen Managementaufgaben die Zeit dafür hernähme. Mit spitzbübischem Lächeln sagte sie mir: "Tom, das ist Management."

-TDM

Sharon wußte, was alle geborenen Manager wissen: Die Aufgabe eines Managers ist nicht, die Mitarbeiter zur Arbeit anzuhalten, sondern ihnen die Arbeit zu ermöglichen.

TEIL II

DIE BÜROUMGEBUNG

Um Mitarbeitern die Arbeit zu ermöglichen, müssen Sie sich mit den Faktoren auseinandersetzen, die die Arbeit manchmal behindern. Es gibt zahlreiche Ursachen für verlorene Arbeitsstunden und Arbeitstage, aber die meisten davon fallen in die gleiche Kategorie. Meist sind es irgendwelche Fehler in dem Arbeitsumfeld, das ein Betrieb seinen Mitarbeitern zur Verfügung stellt. Das Telefon klingelt, der Wartungstechniker für die Drucker kommt zu einem kurzen Gespräch herein, der Kopierer ist gerade wieder ausgefallen, der Firmenarzt ruft an, um die Blutspendetermine festzulegen, die Personalabteilung fragt ständig nach den neuen Versionen der Mitarbeiterprofile, die Zeitabrechnungen müssen um 3 Uhr abgegeben sein, wiederum klingelt das Telefon, ... und der Tag ist vorbei. An manchen Tagen kommen Sie keine Minute zu Ihrer eigentlichen Arbeit.

Es wäre nicht so schlimm, wenn all diese Störungen nur den Manager beträfen, während der Rest der Mannschaft in Frieden arbeiten kann. Aber, wie Sie wissen, ist das nie so. Der Arbeitstag jedes Einzelnen ist durch Frustration und Störungen belastet. Ganze Tage gehen verloren, und keiner kann sagen, wo die Zeit geblieben ist. Wenn Sie sich wundern, warum der Termin nicht eingehalten werden kann, dann bedenken Sie einmal folgendes:

Es gibt Tausende von Möglichkeiten, einen Arbeitstag zu verlieren, aber keine einzige, um einen Tag zurück zu bekommen.

In Teil II gehen wir einigen Ursachen für Zeitverlust auf den Grund. Wir machen Vorschläge, wie Sie ein gesundes Umfeld schaffen können, das zur Arbeit anregt.

Kapitel 7

Die Möbelpolizei

Stellen Sie sich vor, daß Ihnen - zusätzlich zu Ihren derzeitigen Aufgaben - die Verantwortung für die Räumlichkeiten und die Infrastruktur Ihrer Mitarbeiter übertragen wurde. Sie müßten über die Gestaltung des Arbeitsplatzes jedes Einzelnen entscheiden, über die Größe des Arbeitsplatzes und die Kosten für dessen Ausstattung. Wie würden Sie diese Aufgabe anpacken? Vielleicht würden Sie beobachten, wie die Mitarbeiter ihren Platz nutzen, wieviel Schreibtischfläche sie brauchen, wie oft sie alleine arbeiten und wie oft in Gruppen, und so weiter. Sie würden auch die Auswirkungen von Lärm auf die Mitarbeiter untersuchen. Schließlich haben Sie es mit Kopfarbeitern zu tun, die alle ihr Gehirn benutzen müssen, um Ergebnisse zu erzielen, und Lärm würde ihre Konzentrationsfähigkeit mindern.

Für jede Störung, die Sie beobachten können, würden Sie sich eine einfache mechanische Lösung einfallen lassen, um Ihre Mitarbeiter davor zu bewahren. Wenn Sie die Freiheitsgrade haben, dann würden Sie geschlossene Lösungen (Ein-, Zwei- und Dreimannbüros) mit Großraumbüros vergleichen. Dann könnten Sie die Kostenvorteile einerseits gegen die Vorteile von Abgeschlossenheit und Ruhe andererseits abwägen. Außerdem würden Sie die sozialen Bedürfnisse Ihrer Mitarbeiter berücksichtigen und Bereiche zur Verfügung stellen, wo man miteinander reden kann, ohne andere bei der Arbeit zu stören.

Es wird Sie vielleicht nicht überraschen, daß die Verantwortlichen für Büroflächen und für Infrastruktur in Ihrer Firma keineswegs so viel Zeit damit verbringen, über die oben genannten Kriterien nachzudenken. Dies trifft insbesondere zu, wenn Sie in einer großen Firma beschäftigt sind. Es werden keine Basisdaten gesammelt, man bemüht sich nicht, komplexe Zusammenhänge, wie Produktivität, zu verstehen. Teilweise ist das dadurch zu erklären, daß die verantwortlichen Personen nicht zu den Kopfarbeitern gehören. Oft stellen sie eine Art "Möbelpolizei" dar, und deren Ansatz zur Lösung des Problems ist oft das Gegenteil von dem, was Sie tun würden.

Die Polizeimentalität

Begleiten wir doch einmal den Chef der Möbelpolizei, der am Abend vor dem geplanten Einzug Ihrer Mitarbeiter durch einen neuen Bürotrakt wandert, und versuchen wir, seine Gedanken zu lesen:

> "Sehen Sie doch einmal, wie schön einheitlich hier alles geworden ist. Man kann gar nicht feststellen, ob man in der fünften oder in der sechsten Etage ist. Aber wenn all die Leute morgen hier einziehen, dann wird das alles wieder zerstört. Sie werden Bilder aufhängen und ihre Räume individuell umgestalten, und sie werden sicherlich *Unordnung* schaffen. Sie werden wahrscheinlich meinen schönen Teppich mit Kaffee bekleckern und vielleicht sogar ihre Mahlzeiten hier einnehmen. Brrr. Mein Gott, mein Gott, ..."

Das ist eine Person, die solche Regeln festlegt wie "Jeden Abend muß der Schreibtisch sauber aufgeräumt werden" und "Auf den Wänden hat nichts zu hängen, höchstens ein Firmenkalender". In einer uns bekannten Firma hat die Möbelpolizei sogar eine Telefonnummer der Ansprechstelle für verschütteten Kaffee in die Notrufliste mitaufgenommen, die an jedem Telefon festgeklebt ist. Wir waren nie anwesend, wenn jemand diese Nummer gewählt hat, aber wir könnten uns vorstellen, daß ein weiß gekleidetes Wartungsteam durch die Gänge gestürmt kommt, mit einem Elektrowagen mit blinkendem Blaulicht und tönendem Martinshorn.

Während einer Pause in einem meiner Seminare erzählte mir ein Zuhörer, daß es in seiner Firma nicht gestattet ist, irgendetwas auf dem Schreibtisch am Abend zurückzulassen, außer einem postkartengroßen Photo der Familie. Bei Zuwiderhandeln findet man am Morgen eine unfreundliche Hausmitteilung der Möbelpolizei (natürlich auf Firmenpapier). Einen Mitarbeiter nervten diese Hausmitteilungen sehr, er konnte sich kaum im Zaume halten. Da die Kollegen seine Einstellung kannten, spielten sie ihm einen Streich. In einem Trödelladen erstanden sie einen kleinen Bilderrahmen. Sie suchten einen aus, der schon das Photo einer typischen Familie als Muster beinhaltete. Dann tauschten sie abends das Photo seiner Familie gegen das gekaufte Photo aus. Unter das Photo legten sie eine Nachricht, die so aussah, als käme sie von der Möbelpolizei. Der Text lautete: "Da Ihre Familie in einigen Punkten unseren Firmenstandard leider nicht erfüllt, haben wir Ihnen dieses offizielle Firmenfamilienphoto zum Verbleib auf Ihrem Schreibtisch zur Verfügung gestellt."

-TRL

Die einheitliche Plastiketage

Sehen Sie sich den Grundrißplan in Abbildung 7.1 an, um ein besseres Verständnis für die Polizeimentalität zu bekommen. Dieser Plan wird von vielen Organisationen im ganzen Land immer häufiger verwendet:

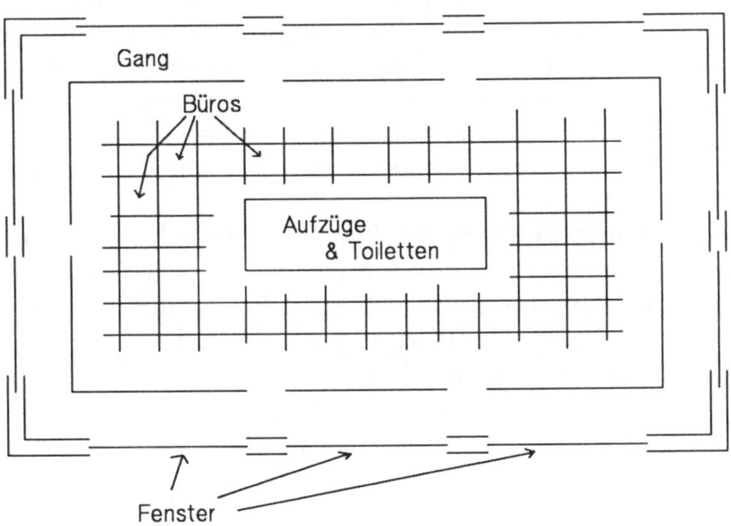

Abb. 7.1: Ein typischer Bürogrundriß

Der Plan beantwortet die komplizierte Frage, wem ein Fensterbüro zusteht, auf einfache Weise: niemandem. Es gibt leider nicht genügend Fenster, um jedem Mitarbeiter eines zu geben. Wenn aber einige Personen Fenster haben und andere nicht, dann könnte man durch einfaches Hinsehen feststellen, daß man zum Beispiel in Müllers Büro ist. Das soll doch nicht so sein, oder?

Aber bedenken Sie einmal die Nebenwirkung. Die am häufigsten benutzten Wege sind vom Aufzug zu einem Büro oder zwischen zwei Büros. Dabei kommt man nie an einem Fenster vorbei. In einem Gebäude mit diesem Grundriß werden die Fenster überhaupt nicht benützt, die Gänge entlang der Fenster sind immer leer. Wir haben diesen Grundriß zum ersten Mal in der zwanzigsten Etage eines Hochhauses entdeckt. Man hatte nach allen Seiten eine phantastische Aussicht, die aber fast nie jemand zu Gesicht bekam. Die Angestellten dieser Firma hätten auch im Keller arbeiten können.

Arbeitsplätze im Keller sind aus Sicht der Möbelpolizei wirklich vorzuziehen, denn dort kann man die einheitliche Raumgestaltung leichter realisieren. Bei Tageslicht ist aber die Arbeitsleistung besser. Man fühlt sich bei Tageslicht wohler, und das wirkt sich unmittelbar positiv auf die Qualität der Arbeitsergebnisse aus. Außerdem wollen Menschen nicht in einer perfekt gestalteten, einheitlichen Umgebung arbeiten. Sie wollen ihre Umgebung ihrem eigenen Geschmack entsprechend bequem gestalten. Diese unbequemen Tatsachen sind typisch für eine allgemeine Kategorie von Problemen, die man im Umgang mit Menschen findet.

Wenn man, wie wir, jedes Jahr zu Dutzenden verschiedenen Firmen kommt, dann stellt man relativ rasch fest, daß diese Unbequemlichkeiten ein fester Bestandteil in der Planung vieler Büros sind. Die Arbeitsplätze von Kopfarbeitern sind fast ausnahmslos laut, störungsanfällig, steril und bieten wenig Privatsphäre. Einige sind hübscher als andere, aber nicht funktioneller. Keiner kommt dort so richtig zur Arbeit. Man gibt den Personen, die in einem kleinen, stillen Kämmerchen mit zwei großen Klapptischen und einer Tür, die man schließen kann, eifrig wie die Biber arbeiten könnten, stattdessen ein 08/15-modulares Abteil in einem Großraumbüro mit 73 Plastikzubehörteilen. Keiner fragt danach, ob dies bezüglich Effektivität nützt oder schadet.

Das klingt vielleicht etwas hart gegenüber den ehrbaren Mitmenschen, die die amerikanischen Büros planen. Wenn Sie das meinen, dann lassen Sie uns doch noch eine allerletzte Beobachtung darüber anfügen, was wohl in den Gehirnen dieser Planungsteams vorgeht. Dieser Auswuchs ist so gräßlich, daß man sich fragen muß, warum er überhaupt toleriert wird: die Personenrufanlagen in Firmen. Man glaubt es kaum, aber einige Firmen benutzen tatsächlich zentrale Rufanlagen, die vielleicht tausend Mitarbeiter stören, die gerade versuchen, einen klaren Gedanken zu fassen, nur um einen Mitarbeiter zu finden: DING DONG [Rauschen] ACHTUNG, ACHTUNG: HERR MATTHIAS BRAUN, BITTE DIE 135 ANRUFEN, HERR MATTHIAS BRAUN, BITTE RUFEN SIE DIE 135 AN. Wenn Sie strategisch günstig stehen, dann können Sie vielleicht 35 bis 40 Mitarbeiter beobachten, die alle beim ersten DING den Kopf heben und dann höflich die ganze Nachricht anhören. Dann senken sie ihren Kopf wieder und denken darüber nach, was sie gerade machen wollten, als der Ruf ertönte.

Büroplaner mit einer derartigen Polizeimentalität gestalten Arbeitsräume, als ob sie Gefängnisse entwerfen würden: die Kosten pro Kubikmeter Rauminhalt werden optimiert. Wir haben ihnen ohne Nachdenken das Feld der Büroplanung überlassen. Für die meisten Firmen mit Produktivitätsproblemen gilt aber, daß es kein wirkungsvolleres Feld zur Verbesserung gibt, als die Arbeitsumgebung. So lange Angestellte in einem überfüllten, lauten, sterilen und störungsintensiven Umfeld ihrer Tätigkeit nachgehen, braucht man an *keiner* anderen Stelle mit Verbesserungsmaßnahmen anzusetzen.

Kapitel 8

“Zwischen 9 und 5 kann man hier nicht arbeiten”

In allen Sparten unserer Wirtschaft gehört es zum Volksglauben von Entwicklern, daß Überstunden normal sind. Daraus kann man folgern, daß man die Arbeit nie in der dafür vorgesehenen Zeit erledigen kann. Das scheint uns doch eine recht merkwürdige Idee zu sein. Überstunden gehören sicherlich für Softwareentwickler zum Alltag, aber dieser Industriezweig hätte in den letzten Jahren nicht so rasante Wachstumsraten erreichen können, wenn nicht die Software, die erstellt wurde, eigentlich viel mehr wert wäre, als dafür bezahlt wurde. Wie kann man dann ie Tatsache erklären, daß Softwareleute, wie auch viele andere Angestellte in denkintensiven Bereichen, so viele Überstunden erbringen?

Man könnte die Überstunden natürlich als einen Weg ansehen, der keinen wesentlichen Beitrag zur *Quantität* von Software liefert, sondern eher die Durchschnitts*qualität* verbessert - ein erschreckender Gedanke. Zur Untermauerung dieser These kann man aber folgende Meinungen heranziehen, die immer wieder geäußert werden:

> “Meine besten Arbeitsergebnisse erbringe ich am frühen Morgen, bevor die anderen in die Firma kommen.”

> “An einem einzigen späten Abend kann ich so viel schaffen, wie an zwei bis drei ganzen Tagen.”

> “Den ganzen Tag über ist das Büro wie ein Hühnerstall,

aber so gegen 18:00 Uhr wird es verhältnismäßig ruhig, so daß man wirklich etwas schaffen kann."

Mitarbeiter kommen also früh oder bleiben länger, um produktiv zu sein. Manchmal bleiben sie einen Tag lang gänzlich weg, um zu Hause einen kritischen Teil ihrer Arbeit erledigen zu können. Eine meiner Seminarteilnehmerinnen berichtete mir, daß ihr Chef es nicht gestattete, zu Hause zu arbeiten. Deshalb hatte sie sich am Tag vor der Abgabe eines wichtigen Berichts krank gemeldet, um die Arbeit erledigen zu können.

Wenn man früh kommen muß oder länger bleiben muß oder sogar zu Hause arbeiten muß, so sind das alles Anzeichen einer schlechten Büroumgebung. Das Erstaunliche daran ist aber nicht, daß es oft unmöglich ist, an seinem Arbeitsplatz zu arbeiten; das Erstaunliche ist eher, daß es jeder weiß, aber keiner etwas dagegen unternimmt.

Eine Strategie der Gleichgültigkeit

Eine kalifornische Firma, für die ich oft als Berater arbeite, sorgt sich sehr darum, auf die Bedürfnisse ihrer Angestellten einzugehen. Letztes Jahr hat die Firmenleitung eine Umfrage unter allen Programmierern durchgeführt (von denen es mehr als 1000 gibt), um festzustellen, was die besten und die schlechtesten Aspekte ihrer Arbeit sind. Der verantwortliche Manager für die Umfrage berichtete mir sehr euphorisch, welche großartigen Änderungen die Firma in der Folge vorgenommen hatte. Er erzählte mir, daß das zweitgrößte Problem die schlechte Kommunikation zwischen Mitarbeitern und Management war. Nachdem die Umfrage dies ergeben hatte, wurden Qualitätskreise eingerichtet, Beschwerdesitzungen und andere Kommunikationsprogramme. Ich habe höflich zugehört, als er mir diese im Detail erläuterte. Als er fertig war, fragte ich ihn nach dem am häufigsten genannten Problem. "Die Umgebung," antwortete er. "Die Programmierer beklagten sich über zuviel Lärm." Ich fragte, welche Maßnahmen die Firma unternommen hatte, um diesem Problem beizukommen. "Oh, da konnten wir nichts daran machen," sagte er. "Das ist außerhalb unserer Kontrolle."

-TDM

Eines hat uns doch sehr enttäuscht: Dem Manager ging es nicht einmal besonders zu Herzen, daß die Firma daran gescheitert war, die Büroumgebung zu verbessern. Es war so, als ob sich die Programmierer über zu viel Schwerkraft beklagt hätten, wonach das Management nach dem üblichen Überprüfungsprozeß festgestellt hatte, daß man daran leider nichts ändern kann; denn dieses Problem liegt jenseits der menschlichen Einflußsphäre. Dies ist eine Strategie der Gleichgültigkeit.

Eine Änderung der Büroumgebung liegt aber nicht jenseits der menschlichen Einflußsphäre. Wir geben zu, daß es in fast jeder Firma eine mächtige Gruppe gibt, eine Möbelpolizei, die die Bürogestaltung und Ausstattung unter ihrer Kontrolle hat. Aber es ist nicht unmöglich, dieser Gruppe die Gründe klar zu machen oder ihr den Einfluß teilweise abzujagen. Im restlichen Teil dieses Kapitels nennen wir Ihnen einige Gründe dafür, warum Sie genau das tun müssen. In den folgenden Kapiteln geben wir Ihnen Tips, wie Sie das machen können.

Kriegsspiele für Programmierer: Beobachtungen über Produktivitätsfaktoren

Seit 1977 haben wir jedes Jahr öffentliche Produktivitätsstudien durchgeführt. Bisher haben sich daran weltweit mehr als 300 Organisationen beteiligt. Seit 1984 betreiben wir diese jährlichen Studien als eine Art Wettbewerb, bei dem Teams von Programmierern aus unterschiedlichen Organisationen gegeneinander antreten und eine Reihe von Programmier- und Testaufgaben in möglichst kurzer Zeit und mit möglichst wenig Fehlern lösen müssen. Wir nennen diesen Wettbewerb "Kriegsspiele für Programmierer". So läuft das Ganze ab:

- Je zwei Programmierer aus einer Firma bilden ein Team. Die beiden Teammitglieder arbeiten nicht zusammen, sondern sie konkurrieren eher miteinander, aber auch gegen alle anderen Teams.

- Beide Teammitglieder müssen genau die gleiche Aufgabe erledigen: ein nicht allzu großes Programm nach einer von uns vorgegebenen Spezifikation entwerfen, programmieren und testen.

- Während sie ihre Aufgabe erledigen notieren die Teilnehmer die dafür benötigte Zeit.

- Wenn alle Testarbeiten der Teilnehmer beendet sind, dann werden die Ergebnisse unserem standardisierten Abnahmetest unterworfen.

- Die Teilnehmer arbeiten in ihrer vertrauten Arbeitsumgebung, während der normalen Arbeitszeit, mit ihren gewohnten Programmiersprachen, ihren Werkzeugen, ihren Bildschirmen und ihren Rechnern, wie sie es in allen anderen Projekten auch gewohnt sind.

- Alle Resultate werden streng vertraulich behandelt.

Zwischen 1984 und 1986 haben über 600 Programmierer in 92 Firmen an dem Wettbewerb teilgenommen. Jeder einzelne Teilnehmer erfährt als Ergebnis des Wettbewerbs, wie er oder sie im Vergleich zu allen übrigen abgeschnitten hat. Der Vorteil für die beteiligten Firmen liegt darin, daß sie ihr Abschneiden im Vergleich mit anderen Organisationen kennenlernen. Und unser Vorteil ist es, viel über die Faktoren herauszubekommen, die die Produktivität wirklich beeinflussen. Wir werden diese Faktoren in den folgenden Abschnitten besprechen.

Individuelle Unterschiede

Eines der ersten Ergebnisse des Wettbewerbs war der Beweis für die extremen Unterschiede in der Leistung der einzelnen Programmierer. Das war natürlich auch vorher schon bekannt. Abbildung 8.1 gibt eine Zusammenstellung aus drei verschiedenen Quellen über die Bandbreite der individuellen Leistungen wieder.

Drei Grundregeln scheinen sich immer wieder zu bestätigen, wenn Sie die unterschiedlichen Leistungen von Einzelpersonen statistisch ermitteln:

- Rechnen Sie damit, daß die besten Mitarbeiter um einen Faktor 10 besser sind als die schlechtesten.

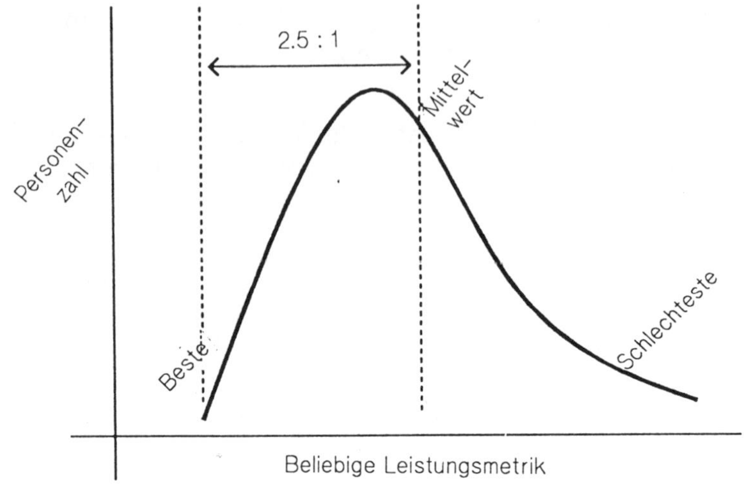

Abb. 8.1: Produktivitätsunterschiede einzelner Personen

- Rechnen Sie damit, daß Ihre besten Mitarbeiter 2.5 Mal besser sind als der Durchschnitt.

- Rechnen Sie damit, daß Ihre überdurchschnittlichen Mitarbeiter die unterdurchschnittlichen im Verhältnis 2:1 übertreffen.

Diese Regeln gelten für fast jede Leistungsmetrik, die Sie aufstellen können. Das heißt, daß Ihre bessere Mannschaftshälfte eine Arbeit in der halben Zeit erledigen kann, im Vergleich zu den anderen. Die fehleranfälligere Hälfte wird mehr als zwei Drittel der Fehler machen, und so weiter.

Die Ergebnisse der Kriegsspiele für Programmierer bestätigten diese Zahlen im Wesentlichen. Nehmen Sie als Beispiel die Kurve in Abbildung 8.2. Sie stellt die Verteilungsfunktion über die Zeit dar, welche die Teilnehmer in dem 1984er Wettbewerb brauchten, um den ersten Meilenstein der Aufgabe (fehlerfreie Compilierung, fertig zum Test) zu erreichen.

Die besten Leistungen waren um den Faktor 2.1 besser als der Durchschnitt. Die Hälfte über dem Mittelwert hat die anderen im Verhältnis 1.9 : 1 geschlagen. Die Ergebnisse aus den Folgejahren waren fast identisch.

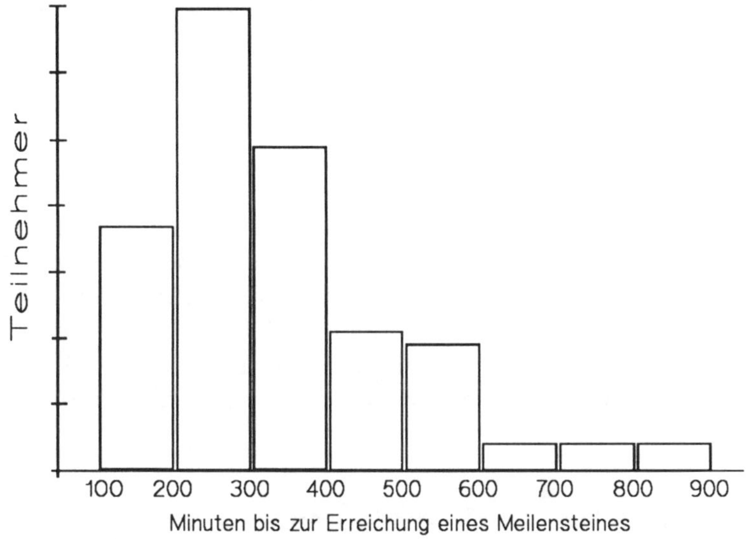

Abb. 8.2: Individuelle Leistungsunterschiede

Faktoren ohne Einfluß auf die Produktivität

In unseren Untersuchungen fanden wir heraus, daß die folgenden Faktoren wenig oder gar keine Korrelation mit der Leistung zeigten:

- *Programmiersprachen:* Die Qualität der Lösungen, die in alten Sprachen wie COBOL oder FORTRAN abgeliefert wurden, war genau so gut oder so schlecht, wie die der PASCAL- oder C-Programmierer. Innerhalb der einzelnen Sprachgruppen zeigte sich die gleiche Leistungsverteilung wie über alle Sprachen hinweg betrachtet. Die einzige Ausnahme bildeten die Assemblerprogrammierer: diese Gruppe wurde von den Gruppen, die andere Programmiersprachen verwendeten, haushoch geschlagen. (Aber wer heute noch Assembler verwendet, ist es ja gewohnt, geschlagen zu werden.)

- *Berufserfahrung:* Die Teilnehmer mit 10 Jahren Berufserfahrung waren nicht besser als diejenigen mit nur zwei Jahren. Es gab keine sichtbaren Zusammenhänge zwischen den Jahren an Berufserfahrung und den erbrachten Leistungen. Eine Ausnahme bildeten die Personen, die mit der gewählten Programmiersprache weniger als 6 Monate Erfahrung hatten. Sie waren nicht so gut wie die übrigen.

- *Anzahl der Fehler:* Fast ein Drittel aller Teilnehmer bewältigte die Aufgabe mit null Fehlern. Als Gruppe betrachtet brauchten diese Null-Fehler-Programmierer nicht mehr Zeit für ihre qualitativ hochwertigen Ergebnisse. (Wenn man die genauen Ergebnisse nimmt, lag diese Gruppe in der Zeit sogar besser als diejenigen, die mehr Fehler gemacht hatten.)

- *Gehalt:* Die Gehaltsstrukturen wiesen bei den gesamten Teilnehmern große Unterschiede auf. Es gab aber nur eine sehr schwach ausgeprägte Beziehung zwischen Gehältern und Leistung. Die Hälfte über dem Mittelwert verdiente ungefähr 10 Prozent mehr als die Hälfte unter dem Mittelwert, war aber mindestens doppelt so gut. Die Abweichungen in den Leistungen auf jedem einzelnen Gehaltsniveau war fast genau so groß wie die Abweichungen im gesamten Spektrum.

Die meisten dieser Effekte waren schon vorher bekannt; die Ergebnisse waren daher nicht sehr überraschend. Etwas überraschender waren einige der Faktoren, bei denen wir wirklich einen wesentlichen Einfluß auf die Leistung feststellen konnten.

Das sollte Ihr Chef vielleicht nicht lesen

Ein Ergebnis unserer Untersuchungen war eine ziemliche Überraschung. Ein Faktor zeigte eine deutliche Korrelation mit der Produktivität: *Es spielt eine große Rolle, wer der Partner im Team ist.* Wenn Sie mit jemandem zusammengearbeitet hatten, der gut war, waren auch Sie gut. Wenn Ihr Partner ewig und 3 Tage brauchte, um die Aufgabe zu bewältigen, dann brauchten auch Sie so lange. Wenn Ihr Partner an der Aufgabe komplett scheiterte, dann scheiterten wahrscheinlich auch Sie. Durchschnittlich betrachtet wichen die Leistungen der Partner eines Paares nur um 21 Prozent voneinander ab.

Warum ist das denn so wichtig? Obwohl die beiden Personen in dem Wettbewerb nicht zusammenarbeiteten, kamen sie doch aus der gleichen Firma. (In den meisten Fällen waren das die einzigen Vertreter einer Firma.) Sie arbeiteten im gleichen Umfeld und hatten eine gemeinsame Firmenkultur als Hintergrund. Man könnte aus der Tatsache, daß die Teampartner fast identische Leistung erbrachten, darauf schließen, daß die große Streuung im Gesamtversuch nicht auf die einzelnen Firmen übertragbar ist: Zwei Personen aus der gleichen Firma erbringen weitestgehend gleiche Leistung. Das heißt aber auch, daß sich die guten Programmierer in bestimmten Firmen zusammenscharen und die schlechten Programmierer in anderen. Diesen Effekt hatte Harlan Mills bereits 1981 vorhergesagt:

> Die Produktivitätsunterschiede von 10 : 1 zwischen einzelnen Programmierern sind erklärbar; es gibt aber auch 10 : 1 Unterschiede in der Produktivität von Softwareorganisationen.
>
> -Software Productivity

Unsere Studie ergab, daß zwischen den einzelnen beteiligten Organisationen gewaltige Unterschiede auftraten. Betrachtet man die komplette Bandbreite, so arbeitete die beste Organisation (d.h. diejenige, die den besten Durchschnitt aller Teilnehmer zeigte) 11.1 mal schneller als die schlechteste. Zusätzlich zu dem Tempo lieferten auch alle Teilnehmer der besten Organisation Ergebnisse ab, die unseren Abnahmetest bestanden.

Durch diese Ergebnisse sollten Sie etwas wachgerüttelt werden. Die meisten Manager haben sich im Laufe der Jahre daran gewöhnt, daß es individuelle Leistungsunterschiede unter den Mitarbeitern gibt. Sie haben sich gesagt daß diese Unterschiede angeboren sind, und man daher wenig daran ändern kann. Wenn man allerdings den Summeneffekt betrachtet, kann man diese Argumentation nicht mehr aufrecht erhalten. Einige Firmen leisten wesentlich weniger als andere. Etwas in deren

Arbeitsumfeld oder in deren Firmenkultur stimmt nicht; gute Leute werden nicht von solchen Firmen angezogen oder können nicht auf Dauer gehalten werden. Und den wenigen, guten Mitarbeitern, die noch dort arbeiten, macht es das Umfeld immer schwerer, gute Ergebnisse zu liefern.

Die Effekte des Arbeitsplatzes

Blicken wir doch den nackten Tatsachen ins Auge: viele Firmen stellen ihren Mitarbeitern einen Arbeitsplatz zur Verfügung, der so eng und laut ist, wo so viele Störungen auf die Mitarbeiter einwirken, daß jeder Tag mit Frustration endet. Das alleine reicht als Erklärung für die weniger guten Leistungen und für den Trend, daß gute Mitarbeiter auf andere Arbeitsstätten ausweichen.

Die Hypothese, nach der die Qualität des Arbeitsplatzes eine starke Korrelation mit der Effektivität der Entwickler aufweist, ist leicht zu überprüfen. Sie brauchen nur eine Menge von fest umrissenen Aufgabenstellungen entwickeln, in ähnlicher Form, wie die normalen Tätigkeiten von Entwicklern. Anschließend beobachten Sie, wie diese Aufgaben in verschiedenen Umgebungen abgewickelt werden. Wir haben die Kriegsspiele für Programmierer mit diesem Hintergedanken entworfen.

Um an statistisches Material über das Arbeitsumfeld heranzukommen, mußte jeder Teilnehmer an dem Wettbewerb (vor der eigentlichen Aufgabe) einen Fragebogen ausfüllen. Darin haben wir nach der Gestaltung des Umfelds gefragt. Einige Fragen bezogen sich auf objektiv feststellbare Größen (z.B. die Quadratmeterzahl an Fläche, die einem einzelnen Programmierer zur Verfügung stand, oder die Höhe der Wände zu Nachbarn). Wir haben aber auch subjektive Fragen eingestreut, wie z.B. "Gibt Ihnen Ihr Arbeitsplatz das Gefühl, daß man Sie schätzt?" oder "Ist der Geräuschpegel an Ihrem Arbeitsplatz akzeptabel?". Danach haben wir die Leistungen mit den Antworten auf diese Fragen verglichen.

Wir versuchten, Charakteristika der Arbeitsplätze von den Personen festzustellen, die gute Leistungen erbracht hatten (wobei wir eine Metrik aus verschiedenen Leistungsparametern kombiniert hatten). Wir verglichen das beste Viertel (d.h. die 25 Prozent der Teilnehmer, die die besten Ergebnisse erzielt hatten) mit dem Viertel der Teilnehmer, die die schlechtesten Ergebnisse erzielt hatten. Die Leistungen des besten Viertels waren um einen Faktor 2.6 besser als die des schlechtesten Viertels. Die Korrelation mit dem Arbeitsumfeld ist in Tabelle 8.1 dargestellt.

Arbeitsplatz-faktor	bestes Viertel der Teilnehmer	schlechtestes Viertel der Teilnehmer
1. Wieviel Arbeitsplatz steht Ihnen zur Verfügung	$7m^2$	$4.1m^2$
2. Ist es annehmbar ruhig?	57% JA	29% JA
3. Ist Ihre Privatsphäre gewahrt?	62% JA	19% JA
4. Können Sie Ihr Telefon abstellen?	52% JA	10% JA
5. Können Sie Ihr Telefon umleiten?	76% JA	19% JA
6. Werden Sie oft von anderen Personen grundlos gestört?	38% JA	76% JA

Tabelle 8.1: Der Arbeitsplatz der Besten und der Schlechtesten

Die Spitzenprogrammierer, die am schnellsten und effektivsten gearbeitet haben, erbringen diese Arbeit in einem wesentlich anderen Umfeld als das Viertel der Teilnehmer, das am schlechtesten abgeschnitten hat. Die Arbeitsplätze des Spitzenviertels sind ruhiger, gewährleisten die Privatsphäre, schützen die Mitarbeiter vor Störungen und weisen mehr Grundfläche auf.

Was haben wir nachgewiesen?

Die Statistiken im letzten Abschnitt beweisen natürlich noch nicht, daß ein besserer Arbeitsplatz den Mitarbeitern zu besseren Leistungen verhilft. Vielleicht zeigen die Daten nur, daß gute Mitarbeiter dazu neigen, bei Firmen zu arbeiten, die ein besseres Arbeitsumfeld zur Verfügung stellen. Betrifft Sie das wirklich? Welchen Unterschied macht es auf lange Sicht, ob Ruhe, Abgeschiedenheit und Platz Ihren jetzigen Mitarbeitern zu besserer Arbeit verhilft oder Ihnen dabei hilft, neue, gute Mitarbeiter anzuwerben und zu behalten?

Wenn wir überhaupt etwas bewiesen haben, dann ist es folgendes: Gleichgültigkeit bezüglich der Arbeitsplatzgestaltung ist ein Fehler. Wenn es zu Ihrem Aufgabenbereich gehört, ein Team von Kopfarbeitern anzuleiten, dann gehört auch die entsprechende Arbeitsplatzgestaltung zu Ihren Aufgaben. Es reicht nicht, wenn Sie feststellen "Zwischen 9 und 5 kann man hier nicht arbeiten", und sich danach wieder anderen Themen zuwenden. Es ist nicht normal, daß Mitarbeiter zu normalen Arbeitszeiten nicht arbeiten können. Es ist an der Zeit, etwas dagegen zu unternehmen.

Kapitel 9

Kostenreduzierung durch Raumeinsparung

Wenn Ihre Organisation die gleichen Merkmale aufweist, wie die meisten Organisationen in unserer Untersuchung, dann geht der Trend bei der Arbeitsplatzgestaltung in Richtung mehr Lärm, weniger Privatsphäre und weniger Platz. Natürlich dreht sich dabei alles um die Kosten. Jeden Pfennig, den man bei der Arbeitsplatzgestaltung einspart, ist ein Pfennig, der zum Betriebsergebnis beiträgt - so denkt man zumindest. Wer derartige Argumentationen vorbringt, macht sich schuldig, über eine Kosten/Nutzen-Analyse zu sprechen, ohne den Nutzen untersucht zu haben. Sie kennen die Kosten, aber sie haben keine blasse Ahnung, wie die andere Seite der Gleichung aussieht. Sicherlich machen sich die Einsparungen durch einen billigeren Arbeitsplatz gut, aber im Vergleich wozu? Darauf lautet die einzig mögliche Antwort: im Vergleich zum Risiko von weniger Effektivität.

Wenn man die derzeit laufende Attacke auf die Kosten pro Arbeitsplatz betrachtet, stellt man überrascht fest, wie wenig man eigentlich im Vergleich zu dem möglichen Risiko, das man damit eingeht, einsparen kann. Die Gesamtkosten für einen Arbeitsplatz sind nur ein kleiner Prozentsatz des Gehalts, das man einem Mitarbeiter bezahlt. Wie klein der Prozentsatz ist, hängt von den Grundstückspreisen ab, von der Gehaltsstruktur, und davon, ob man Ressourcen least oder kauft. Im allgemeinen betragen die Arbeitsplatzkosten zwischen 6 und 16 Prozent. Für einen Programmierer, der 65000,- DM im Jahr erhält und der in einem von der Firma bezahlten Büro arbeitet, müssen Sie für jede Mark, die Sie für Büro und Ausstattung ansetzen, ca. 15 DM dagegen halten, die dem Programmierer direkt bezahlt werden.

Wenn Sie noch alle Sozialleistungen der Firma dazurechnen, kommen Sie leicht auf das zwanzigfache an Leistungen für den Mitarbeiter im Vergleich zu den Aufwänden für den Arbeitsplatz.

Dieses Verhältnis von 20:1 deutet bereits an, daß Kosteneinsparungen am Arbeitsplatz risikoreich sind. Eine kleine Einsparung auf der Seite der einen Mark kann zu einer großen Gefährdung auf der Seite der zwanzig führen. Ein kluger Manager würde die Idee, seine Mitarbeiter in billigere, lautere und engere Arbeitsplätze umzusiedeln nicht weiterverfolgen, bevor er weiß, in welcher Weise die Effektivität seiner Mannschaft dadurch betroffen wird. Man kann daher davon ausgehen, daß die Büroplaner, die seit mehr als einem Jahrzehnt an einem Programm arbeiten, unsere Arbeitsbereiche auf moderne, offene Großraumbüros umzustellen, vorher sorgfältige Produktivitätsanalysen unternommen haben. Wenn das nicht der Fall ist, dann hätten sie in ziemlich unverantwortlicher Mißachtung für unsere Arbeitsumgebung gehandelt.

Eine Landplage

Unverantwortliche Mißachtung der Umwelt ist leider heute an der Tagesordnung. Sie tritt bei der Plünderung von Rohstoffen zu Tage, warum also nicht auch bei der Gestaltung von Arbeitsplätzen? John Brunner hat eine sehr prophetische Science Fiction Erzählung geschrieben, in der die Verunreinigung von Luft, Wasser und Boden noch bis zum Ende des 20. Jahrhunderts weitergeht. Fast niemand beklagt sich darüber, unabhängig davon, wie schlimm die Verschmutzungen auch werden. Die Bewohner von Brunners Welt ignorieren das Geschehen wie eine riesige Herde von unerschütterlichen Schafen solange, bis alle Chance auf ein weiteres Überleben verspielt sind. Erst dann merken sie überhaupt, was los ist. Brunner nannte sein Buch *Die Schafe blicken auf.*

Die amerikanischen Büroangestellten haben bisher noch kaum aufgeblickt, obwohl ihre vorher vernünftigen Arbeitsplätze immer unbrauchbarer werden. Vor nicht allzu langer Zeit haben sie noch in Zwei- bis Dreimannbüros mit Wänden, Türen und Fenstern gearbeitet. (Sie können sich doch noch an Wände, Türen und Fenster erinnern, oder?) In einer derartigen Umgebung konnte man in Ruhe arbeiten und sogar Besprechungen mit Kollegen abhalten, ohne die anderen zu stören.

Dann kamen - ohne die geringste Warnung - die Großraumbüros als Landplage über uns. Die Befürworter dieser neuen Raumordnung haben keinen einzigen Nachweis dafür erbracht, daß die Effektivität davon nicht negativ betroffen wird. Das konnten sie auch nicht. Sinnvolle Maßstäbe für Produktivität sind eine komplexe und schwer faßbare Materie. Man muß für jede Art von Arbeit unterschiedlich darangehen. Man braucht Erfahrung, sorgfältige Untersuchungen und man muß eine Menge an Daten sammeln.

Die Büroplaner, die uns das Großraumbüro beschert haben, waren dieser Aufgabe nicht gewachsen. Aber sie haben ihre Idee sehr gut *verkauft*. Sie haben das Problem des *Absinkens* der Produktivität einfach dadurch umschifft, daß sie lauthals verkündet haben, Großraumbüros würden die Produktivität *steigern*. Sie sprachen sogar von enormen Steigerungsraten bis zu 300 Prozent. Sie haben viele Artikel veröffentlicht, deren Basismaterial nur aus der Luft gegriffen wurde. Sie gaben ihren Ankündigungen marktschreierische Titel, wie das Beispiel aus dem *Data Management* Magazin belegt: "Großraumbüros treiben die Produktivität Ihrer Mitarbeiter in schwindelnde Höhen". Nach dem vielversprechenden Titel kommt der Autor auch gleich zum Kern der Sache:

> Die treibenden Kräfte für die Überlegungen beim Entwurf von Großraumbüros innerhalb von informationsverarbeitenden Betrieben sind folgende: die leichte elektrische Verkabelungsmöglichkeiten, Unterstützung durch Computer, sowie Dienstleistungen von Herstellern und Händlern.

Punkt. Das ist es. Das sind alle "treibenden Kräfte". Kein Wort darüber, daß *Menschen* in diesen Räumen leben und arbeiten müssen.

In diesem und in vergleichbaren Artikeln fehlt auch jeglicher Hinweis darauf, was Produktivität von Mitarbeitern eigentlich bedeutet. Es gab keinen Satz in dem Artikel in *Data Management*, der den Titel des Artikels in irgendeiner Weise erklärt hätte. Uns ist nur eine einzige Methode begegnet, mit der die Ansprüche, daß Großraumbüros die Produktivität fördern, belegt wurden: *Beweis durch wiederholtes Behaupten.*

Wir unterbrechen die Hetzkampagne, um Ihnen einige Fakten zu präsentieren

Die Firma IBM hat vor der Erstellung der Pläne für das neue Gebäude in Santa Teresa alle De-facto Standards der Industrie verletzt. IBM hat die Arbeitsgewohnheiten der Mitarbeiter untersucht, die dort einziehen sollten. Die Studie wurden von dem Architekten Gerald McCue in Zusammenarbeit mit IBM Bereichsmanagern entworfen. Forscher beobachteten die Arbeitsabläufe in vorhandenen Umgebungen, sowie in simulierten neuen Büros. Sie haben Programmierern, Ingenieuren, Qualitätssicherern und Managern bei der täglichen Arbeit über die Schulter geschaut. Aus dem Ergebnis ihrer Beobachtungen kamen sie zu dem Schluß, daß die Minimalanforderungen für die gemischte Mannschaft, die die neuen Räume beziehen sollten, folgende sind:

- 9 m^2 persönlicher Arbeitsbereich für jeden einzelnen Mitarbeiter

- 2,7 m^2 Schreibtischfläche pro Mitarbeiter

- Lärmschutz in Form von geschlossenen Büros oder mindestens 1,80 Meter hohe Trennwänden (am Ende wurden für circa die Hälfte der Mitarbeiter geschlossene Ein- oder Zweimannbüros gebaut)

Die Begründung zur Durchsetzung dieser Minimalanforderungen bei der Erstellung des neuen Labors waren einfach: die Personen, deren Arbeit vorher untersucht wurde, *brauchten* den Raum und die Ruhe, um optimal arbeiten zu können. Kosteneinsparungen, die durch Reduzierung der Minimalforderungen erreicht werden könnten, hätten Effektivitätsverluste in wesentlich höherem Umfang zur Folge, als die Einsparungen ausmachen könnten. Auch andere Studien, die von den gleichen Fragestellungen ausgegangen waren, kamen mehr oder weniger zu den gleichen Resultaten. Die McCue-Studie wies nur einen Unterschied auf: IBM folgte den Empfehlungen und errichtete Arbeitsplätze, an denen Menschen arbeiten können. (Wir prophezeien, daß es diese Firma noch weit bringen wird.)

Wie schneidet denn der Rest der Welt im Vergleich mit IBMs Minimalforderungen bezüglich der Arbeitsplatzgröße ab? Abbildung 9.1 zeigt die Verteilung der Raumgröße pro Person unter unseren Teilnehmern der Wettbewerbe von 1984 und 1985.

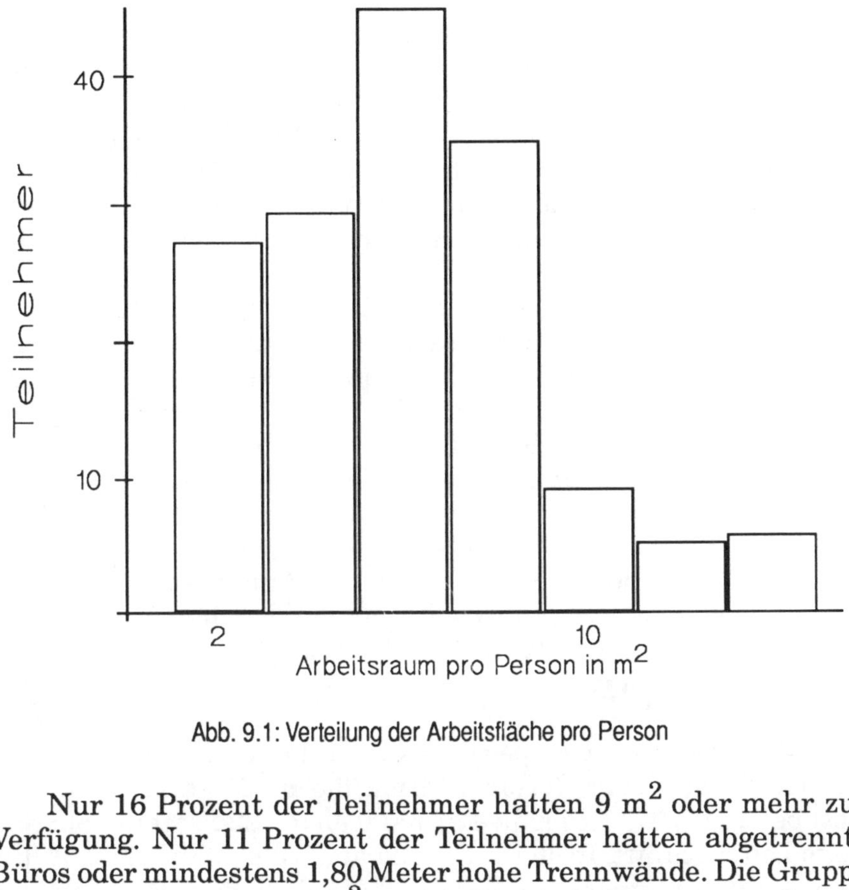

Abb. 9.1: Verteilung der Arbeitsfläche pro Person

Nur 16 Prozent der Teilnehmer hatten 9 m^2 oder mehr zur Verfügung. Nur 11 Prozent der Teilnehmer hatten abgetrennte Büros oder mindestens 1,80 Meter hohe Trennwände. Die Gruppe derjenigen, die nur 2 - 3 m^2 zur Verfügung haben, war größer als die Gruppe mit 9 m^2. (Wenn Sie mit weniger als 2.5 m^2 Büroraum auskommen müssen, dann haben Sie nicht einmal so viel Platz, wie den Santa Teresa Leuten als Schreibtischfläche zur Verfügung gestellt wurde.)

58 Prozent aller Teilnehmer des Wettbewerbs haben sich über zu laute Büros beklagt; 61 Prozent beklagten zu wenig Privat-

sphäre; 54 Prozent gaben an, daß sie zu Hause einen Arbeitsplatz haben, der besser ist als der von der Firma zur Verfügung gestellte.

Die Qualität des Arbeitsplatzes und die Qualität von Produkten

Die Firmen, die kleinc und laute Arbeitsplätze zur Verfügung stellen, trösten sich mit dem Glauben, daß dies keine entscheidende Rolle im Arbeitsprozeß spielt. Sie wischen alle Beschwerden über zuviel Krach zum Beispiel mit dem Argument weg, daß das nur der Versuch der Mitarbeiter ist, größere Büros mit besserer Abschirmung als Statussymbol zu erhalten. Was kann denn das bißchen Lärm schon ausmachen? Er hilft doch nur, daß keiner bei der Arbeit einschläft.

Wir wollten feststellen, ob die Einstellung der Teilnehmer zu Lärm etwas mit ihren Arbeitsergebnissen zu tun hat. Deshalb haben wir die gesammelten Ergebnisse in zwei Gruppen eingeteilt: in die Personen, die ihren Arbeitsplatz als akzeptabel ruhig empfanden und in den Rest. Dann betrachteten wir die Anzahl der Teilnehmer in jeder Gruppe, die die Übung fehlerfrei beenden konnten.

> Die Teilnehmer, die vor Beginn der Aufgabe ihren Arbeitsplatz als akzeptabel ruhig empfanden, haben *mit 33 Prozent größerer Wahrscheinlichkeit* fehlerfreie Ergebnisse produziert.

Wenn der Geräuschpegel ansteigt, dann wird dieser Trend auch noch deutlicher. Bei einer Firma, die mit 50 Personen an dem Test beteiligt war, waren die Lärmklagen um 22 Prozent höher als beim Durchschnitt. In dieser Firma kamen die erfolgreichen Null-Fehler Programmierer in überdurchschnittlichem Maße aus der Gruppe der Personen, die den Geräuschpegel erträglich fanden:

Programmierer mit null Fehlern:	66 Prozent fanden Geräuschpegel erträglich
Programmierer mit einem oder mehreren Fehlern:	8 Prozent fanden Geräuschpegel erträglich

Wir wollen noch einmal darauf hinweisen, daß wir den Geräuschpegel am Arbeitsplatz - wie auch alle anderen Umgebungsbedingungen - abgefragt haben, *bevor* die Aufgabe bearbeitet werden mußte.

Beachten Sie auch, daß wir keine objektiven Messungen des Lärms vorgenommen haben. Wir haben nur die Teilnehmer gefragt, ob sie den Lärm erträglich finden oder nicht. Deshalb können wir keine Aufteilung der Ergebnisse nach den wahren Lärmgegebenheiten vornehmen, d.h. danach, ob wirklich ruhige Arbeitsräume zur Verfügung standen oder ob sich die Teilnehmer nur an den Lärm gewöhnt hatten und davon nicht mehr beeinflußt wurden. Wenn Ihnen aber ein Teilnehmer mitteilt, daß ihn der Lärm stört, dann gehört er sicherlich zu keiner der beiden eben genannten glücklichen Gruppen. Er teilt Ihnen damit indirekt mit, daß seine Fehleranfälligkeit größer ist. Solche Botschaften ignorieren Sie auf eigene Gefahr.

Eine Nobelpreiswürdige Entdeckung

An manchen Tagen sind Menschen viel aufnahmefähiger als an anderen Tagen. Für uns war der 3. Februar 1984 ein Tag, den wir in dieser Hinsicht nie vergessen werden. An diesem Tag haben wir zum ersten Mal die bemerkenswerte Abhängigkeit der Mitarbeiterdichte von dem zur Verfügung gestellten Arbeitsbereich pro Mitarbeiter festgestellt. Wenn die eine Größe wächst, scheint die andere nach unten zu gehen! Da wir sorgfältige Wissenschaftler sind, haben wir sofort damit begonnen, diesen Trend zu dokumentieren. In einer Studie, die 32364 Firmen in der freien Welt umfaßte, zeigte sich eine fast perfekte inverse Beziehung zwischen den beiden Größen.

Stellen Sie sich unsere Aufregung vor, als wir die Daten gesammelt haben. Wir fühlten uns so, wie Ohm sich gefühlt haben muß, als er sein Gesetz entdeckte. Das war das Material, das man braucht, um den Nobelpreis zu erringen. Denken Sie bitte immer daran, daß Sie diese Entdeckung hier zuerst gelesen haben: Die Mitarbeiterdichte (z.B. in Arbeiter pro $1000m^2$ gemessen) ist umgekehrt proportional zur Arbeitsfläche pro Person.

Wenn Sie Schwierigkeiten haben, die Relevanz dieses Zusammenhangs zu sehen, dann vergessen Sie den Lärm. Denn der Lärm ist direkt proportional zur Mitarbeiterdichte. Wenn Sie also

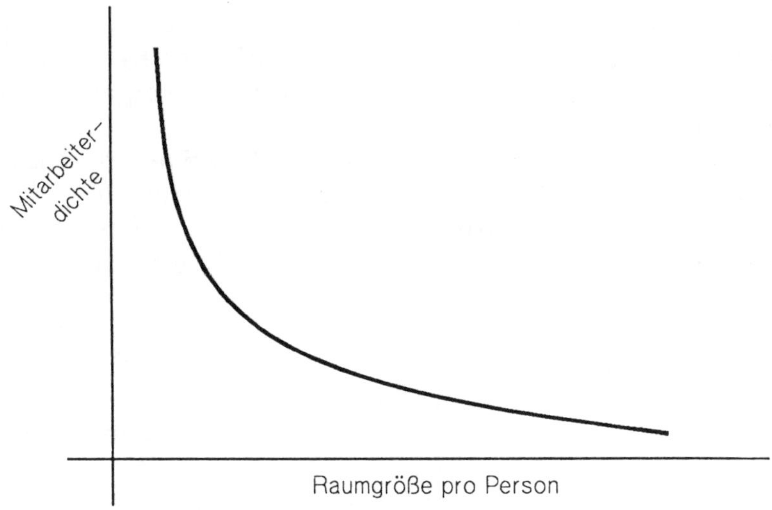

Abb. 9.2: Der DeMarco/Lister-Effekt

die Fläche pro Mitarbeiter halbieren, müssen Sie mit einer Verdopplung des Lärms rechnen. Selbst wenn Sie schlagkräftige Argumente dafür finden, daß Mitarbeiter auf 2.5 m^2 arbeiten können, ohne Platzangst zu bekommen, dann können Sie daraus immer noch nicht ableiten, daß 2.5 m^2 auch ausreichend sind. Der Lärm, der bei einer Aufteilung auf 2.5 m^2 große Flächen pro Mitarbeiter entsteht, ist mehr als dreimal so groß, wie bei 9 m^2 großen Flächen. Das könnte den Unterschied zwischen pausenloser Fehlerbehebung in Produkten und fehlerfreien Produkten ausmachen.

Auswandern und Verstecken

Wenn die Grenze der Unerträglichkeit am eigentlichen Arbeitsplatz erreicht ist, dann suchen sich die Mitarbeiter Alternativen. Sie reservieren den Konferenzraum, ziehen sich in die Bibliothek zurück, treffen sich in den Kaffeeküchen und kommen einfach nicht an den Arbeitsplatz zurück. Sie treffen sich keineswegs, um heimliche Romanzen zu pflegen oder politische Intrigen zu schmieden; sie wandern nur aus, um *arbeiten* zu können. Die gute Nachricht für Sie ist, daß diese Leute das Erfolgserlebnis von fertiggestellten Projekten und Produkten wirklich brauchen. Sie werden sich alles Mögliche ausdenken, um dieses Ziel zu erreichen. Wenn die Zustände wirklich schlimm sind, dann versuchen sie alles, um irgendwo einen vernünftigen Arbeitsplatz zu finden.

In meiner Studienzeit an der Brown-Universität überstanden wir die Zeiten des Prüfungsstresses und der vielen schriftlichen Arbeiten, die alle gleichzeitig am Semesterende abgegeben werden mußten dadurch, daß wir uns ein stilles Plätzchen suchten. In der Universitätsbibliothek gab es zwischen den Bücherreihen viele kleine Nischen, die nur einer Person Platz boten. Die einzige Störung, die dort auftreten konnte, war ein Feueralarm. Selbst der durfte dort nur ausgelöst werden, wenn es wirklich brannte. Wir wurden immer einfallsreicher, wenn es um die Auswahl der Nischen in der Bibliothek ging, wo uns bestimmt keiner suchen würde. Ich habe mich am liebsten im 5. Stock in der Biologieabteilung verkrochen. Einer meiner Freunde ging sogar so weit, in der Krypta unter der amerikanischen Bibliothek zu arbeiten - ja, in der Krypta, direkt neben den sterblichen Überresten der Stifterin dieses Gebäudes. Es war kühl dort in der Marmorumgebung, und - wie mein Freund sagte - es war still, totenstill.

-TRL

Wenn Sie einen Blick in einen Konferenzraum werfen, kann es Ihnen passieren, daß dort drei Mitarbeiter in aller Stille sitzen und arbeiten. Wenn Sie nachmittags gegen 3 Uhr in die Kantine kommen, finden Sie vielleicht einige Mitarbeiter dort, jeweils einen pro Tisch, umgeben von seinen Unterlagen. Einige Mitarbeiter können Sie vielleicht gar nicht aufspüren. Sie verstecken sich, um ihre Arbeit erledigen zu können. Wenn Ihnen das in Ihrer Firma schon passiert ist, dann sollten Sie das als Alarmzeichen sehen. Kosten reduzieren durch Raumeinsparungen kann sehr teuer werden.

Intermezzo

Ein Intermezzo ist eine heitere Abweichung vom Hauptthema, die zwischen die sonst sehr ernst gemeinten (oder wenigsten relativ ernst gemeinten) Kapitel eingefügt wurde.

Produktivitätsmessungen und unbekannte Flugobjekte

Warum können wir nicht einfach die Produktivität in angenehmen und unangenehmen Arbeitsumfeldern messen und daraus die Beziehung zwischen der Umgebung und der Produktivität von Mitarbeitern endgültig festlegen? Dieser Ansatz funktioniert für einen Fließbandbetrieb bestimmt, aber wenn die Arbeit, die wir messen wollen, eher geistiger Natur ist, geht es nicht so einfach. Der Ansatz zum Messen der Produktivität bei Kopfarbeitern ist wissenschaftlich noch nicht so untermauert, wie es notwendig wäre. Einige Personen stufen die bisherigen Ergebnisse nur geringfügig besser ein als die Forschung im Bereich unbekannter Flugobjekte.

Ein Experiment zum Testen des Einflusses der Arbeitsumgebung auf die Produktivität kann man sich leicht ausdenken:

- Messen Sie die Arbeitsmenge, die in einer neuen Umgebung erledigt werden kann
- Stellen Sie die Kosten für die Erledigung der Arbeit zusammen
- Vergleichen Sie die Kosten und die Arbeitsmenge in der neuen Umgebung mit der Menge und den Kosten in der alten Umgebung

Der Entwurf dieses Tests war leicht; die Umsetzung in die Praxis ist schwieriger: wie bestimmen Sie z.B. den Aufwand für eine Marktstudie und für einen neuen Chip-Entwurf oder für die Entwicklung einer neuen Hypothekenstrategie? Es gibt mittlerweile zwar Bemühungen für Standardvorschläge, beispielsweise in der Software-Industrie. Um diese anzuwenden, braucht man aber eine Menge an firmenspezifischen Datensammlungen, und man muß Erfahrung im eigenen Haus aufbauen. Die meisten Firmen versuchen erst gar nicht, den Aufwand für geistige Arbeit zu erfassen. Diese Firmen haben auch keine effektiven Metriken für die Kostenseite.

Oft gibt es Statistiken über die *Gesamtstundenzahl*, die zur Lösung eines Problems aufgewendet werden mußte, aber keine Unterscheidung über die *Qualität* der benötigten Stunden. (Mehr darüber lesen Sie in Kapitel 10.) Selbst wenn eine Firma in der Lage wäre, die Ergebnisse und Kosten in einer neuen Arbeitsumgebung zu messen, so gäbe es doch keine Vergleichszahlen aus der Vergangenheit. Manager neigen angesichts dieses Problems eher dazu, mit den Schultern zu zucken, zu seufzen, und dann zu beschließen, daß die Unterschiede in der Produktivität jenseits ihrer Einflußsphäre liegt. Aber so negativ muß man nicht an das Problem herangehen.

Gilbs Gesetz

Vor zwei Jahren habe ich während einer Konferenz in London einen Nachmittag mit Tom Gilb verbracht. Gilb ist der Autor des Buches Software Metrics und hat zahlreiche Artikel über Metriken für die Software-Entwicklung veröffentlicht. Ich fand heraus, wie man ihn leicht in Rage bringen konnte: man braucht nur festzustellen, daß bestimmte Dinge, die man wissen will, nicht "meßbar" sind. Er war durch so eine Feststellung sogar beleidigt. Er erläuterte mir an diesem Tag sein Glaubensbekenntnis bezüglich Meßbarkeit. Die Idee dahinter schien mir unmittelbar einleuchtend und auch ermutigend, daß ich sie unter der Überschrift "Gilbs Gesetz" sofort wörtlich in mein Tagebuch übernommen habe:

Alles, was man quantifizieren muß, kann auf eine Art gemessen werden, die auf jeden Fall besser ist, als gar nichts zu messen.

Gilbs Gesetz verspricht Ihnen nicht, daß das Messen gratis ist oder billig zu machen ist; die Maßzahlen sind auch nicht unbedingt perfekt - aber besser als gar keine.

-TDM

Natürlich kann man Produktivität messen. Wenn Sie eine Gruppe aus Personen bilden, die gleichartige oder ähnliche Arbeiten durchführen, und dieser Gruppe einen Tag Zeit geben, um sinnvolle Vorschläge zur Selbstkontrolle zu entwerfen, werden Sie Ergebnisse erhalten, die Gilbs Gesetz bestätigen. Die Zahlen, die diese Personen aufsammeln, geben der Gruppe selbst ein Mittel in die Hand, um Feinkorrekturen an ihrer Produktivität vorzunehmen. Verbindet man diese Ergebnisse mit Qualitätszirkeln oder anderen Review-Mechanismen im Team, dann haben Sie einen Weg, der den Austausch von Erkenntnissen untereinander fördert. Die Durchschnittswerte, die man über eine ganze Gruppe ermittelt, geben dem Management einen zuverlässigen Indikator über die Auswirkungen von Änderungen in Variablen, wie z.B. in der Büroumgebung.

Im Bereich Software-Entwicklung, wo wir uns am besten auskennen, gibt es bereits eine Anzahl von funktionierenden Produktivitätsmetriken, von denen wir einige im Abschnitt "Kommentare" am Ende des Buches aufgezählt haben. Es gibt sogar Anbieter dieser Dienstleistung, die zu Ihnen kommen, Ihre Produktivität bestimmen und Ihnen sagen, wo Sie derzeit im Industrievergleich stehen. Wenn eine Firma ihre eigene Produktivitätsrate bei der Software-Entwicklung nicht bestimmen kann, dann hat sie es nur noch nicht ernsthaft probiert.

Sie können sich Unwissenheit gar nicht leisten

Stellen Sie sich vor, es gäbe eine narrensichere Methode zur Produktivitätsmessung, und damit würde gerade jetzt die Arbeit Ihrer Mitarbeiter überprüft. Stellen Sie sich weiter vor, daß die Prüfer Ihnen als Ergebnis mitteilen, daß Sie in den obersten 5 Prozent aller Firmen stehen, die vergleichbare Projekte durchführen. Sie wären sehr erfreut. Sie würden durch die Gänge wandeln, ein leichtes Lächeln auf den Lippen, und sehr wohlwollend an Ihre Mitarbeiter denken: "Ich ahnte schon, daß sie sehr gut sind, aber diese Nachricht ist Spitze."

Hoppla. Die Prüfer sind gerade noch einmal zurückgekommen und gestehen Ihnen, daß sie die Graphik verkehrt herum gedruckt hatten, als sie Ihnen den Ergebnisbericht geliefert haben. Tatsächlich sind Sie unter den schlechtesten 5 Prozent. Jetzt ist Ihr Tag ruiniert. Sie ertappen sich bei dem Gedanken: "Ich hätte das schon längst wissen können. Wer kann schon erwarten, daß man mit dieser Bande von Schwachköpfen erfolgreich Projekte abwickeln kann?" In dem einen Fall sind Sie hingerissen, im anderen Fall verzweifelt. *Aber besonders überrascht sind Sie in keinem der beiden Fälle.* Warum sollten Sie auch überrascht sein, dazu besteht kein Grund: denn Sie haben ja nicht die leiseste Ahnung, wie hoch Ihre Produktivität wirklich ist.

Wenn man von der Tatsache ausgeht, daß die Produktivität zwischen Organisationen im Verhältnis von 1 : 10 schwanken kann, dann können Sie es sich gar nicht leisten, nicht zu wissen, wo Sie stehen. Ihr Mitbewerber ist vielleicht bei der gleichen Art von Projekten zehnmal effektiver. Wenn Sie es nicht wissen, können Sie auch nichts dagegen unternehmen. Nur der Markt wird es verstehen. Er wird Schritte unternehmen, um die Situation ins rechte Lot zu bringen; Schritte, die für Sie nicht so angenehm sein werden.

Messen mit geschlossen Augen

Metriken über Produktivität können sehr nützlich sein, um Verfahren zu verbessern, Mitarbeiter zu motivieren und die Zufriedenheit mit der Arbeit zu erhöhen, aber in den seltensten Fällen werden sie dafür eingesetzt. Oft werden solche Methoden zur Bedrohung und zur Last. Um die wirklichen Vorteile aus Produktivitätsmetriken ernten zu können, muß das Management weitsichtig und selbstsicher genug sein und sich aus dem Prozeß heraushalten. Das heißt, es dürfen keine personenbezogenen Daten an das Management weitergegeben werden, und jeder in der Firma muß das wissen und davon überzeugt sein. Individuelle Daten dürfen nur zum Vorteil der davon betroffenen Personen verwendet werden. Produktivitätsmetriken sind ein Mittel zur Selbstkontrolle; nur vernünftig gebündelte Durchschnittszahlen werden dem Chef zur Verfügung gestellt.

Das Konzept ist für jeden Manager schwer zu verdauen. Oft wird so argumentiert, daß man mit den Daten eine hervorragende

Grundlage hat, um die Managementarbeit effektiver gestalten zu können (z.B. durch gezielte Beförderungen oder Entlassungen). Die Firma gibt für die Erfassung der Daten Geld aus, warum sollte sie nicht auch den Nutzen daraus ziehen können? Man kann aber diese sehr sensitiven Daten nur dann sammeln, wenn alle Einzelpersonen aktiv und willig dabei mitarbeiten. Wenn die Vertraulichkeit jemals in Frage gestellt wird, wenn jemals irgendwelche Daten gegen eine Einzelperson verwendet werden, bricht das gesamte Schema schlagartig zusammen.

Die einzelnen Mitarbeiter reagieren auf die Ergebnisse ohnehin in genau der Weise, in der auch ein Manager reagieren würde. Sie werden versuchen, auf den Gebieten etwas dazuzulernen, wo sie schlecht abgeschnitten haben, bzw. sich auf Gebiete zu spezialisieren, wo sie hervorragende Leistungen erbringen können. Manchmal werden sich Mitarbeiter sogar selbst "entlassen", um in ihrem Beruf nicht länger von Eigenschaften abhängig zu sein, die sie nicht besitzen. Ein Manager braucht die personenbezogenen Daten nicht, um insgesamt von den Produktivitätsmetriken zu profitieren.

Kapitel 10

Geistige und körperliche Anwesenheit

In Kapitel 9 haben wir bereits über die Untersuchungen von McCue gesprochen, die vor der Erstellung des Santa Teresa Laboratoriums durchgeführt wurden. Ein Teil davon beschäftigte sich mit der Frage, wieviel Zeit die Mitarbeiter alleine oder in Gruppen arbeiten. Die Ergebnisse zeigten folgendes Verhalten für einen typischen Tag:

Arbeitsweise	Prozent der Zeit
alleine	30%
zu zweit	50%
in größeren Gruppen	20%

Tabelle 10.1: Wie Entwickler ihre Zeit verbringen

Die Bedeutung dieser Tabelle aus Sicht der Lärmbelastung sollte klar sein: 30% der Zeit sind Personen für Lärm anfällig, den Rest der Zeit produzieren sie Lärm. Da in jedem Betrieb zu jeder Zeit sowohl Personen alleine arbeiten, wie auch in Teams, kollidieren diese Arbeitsweisen untereinander. Die alleine Arbeitenden sind von dieser Kollision besonders betroffen. Sie stellen zwar zu jedem Zeitpunkt nur eine Minorität dar, aber es wäre falsch, diese Minorität zu ignorieren, denn während der Zeit, wo sie alleine sind, wird die Arbeit *tatsächlich* erledigt. Die anderen Zeiten dienen für untergeordnete Tätigkeiten, für Rast oder zur Unterhaltung.

In Fahrt

Während der Zeit, in der Mitarbeiter an einer einzigen Sache arbeiten, sollten sie idealerweise in einem Zustand sein, den die Psychologen *in Fahrt* nennen. "In Fahrt" ist ein Zustand tiefer, fast meditativer Versunkenheit. In diesem Zustand fühlt man eine leichte Art von Euphorie, und man hat kein Gefühl für Zeit. "Ich habe gerade zu arbeiten begonnen, und als ich wieder auf die Uhr sah, waren 3 Stunden vergangen." Man merkt die Arbeit nicht, sie geht einfach locker von der Hand. Wir brauchen das nicht näher zu erläutern, denn Sie waren schon oft in diesem Zustand.

Nicht bei jeder Tätigkeit ist es erforderlich, diesen Zustand "in Fahrt" zu erreichen, um produktiv zu sein, aber für Ingenieursarbeit, für Design, für Entwicklung, zum Schreiben oder für ähnliche Aufgaben, ist es unabdingbar. Für all diese Aufgaben braucht man den richtigen Schwung. Nur wenn Sie in Fahrt kommen, geht die Arbeit wirklich voran.

Leider kann man diesen Zustand nicht einfach wie das Licht einschalten. Man muß sich langsam auf einen Vorgang konzentrieren. Es dauert circa 15 Minuten voller Konzentration, bevor der Zustand erreicht ist. Während dieses Zeitraums ist man besonders anfällig für Geräusche und Störungen. Eine störungsanfällige Umgebung erschwert den Prozeß des Eintauchens, wenn sie ihn nicht ganz unmöglich macht.

Sobald Sie den Zustand erreicht haben, können Sie durch jede Störung unterbrochen werden, die sich direkt auf Sie bezieht (zum Beispiel durch Ihr Telefon), oder durch durchdringenden Lärm ("Achtung, Achtung, Herr Matthias Braun, bitte die 135 anrufen, Herr ..."). Nach jeder Unterbrechung brauchen Sie wieder eine Eintauchphase, um in Fahrt zu kommen. Während der Eintauchphase erledigen Sie keine Arbeit im eigentlichen Sinne.

Nie in Fahrt

Wenn ein durchschnittliches Telefongespräch 5 Minuten in Anspruch nimmt und die Eintauchzeit 15 Minuten beträgt, dann kostet Ihnen jedes Telefonat 20 Minuten Ihrer Zeit in Fahrt. Ein Dutzend Gespräche und schon ist ein halber Tag vorbei. Ein weiteres Dutzend sonstige Störungen und ein kompletter Arbeitstag ist verloren. Damit kann man garantiert “zwischen 9 und 5 hier nicht arbeiten”. Genau so wichtig wie die verlorenen Arbeitszeit ist aber die daraus resultierende Frustration. Ein Mitarbeiter, der verzweifelt versucht, in Fahrt zu kommen, und immer wieder dabei gestört wird, ist kein glücklicher Mitarbeiter. Er kommt dem Gefühl, kreativ zu sein, immer so nahe und wird dann doch wieder in die Realität seiner Büroumgebung zurückgeworfen. Statt tief in Gedanken versunken zu sein, wird man ständig durch die Errungenschaften unseres modernen Büros in wechselnde Richtungen getrieben. Versetzen Sie sich einmal in die Lage des Mitarbeiters, der folgende Zeitaufzeichnung während der Teilnahme an den Kriegsspielen für Programmierer erstellt hatte:

Arbeitszeit von - bis	Art der Arbeit	Welche Störungen beendete diesen Arbeitsabschnitt?
2:13 - 2:17	Codierung	Anruf
2:20 - 2:23	Codierung	Chef wollte sich unterhalten
2:26 - 2:29	Codierung	Frage eines Kollegen
2:31 - 2:39	Codierung	Anruf
2:41 - 2:44	Codierung	Anruf

Tabelle 10.2: Ausschnitt aus einer Arbeitszeiterfassung

Einige Tage nach diesem Muster und man ist reif für die Suche nach einer neuen Stelle. Wenn Sie als Manager arbeiten, dann haben Sie vielleicht nicht viel Verständnis für die Frustration, die entsteht, wenn man aus den Gedanken gerissen wird. Denn Ihre Arbeit ist hauptsächlich interruptgetrieben - das ist Management; aber Ihre Mitarbeiter müssen in Fahrt kommen. Alles, was sie daran hindert, mindert ihre Effektivität und ihre Zufriedenheit mit und bei der Arbeit. Außerdem werden die Kosten bis zur Fertigstellung einer Arbeit dadurch immer höher.

Erfassung von Produktivstunden

Wahrscheinlich basiert das Zeiterfassungssystem Ihrer Firma derzeit auf einem ganz konventionellen Modell. Es geht von der Annahme aus, daß die Arbeit, die man erledigen kann, proportional zu den bezahlten Stunden ist, die man dafür aufwendet. Wenn

Mitarbeiter ihre Zeiterfassungsbögen ausfüllen, dann unterscheiden sie nicht zwischen sinnvoll verbrachter Zeit und Zeiten der Frustration. Sie erfassen also körperliche und nicht geistige Anwesenheit.

Diese Arbeitszeiten werden im Normalfall auch für die Gehaltsabrechnung herangezogen, was die Sache noch verschlimmert. Damit werden Mitarbeiter dazu verleitet, die Stunden immer so aufzuschreiben, daß die vordefinierten Wochenarbeitszeiten erfüllt werden, unabhängig davon, wieviel Überstunden oder Fehlstunden tatsächlich aufgetreten sind. Das Ergebnis dieser offiziellen Täuschung mag vielleicht für die Verwaltung ausreichen: es sagt genauso viel aus, wie wenn man sich bei einem Appell mit "Hier" meldet. Für jegliche Art von Produktivitätsermittlung oder Kostennachkalkulation sind diese Zahlen zu sehr verfälscht und daher kaum noch zu gebrauchen.

Die Begriffe "in Fahrt" und "Eintauchzeit" geben uns eine realistischer Grundlage, um Zeiten zu messen, die für eine Entwicklung benötigt werden. Dabei spielt nicht so sehr die Zeit, in der Sie *anwesend* sind, eine Rolle, sondern vielmehr die Zeit, in der Sie *mit voller Kraft bei der Arbeit sind.* In einer Stunde in Fahrt kann man wirklich Ergebnisse produzieren, 10 mal 6 Minuten zwischen 11 Störungen führen zu keinerlei Ergebnis.

Die abwicklungstechnische Seite für eine Zeiterfassung dieser wirklichen Produktivzeiten ist nicht schwierig. Sie müssen Ihre Mitarbeiter nur dazu anhalten, *ungestörte* Stunden zu erfassen, statt jeder Stunde. Um ehrliche Daten zu erhalten, muß man die Angst beseitigen, dabei könnten zu wenige Stunden aufgeschrieben werden. Man muß die Mitarbeiter überzeugen, daß es nicht ihre Schuld ist, wenn pro Woche nur ein oder zwei Stunden zustandekommen; es ist vielmehr die Schuld der Firma, die keine Umgebung zur Verfügung stellt, die ungestörtes Arbeiten fördert. Natürlich dürfen diese Aufzeichnungen nicht an die Verwaltung weitergeleitet werden. Für die müssen sie die Aufzeichnungen über körperliche Anwesenheit trotzdem weiterführen, um die Gehaltszahlungen zu sichern.

Eine Zeiterfassung von geistiger Anwesenheit im Vergleich zu körperlicher Anwesenheit bietet Ihnen zwei große Vorteile: Erstens werden Ihre Mitarbeiter auf das wichtige Konzept, in Fahrt zu sein, hingewiesen. Wenn sie lernen, daß sie jeden Tag mindestens zwei oder drei Stunden störungsfrei arbeiten sollten, dann werden sie selbst Maßnahmen ergreifen, um sich diese zwei, drei Stunden Ruhe zu sichern. Dieses *Bewußtsein über den Effekt von Störungen* schützt sie vor leichtfertigen Störungen durch Kollegen.

Zweitens entstehen dadurch Aufzeichnungen, die für die Planung der Arbeit sinnvoll eingesetzt werden können. Wenn die Planung für die Erstellung eines Produktes 3000 Stunden geistiger Anwesenheit vorsieht, und bereits 2000 Stunden intensiver geistiger Arbeit von Ihren Mitarbeitern auf das Projekt aufgeschrieben wurden, dann sind die Chancen wirklich gut, daß zwei Drittel der Arbeit getan sind. Dieselbe Aussage aufgrund der Stunden körperlicher Anwesenheit wäre viel riskanter.

Der U-Faktor

Wenn Sie an die Idee glauben, daß ein gutes Arbeitsumfeld Ihren Mitarbeitern die Möglichkeit bieten muß, ungestört zu arbeiten, dann kann eine Registrierung der ungestörten Stunden für Sie ein sinnvolles Maß dafür darstellen, wie gut oder schlecht Ihr Arbeitsumfeld ist. Wenn der Anteil an ungestörten Stunden von den Gesamtstunden einen vernünftigen Wert erreicht, bis zu ungefähr 40 Prozent, dann erlaubt die Arbeitsumgebung den Mitarbeitern, in Fahrt zu kommen. Wenn der Anteil viel kleiner ist, dann werden Sie nur Frustration und wenig Effektivität feststellen. Wir nennen diese Metrik den Umweltfaktor oder kurz U-Faktor.

$$\text{U-Faktor} = \frac{\text{ungestörte Stunden}}{\text{Stunden körperlicher Anwesenheit}}$$

Überraschenderweise ist der Umweltfaktor nach unseren Beobachtungen oft auch innerhalb einer Firma von Standort zu Standort unterschiedlich. Wir haben beispielsweise in einer großen Regierungsbehörde relativ hohe U-Faktoren von 0.38, aber auch sehr niedrige von 0.10 gemessen. Der Leiter dieser Behörde teilte uns mit, daß die Ausstattung des Arbeitsumfelds nicht verändert werden darf, weil man bestimmte staatliche Standards und gewerkschaftliche Auflagen erfüllen muß. Trotz dieser Einschränkung fanden wir an einigen Standorten der Behörde sehr enge, laute Großraumbüros, während an anderen Standorten Beamte die gleiche Arbeit in netten Viermannbüros erledigen konnten. Es überraschte uns nicht, daß der U-Faktor in den Viermannbüros viel höher war.

U-Faktoren können den Status-Quo bedrohen. (Vielleicht sollten Sie gar nicht damit beginnen, solche Daten zu sammeln.) Wenn Ihr Ergebnis 0.38 für eine sinnvoll ausgestattete Arbeitsumgebung ergibt und 0.10 für eine kostensparende Bürolösung, dann könnten einige Personen darauf kommen, daß die Kosteneinsparung bei der Ausstattung gar nicht sinnvoll ist. Mitarbeiter in der 0.10er-Umgebung müssen 3.8 mal so lange körperlich anwesend sein, um die gleiche Arbeit erledigen zu können, wie die Kollegen in der 0.38er-Umgebung. Das heißt, daß die Nachteile in einer schlechten Umgebung viel gravierender sind, als man durch Kosteneinsparung bei der Ausstattung jemals einsparen kann. Solche ketzerischen Gedanken sollten Sie erst gar nicht aufkommen lassen. Sie gefährden damit all die Pläne Ihrer Firma, Kosten durch engeres "Packen" der Mitarbeiter einzusparen. Verbrennen Sie dieses Buch lieber, bevor es jemand sieht!

Ein Garten voller Fähnchen

Wenn Sie anfangen, den U-Faktor zu ermitteln, sollten Sie nicht enttäuscht sein, wenn er sich anfangs um den Nullpunkt herum bewegt. Vielleicht lachen Sie die Leute sogar aus, weil sie ungestörte Stunden aufschreiben wollen: "In diesem Narrenkäfig gibt es keine Stunde ohne Störung." Verzweifeln Sie nicht. Denken Sie daran, daß Sie nicht nur Daten erfassen wollen, sondern die Einstellung und Vorurteile der Mitarbeiter ändern wollen. Wenn Sie regelmäßig nach der Anzahl ungestörter Stunden fragen, dann geben Sie den Mitarbeitern die offizielle Genehmigung dafür, daß es wenigsten einige ungestörte Arbeitsstunden geben sollte. Damit können sie offiziell untertauchen, das Telefon ignorieren, oder die Tür schließen (wenn es eine Tür gibt).

An einem Standort eines unserer Kunden entstand nach einigen Wochen U-Faktorermittlung ganz von selbst ein Brauch, rote Fähnchen auf jedem Schreibtisch aufzustellen. Keiner vom Management hat dies jemals als offizielles Kennzeichen für "Bitte nicht stören" vorgeschlagen oder eingeführt; es entstand durch stille Übereinkunft. Aber jeder wußte, was es bedeutet, und respektierte es auch.

Natürlich gab es schon immer einige übersensible Kollegen, die Schilder mit der Aufschrift "Bitte nicht stören" an ihre Türen gehängt hatten. Der unterschwellige Druck von anderen macht es aber den meisten von uns nicht leicht, den Kollegen so offen zu zeigen, daß Störungen nicht erwünscht sind, nicht einmal zu bestimmten Tageszeiten. Wenn man die Idee des U-Faktors nur ein wenig verbreitet, kann man die Firmenkultur schon beeinflussen und störungsfreie Zeiten "hoffähig" machen.

Denken bei der Arbeit

In meiner Zeit bei den Bell Laboratorien haben wir in Zweimannbüros gearbeitet. Sie waren groß, ruhig, und man konnte die Telefone umleiten. Ich arbeite in einem Raum zusammen mit Wendl Thomis, der später dann sein Imperium als Hersteller von elektronischem Spielzeug aufbaute. Damals arbeitete er an einem Fehlerkatalog für elektronische Switching Systeme. Dieser Katalog basierte auf der Idee von Abweichungen im n-dimensionalen Raum; die Erarbeitung dieses Konzepts war selbst für Wendls Konzentrationsfähigkeit eine Herausforderung. An einem Nachmittag saß ich über ein Programmlisting gebeugt da, während Wendl in die Luft starrte und die Füsse auf dem Schreibtisch liegen hatte. Unser Chef kam zur Tür herein und fragte: "Wendl, was machst Du da?" Wendl antwortete: "Ich denke". Darauf der Chef: "Kannst Du das nicht zu Hause machen?"

-TDM

Der Unterschied zwischen den Räumen bei den Bell Laboratorien und den typischen modernen Großraumbüros liegt darin, daß man in den stillen Büros wenigsten noch die Chance hatte, in der Arbeitszeit nachzudenken. In den meisten modernen Büroumgebungen, wie wir sie heute finden, ist der Lärmpegel und die Störungsrate so groß, daß ernsthaftes Denken fast unmöglich gemacht wird. Es ist eigentlich eine Schande: Ihre Mitarbeiter bringen ihr Gehirn jeden Morgen mit ins Büro. Sie könnten es für die Arbeit einsetzen, ohne daß dadurch zusätzlich Kosten entstünden, wenn sie nur etwas Ruhe und Frieden an ihrem Arbeitsplatz finden könnten.

Kapitel 11

Das Telefon

Wenn Sie damit anfangen, Daten über die Qualität der Arbeitszeit zu sammeln, werden Sie sich automatisch auf eine der Störungsquellen konzentrieren, die am deutlichsten auffällt: auf eingehende Telefonate. Es ist kein Problem, am Tag 15 Gespräche entgegenzunehmen. Problem ist es sicherlich keines, aber wenn man die damit verbundene Zeit betrachtet, die man braucht, um danach wieder richtig in die Arbeit eintauchen zu können, ist vielleicht der ganze Tag weg. Am Ende des Tages können Sie sich vielleicht gar nicht mehr daran erinnern, wer angerufen hat, und was man von Ihnen wollte. Einige Anrufe davon waren möglicherweise sogar wichtig, aber trotzdem nicht so wichtig, daß man Sie in Ihrer Konzentrationsphase stören mußte. Aber wer hat schon die Nerven, das Telefon einfach klingeln zu lassen? Schon der Gedanke daran jagt Ihnen einen eiskalten Schauer über den Rücken.

Es geht auch anders

Entspannen Sie sich einmal, und stellen Sie sich eine Welt vor, in der das Telefon noch nicht erfunden wurde. In so einer Welt würden Sie eine kurze Mitteilung schreiben, in der Sie ein gemeinsames Mittagessen oder eine Besprechung vorschlagen, und Sie bekämen auch eine kurze Mitteilung als Antwort. Jeder denkt und plant etwas mehr im voraus. Es ist ganz normal, daß man jeden Morgen eine halbe Stunde Zeit dafür einplant, seine Post zu lesen und zu beantworten. Aber es gibt kein lautes Klingeln in dieser Welt.

In dieser anderen Welt ist jeder Mittwoch Morgen für Besprechungen des Investitionskomitees für den Pensionssicherungsfond Ihrer Firma reserviert. Nehmen wir an, daß Sie als Vertreter der Belegschaft darüber wachen, was mit dem Geld geplant wird. Eines Mittwochs hat sich ein Erfinder angekündigt, der vor dem Gremium einen Vortrag halten will. Der Erfinder möchte die Welt verändern, wenn er jemanden findet, der seine innovative Idee finanziell fördert. Sein Name ist A.G.Bell.

"Meine Damen und Herren, das ist ein Bellephon!" (Der Mann packt eine große, schwarze Kiste aus, mit Henkeln an der Seite und einer großen Glocke obendrauf.) "Darin liegt die Zukunft. Eines Tages werden alle Amerikaner ein solches Gerät auf ihrem Schreibtisch haben und auch zu Hause. Ich prophezeihe Ihnen, daß man sich schon bald ein Leben ohne dieses Gerät nicht mehr vorstellen können wird."

Er läuft richtig zu Hochform auf, gestikuliert enthusiastisch und wandert durch den ganzen Raum, während er die Vorteile schildert. "Wohin Sie auch sehen, überall werden Sie Bellephone finden; alle sind untereinander mit Kabeln verbunden, teils unterirdisch, teils über den Straßen. Und jetzt kommt das wirklich Sensationelle: Sie können Ihr Bellephon mit irgendeinem anderen verbinden, auch wenn das zweite Bellephon am anderen Ende der Stadt steht oder sogar in einer anderen Stadt. Sobald diese Verbindung einmal hergestellt ist, können Sie durch einfache Eingabe eines Codes die Glocke des anderen Bellephons klingeln lassen. Nicht irgend so ein kleines Glöckchen, eine richtige Glocke, die einem den Atem stocken läßt."

Er packt eine zweite Kiste aus und verbindet sie mit der ersten in der anderen Ecke des Raumes. Durch einige Manipulationen auf einer Drehscheibe des einen Apparats erweckt er den anderen zum Leben. Man hört ein lautes BRRRRRRRRRRRRR. Nach einer halben Sekunde klingelt es wieder, und dann nochmals und nochmals - nervtötend.

Er fährt mit der Erklärung fort: "So, sehen wir uns einmal an, was jemand machen muß, um das Klingeln abzustellen? Er muß zu seinem Bellephon laufen und den Hörer abheben." Er nimmt den Hörer des klingenden Apparates ab und übergibt ihn einem Mitglied des Gremiums. Dann läuft er zurück zum anderen Ende des Raumes und fängt an, in die Sprechmuschel des Apparates dort zu brüllen: "Hallo, hallo, können Sie mich hören? Haben

Sie gemerkt, jetzt habe ich seine komplette Aufmerksamkeit. Jetzt kann ich ihm etwas verkaufen oder versuchen, mir Geld zu leihen oder ihn zu einem anderen Glauben bekehren - alles, was ich will!"

Das Komitee ist überwältigt. Sie aber heben zögernd Ihre Hand und riskieren vorsichtig eine Frage: "Kaum jemand kann das erste Klingeln überhört haben. Warum klingelt es eigentlich immer wieder?"

"Das ist das Schöne an dem Bellephon", antwortet Herr Bell, "Es läßt Ihnen gar nicht die Wahl, ob Sie den Hörer abnehmen wollen oder nicht. Was immer Sie gerade tun, wenn es läutet, wie beschäftigt Sie auch sein mögen, Sie werden alles liegen und fallen lassen, um daranzugehen. Denn Sie wissen ja, daß es sonst einfach immer weiterklingelt. Wir werden Milliarden davon verkaufen, aber keines davon wird nach dem ersten Klingeln aufhören."

Das Komitee zieht sich kurz zur Beratung zurück, aber es dauert nicht lange, bis man sich eine Meinung gebildet hat. Selbstverständlich beschließen sie ohne Gegenstimme, diesen Scharlatan hinauszuwerfen. Das Gerät stört den ganzen Betrieb so sehr; man müßte ja dumm sein, wenn man so etwas installieren würde. Niemand könnte jemals wieder vernünftig arbeiten. Wenn das Ding ein paar Jahre lang unsere Betriebe im Land stört, dann müßten wir in Zukunft alle unsere Waren aus Taiwan und Korea kaufen. Unser Land hätte vielleicht sogar eine negative Außenhandelsbilanz.

Horrorgeschichten

Natürlich können wir das Rad der Zeit nicht zurückdrehen. Das Telefon existiert nun einmal. Man wird es nicht mehr los, und man will es auch nicht mehr loswerden. Sie können Ihren Mitarbeitern die Telefone am Schreibtisch nicht wegnehmen, ohne eine Revolte auszulösen. Aber es gibt doch eine Reihe von Möglichkeiten, die negativen Auswirkungen von störenden Anrufen zu minimieren. Zuerst müssen wir das Bewußtsein dafür schärfen, wie sehr wir bisher dem Telefon erlaubt haben, unsere Zeiteinteilung zu beeinflussen.

Unterbrechen Sie oft eine Besprechung mit Mitarbeitern oder Freunden, nur um ans Telefon zu gehen? Natürlich tun Sie das.

Sie denken gar nicht daran, nicht dran zu gehen. Trotzdem verletzen Sie dadurch ein Gebot der Fairness. Sie gestatten es, daß sich jemand vordrängt, nur weil er mit einem lauten BBBBRRRRRRRR Ihre Aufmerksamkeit auf sich zieht. Sie machen das nicht nur mit anderen, Sie erlauben auch den anderen, dieses Spielchen mit Ihnen zu treiben. Sie haben sich so an diesen Mißbrauch gewöhnt, daß es Ihnen gar nicht mehr bewußt wird. Nur in wirklich schlimmen Fällen merken Sie noch, daß ganz offensichtlich etwas falsch läuft:

Vor ungefähr zwanzig Jahren wartete ich eines Tages bei einem Händler der Morgan Motorcars in der Schlange vor der Ersatzteilausgabe. Mein Morgan war defekt (es gab ja eigentlich nur defekte Morgans), und ich hoffte darauf, eine Vergasernadel zu bekommen. Personen, die englische Sportwagen fahren, sind zweifelsohne Masochisten, aber wie die Kunden bei dieser Ersatzteilausgabe behandelt wurden, war mir doch zuviel. Der Arbeiter hinter dem Fenster nahm einen Anruf nach dem anderen entgegen und ließ alle vor dem Fenster warten. Als ich es endlich geschafft hatte, an die Spitze der Schlange zu kommen, telefonierte er viermal hintereinander, ohne daß ich auch nur die leiseste Chance hatte, ein Wort an ihn zu richten. Mir ging folgendes durch den Kopf: Warum haben eigentlich die Leute Vorrang, die bequem zu Hause auf ihrem Stuhl sitzen und die, die hier in der Hitze in der Schlange stehen, müssen warten? Warum sollten diese Interessenten besser behandelt werden, als die, die mit Bargeld in der Hand sofort willens sind, Geschäfte abzuschließen? In leicht erregter Stimmung schlug ich dem Mann endlich vor, er sollte doch das Telefon klingeln lassen und lieber hier bedienen. Zu meiner Überraschung befremdete ihn mein Verhalten mehr, als mich das Seine. Er machte mir unmißverständlich klar, daß Telefonanrufe immer mit höherer Priorität behandelt werden, das sei nun mal hier so. Wenn ich gesagt hätte, daß ich dagegen bin, Einkommenssteuer zu bezahlen, hätte das genausoviel Wirkung erzielt. Bestimmte Fakten im Leben werden wegen mir nicht geändert.

-TDM

Das Telefon soll natürlich die Gestaltung unseres Geschäftslebens etwas beeinflussen; aber es sollte doch nicht so weit gehen, daß wir Sklave dieses Instruments werden und uns dauernd stören lassen. Zumindest sollten Manager wachsam sein und die Auswirkungen von Störungen auf Personen verstehen, die geistige Leistung erbringen sollen. Oft aber sind die Manager diejenigen, die die Lage noch verschlimmern. Einer der Programmierer notierte bei dem Programmierwettbewerb 1985 bei seiner Arbeitsumfeldbeschreibung: "Wenn mein Chef nicht im Hause ist, stellt er immer sein Telefon auf mich um." Was hat sich dieser Chef dabei gedacht? Was ging im Kopf eines Abteilungsleiters vor, der folgende Hausmitteilung herumgeschickt hat:

> "Es ist mir zu Ohren gekommen, daß viele von Ihnen, wenn Sie beschäftigt sind, das Telefon dreimal klingeln lassen, wodurch es automatisch an das Sekretariat weitergeschaltet wird. Bei all diesen Störungen können die Sekretärinnen ihre Arbeit nicht mehr erledigen. Unsere Betriebsordnung schreibt vor, daß Sie in den Zeiten, in denen Sie sich in Ihrem Büro aufhalten, <u>vor</u> dem dritten Klingelzeichen abheben ..."

Eine modifizierte Ethik des Telefonierens

Genug ist genug. Der Weg zu einer vernünftigen Lösung für eine erträgliche Büroumgebung führt über eine veränderte Einstellung zu Störungen und insbesondere zum Telefon. Man muß Mitarbeitern, die dafür bezahlt werden, daß sie Arbeit erledigen, auch die nötige Ruhe dafür geben. Das heißt, sie brauchen komplett störungsfreie Zeiten. Wenn Sie wirklich in Fahrt sind, dann muß es für sie eine effektive und akzeptable Art geben, Telefonanrufe zu ignorieren. "Akzeptabel" bedeutet in diesem Zusammenhang, daß die Firmenkultur es zulassen muß, daß bestimmte Personen zu bestimmten Zeiten telefonisch nicht erreichbar sind. "Effektiv" bedeutet, daß sie nicht einige Klingelzeichen abwarten müssen, bevor sie wieder weiterarbeiten können.

Es gibt einige Lösungen, die es Mitarbeitern heute gestattet, sich vom Telefon und anderen Störungen abzuschoten, wenn sie es für notwendig erachten. (Einige davon kosten Geld und sind daher nur für Firmen interessant, deren Langzeitplanung über den nächsten Dienstag hinausreicht.)

Die vernünftigste Lösung heute ist die Einführung von Electronic Mail. Bei seiner Einführung hat man ursprünglich den Hauptvorteil in der Einsparung von Papier gesehen. Das ist jedoch vernachlässigbar. Der wahre Vorteil liegt in der eingesparten Zeit, die man bräuchte, um nach einer Störung wieder in Fahrt zu kommen. Der große Unterschied liegt darin, daß ein Telefonanruf die Arbeit unterbricht, Electronic Mail jedoch nicht. Der Empfänger kann sich selbst aussuchen, wann er darauf reagiert. Die Menge an Nachrichten, die heute bereits über dieses Medium abgewickelt werden, zeigt, daß die Mehrheit aller Geschäftsvorgänge mit einem vom Empfänger festgelegten Prioritätenschema klaglos abgewickelt werden kann. Nach einer gewissen Gewöhnungsphase bevorzugen die meisten Personen Electronic Mail für innerbetriebliche Vorgänge sogar. Nicht alle Telefonate werden dadurch ersetzt, aber viele.

Einige Firmen haben schon vernünftige Telefonsysteme im Einsatz. Einer meiner New Yorker Kunden hat gerade ein einfaches, aber doch so wirkungsvolles System installiert. Wenn man keine Störungen will, drückt man einfach einen Knopf am Telefon. Dann geht ein kleines rotes Lämpchen an, das daran erinnert, daß die Gespräche derzeit umgeleitet werden. Die Gespräche, die sonst bei Ihnen ankämen, werden dann automatisch an eine Telefonzentrale in einem anderen Teil des Gebäudes weitergeleitet. Diese Telefonzentrale kann feststellen, welche Leitung eigentlich gemeint ist, und sich daher in Ihrem Namen melden. Jede Nachricht wird an Sie in Form von Electronic Mail weitergeleitet. Wie wertvoll diese Anlage war, zeigte sich, als ein Teil der Firma in ein anderes Gebäude in einiger Entfernung umgesiedelt wurde. Die Räume dort waren gleich groß, aber das Telefonsystem war wieder ein normales. Von den Mitarbeitern ging eine Flut von Beschwerden ein, daß sie dauernd dadurch gestört würden, ihre Anrufe und Anrufe für Kollegen entgegenzunehmen.

-TRL

Wenn Firmen nach Lösungen suchen, die nichts kosten dürfen, dann fallen vernünftige Telefonsysteme und Electronic Mail leider aus. Trotzdem kann man noch etwas machen: Man kann vielleicht die Klingel abstellen oder man kann die Leitung aus der Wand abziehen, wenn man nicht gestört werden will. Oder Sie versuchen die folgende High-Tech Lösung: Schrauben Sie die Bodenplatte des Telefons ab und stopfen sie ein Papiertaschentuch in die Klingel. Auf diese Weise wird Ihr Telefon nicht mehr laut klingeln, sondern nur leise surren. Das hören Sie zwar auch noch, aber es ist viel leichter, eine leises Surren zu ignorieren als ein lautes Klingeln.

In einer langen Brainstorming-Runde bei einer Finanzbehörde in Canberra in Australien habe ich eine ganze Abteilung von Software-Entwicklern dazu gebracht, die Klingeln ihrer Telefone lahmzulegen. Ein paar Tage darauf arbeitete ich mit einem Programmierer, als sein Telefon leise zu surren begann. Ich erlebte eine Reaktion, die ich vorher noch bei niemanden erlebt hatte: Der Mann lächelte nur ... und wandte sich wieder unserer Arbeit zu.

-TDM

Viel wichtiger als jede technische Lösung, zu der Sie sich entschließen, ist die Änderung im Bewußtsein der Mitarbeiter. Sie müssen lernen, daß es völlig in Ordnung ist, manchmal nicht ans Telefon zu gehen, und sie müssen lernen, daß ihre Zeit - nicht nur die Stunden, sondern auch die Qualität der Stunden - wichtig ist.

Kapitel 12

Gebt uns die Türen zurück

Es gibt einige weit verbreitete Indizien für Erfolg oder Mißerfolg bei der Gestaltung vernünftiger Arbeitsplätze. Das deutlichste Indiz für eine erfolgreiche Gestaltung ist die Tür. Wenn es genügend Türen gibt, können die Mitarbeiter selbst den Lärm und die Störungen ihren wechselnden Bedürfnissen anpassen. Das offensichtlichste Indiz für schlechte Gestaltung ist ein Personenrufsystem. Organisationen, die regelmäßig alle stören, nur um einen zu finden, beweisen, daß sie die Anforderungen an ein arbeitsförderliches Umfeld noch nicht begriffen haben.

Wenn Sie an diesen Indizien drehen, dann werden Sie nicht nur dafür bekannt, daß Sie ein Gespür für ein positives Arbeitsumfeld haben, sondern Sie können auch die unmittelbar damit verbundenen Vorteile ernten: Ihre Mitarbeiter kommen mit der Arbeit voran. Aber es klingt nach einem großen Kraftakt, ein Personenrufsystem abzuschaffen oder Türen einzubauen. Ist es wirklich mehr als wir durchsetzen können?

Es kann der Frömmste nicht in Frieden leben ...

Die ständige Verschlechterung der Arbeitsbedingungen in den letzten 10 Jahren ist nicht ohne Zustimmung der Betroffenen erfolgt. Das heißt nicht, daß ein Einzelner den Trend hätte bremsen können, indem er gesagt hätte: “Ich arbeite nicht in so lauten, engen, offenen Räumen.” Aber es bedeutet, daß wir als Gruppe nicht laut genug und nicht oft genug über diese produktivitätsfeindlichen Nebeneffekte der Kosteneinsparungen für Räume gewettert haben.

Obwohl die meisten von uns geglaubt haben, daß der Trend zu lauteren, kleineren Arbeitsplätzen die Produktivität behindert, haben wir geschwiegen, weil wir keine schlagkräftigen statistischen Daten hatten, um unseren Verdacht zu untermauern. Die Möbelpolizei hatte natürlich auch keine Fakten zur Hand, die ihre Ideen bestätigt hätten, daß immer engeres Zusammenrücken die Arbeit in keiner Weise beeinflußt. Sie haben es nur immer wieder behauptet.

Von diesen Personen müssen wir lernen, Feuer mit Feuer zu bekämpfen. Der erste Schritt zu einer besseren Arbeitsplatzgestaltung ist ein Programm der immer wiederkehrenden Behauptungen. Wenn Sie glauben, daß Ihr Arbeitsplatz nicht optimal für Ihre Arbeit ist, dann müssen Sie das auch sagen. Sie müssen eine Gruppe gründen, die auch in diese Kerbe schlägt. Vielleicht starten Sie eine Umfrage darüber, wie Ihre Mitarbeiter und Kollegen das Arbeitsumfeld empfinden. (Bei einem unserer Kunden haben die Angestellten eine Liste von sieben Punkten aufgesammelt, die sie für produktivitätshemmend halten. Die ersten vier davon hatten mit Lärm zu tun.)

Sobald die Mitarbeiter merken, daß sie mit ihren Beschwerden nicht alleine dastehen, wächst das Bewußtsein für die Arbeitsumgebung. Und mit diesem wachsenden Bewußtsein stellen sich schon zwei positive Effekte ein: Erstens wird das Umfeld schon dadurch besser, daß alle mehr Rücksicht aufeinander nehmen und weniger Lärm und Störungen verursachen; und zweitens ist die stille Zustimmung der Betroffenen zu einer Verschlechterung nicht mehr vorhanden. Es wird für das Management nicht mehr einfach, andere produktivitätssteigernde Maßnahmen durchzusetzen, ohne zuerst das Arbeitsumfeld zu verbessern.

Erwarten Sie nicht, daß die Firma gleich umfällt und sich tot stellt, nur weil Sie mit einer Kampagne begonnen haben. Es gibt (mindesten) drei Gegenargumente, die sofort auf den Tisch gebracht werden:

- Die Mitarbeiter läßt eine pompöse Büroausstattung kalt. Dafür sind sie zu intelligent. Und diejenigen, die darauf Wert legen, streben nur nach Statussymbolen.

- Vielleicht ist Lärm wirklich ein Problem, aber das läßt sich doch billiger in den Griff bekommen, als durch andere Raumaufteilung. Man kann zum Beispiel Hintergrundmusik einspielen, um die Irritation zu überdecken.

- Geschlossene Büros sind schädlich für eine vitale Umgebung. Wir wollen, daß unsere Mitarbeiter produktiv zusammenarbeiten, und das wollen unsere Mitarbeiter auch. Wände und Türen wären daher ein Schritt in die falsche Richtung.

Wir behandeln diese drei Einwände in den folgenden Abschnitten.

Repräsentative Büroausstattung

Es ist wahr, daß sich viele Personen nicht viel aus einem pompös ausgestatteten Arbeitsplatz machen. Viele verschiedene Studien haben belegt, daß z.B. die Wandfarbe oder das Aussehen diverser Zubehörteile im Büro keinen besonders hohen Stellenwert in den Augen der Mitarbeiter einnehmen. Die allgemeine Meinung schien zu sein, daß eine deprimierende Umgebung sicherlich nicht den Arbeitswillen anregt, aber solange ein Büro nicht gerade deprimierend wirkt, kann man die Details ignorieren und ganz gut darin arbeiten. Wenn es uns also nur um Arbeitsplätze geht, deren Ausstattung wir ohnehin ignorieren, dann kann man bei modischem Dekor viel Geld sparen.

Die Tatsache, daß Angestellte sich nicht besonders für Ausstattungsdetails des Arbeitsplatzes stark machen, wird oft mißverstanden. Man folgert daraus, daß sie sich gar nicht für die Ausstattung des Arbeitsplatzes interessieren. Wenn man speziell nach ihren Vorstellungen über Lärm, über Privatsphäre oder über die Größe ihrer Schreibtischplatte fragt, dann wird man sehr klare Meinungen darüber hören, denn diese Merkmale sind wichtig. Diese Ergebnisse stehen aber nicht im Widerspruch, daß viele Ausstattungsmerkmale des Arbeitsplatzes ignoriert werden; man kann Dinge wie Lärm, Störungen, Personenrufe und ähnliches gar nicht ignorieren.

Besonders schmerzlich berührt es uns, daß das berechtigte Interesse von Mitarbeitern an ihrer Arbeitsumgebung oft als ein

Heischen nach Statussymbolen abgetan wird, denn viel häufiger findet man dieses Streben nach Statussymbolen beim höheren Management, das über die Ausstattung von ganzen Bürotrakten entscheidet. Die Personen, die hart daran arbeiten, Qualitätsprodukte rechtzeitig auszuliefern, kümmern sich nicht um Bürodekoration; die Chefs denken öfter daran. Wir finden häufig das paradoxe Phänomen, daß Büros, die funktionell total ungeeignet gegliedert sind, mit teuren, überflüssigen Plüschteppichen ausgestattet werden, mit schwarzen Möbeln mit Chrombeschlägen, mit Hydrokulturen, die mehr Platz einnehmen, als den Mitarbeitern zur Verfügung steht, und mit aufwendigen Panelen. Wenn Ihnen das nächste Mal jemand stolz neu eingerichtete Arbeitsräume zeigt, achten Sie darauf, ob Ihnen hier gute Funktionalität gezeigt wird, oder nur Glanz und Gloria.

Accessoires werden bei der Ausstattung von Arbeitsplätzen zu oft überbewertet. Wichtiger ist es, daß der Arbeitsplatz Sie arbeiten läßt und nicht dabei behindert. Ein arbeitsförderliches Umfeld hat nichts mit Statussymbolen zu tun, es ist eine Notwendigkeit. Sie können auf zwei Arten dafür bezahlen: Entweder Sie machen das Geld dafür locker, oder Sie bezahlen es mittelfristig durch die Verluste, die durch schlechte Produktivität entstehen.

Raum für Kreativität

Wenn sich Ihre Mitarbeiter über Lärm beklagen, können Sie entweder die Symptome behandeln oder die Ursache beseitigen. Die Ursache beseitigen heißt, Lärmbarrieren in Form von Wänden und Türen einzubauen; und die kosten Geld. Die Symptome behandeln ist billiger. Wenn Sie Kaufhausmusik einspielen oder auf eine andere Art für monotone Geräusche sorgen, dann werden die störenden Geräusche mit wenig Kostenaufwand in den Hintergrund gedrängt. Sogar das Geld können Sie noch sparen, wenn Sie die Klagen gänzlich ignorieren. Dann werden Ihre Mitarbeiter mit Kassettenrekordern und Kopfhörern anrükken, um sich vor dem Lärm zu schützen. In beiden Fällen sollten Sie darauf gefaßt sein, daß Sie sich Nachteile bei einem wichtigen Aspekt der Leistung Ihrer Mitarbeiter einhandeln, die erst über längere Zeiträume sichtbar werden: Ihre Mitarbeiter werden weniger kreativ sein.

Während der 60er Jahre haben Forscher an der Cornell-Universität Versuchsreihen durchgeführt, um den Einfluß von Musik auf die Arbeit zu untersuchen. Sie haben Informatikstudenten, die sich zu dem Versuch zur Verfügung gestellt hatten, in zwei Gruppen eingeteilt: die eine Gruppe hörte gerne während des Lernens oder während der Arbeit Musik im Hintergrund, die andere nicht. Jeweils die Hälfte jeder Gruppe wurde in einen ruhigen Raum gebracht, die anderen Hälften in einen Raum mit Kopfhörern und Musikbeschallung. Beide Gruppen sollten FORTRAN-Programme nach einer vorgegebenen Spezifikation erstellen. In beiden Räumen erbrachten die Studenten ähnliche Leistungen bezüglich Zeit und Fehlerfreiheit, was keinen überraschte. Jedes Kind, daß seine Mathe-Aufgaben bei laufender Musik erledigt, weiß, daß man zum Rechnen und für Logikaufgaben einen Teil des Gehirns braucht, der von Musik nicht betroffen wird. Die Musik wird von einem anderen Teil im Gehirn verarbeitet.

Das Cornell-Experiment enthielt jedoch einen verborgenen Joker: Die Problemstellung verlangte von den Studenten, die Ausgabe durch eine Folge von Manipulationen der Eingabedaten zu erstellen. In einzelnen Schritten mußten die Teilnehmer z.B. die Ziffern einer Zahl zwei Stellen nach links verschieben, anschließend durch 100 dividieren, u.s.w. Insgesamt waren es circa ein Dutzend Schritte. Wenn man alle Operationen zusammen betrachtete, dann kam heraus, daß die Ausgabe identisch zur Eingabe sein mußte, was natürlich nicht in der Spezifikation stand. Einige Studenten haben das herausgefunden, andere nicht. Von denen, die es gemerkt haben, kam die überwältigende Mehrheit aus dem ruhigen Raum.

Viele von den Aufgaben, die Entwickler täglich ausführen müssen, werden in der linken Gehirnhälfte erledigt, die für die Abarbeitung sequentieller Aufgaben verantwortlich ist. Musik stört diesen Prozeß nicht, denn sie wird in der rechten Gehirnhälfte wahrgenommen, die eher für ganzheitliche Eindrücke zuständig ist. Aber nicht jeder Vorgang unserer täglichen Arbeit fällt in die Zuständigkeit der linken Gehirnhälfte. Manchmal schafft man irgendwo einen Durchbruch, erlebt einen “Aha”-Effekt und findet eine geniale Alternative, die vielleicht Monate oder Jahre an Arbeit einsparen hilft. Solche kreativen Erkenntnisse kommen aus der rechten Gehirnhälfte. Wenn diese rechte Gehirnhälfte gerade den 1000 Streichern der Kaufhausmusik lauscht, dann sind die Chancen für kreative Durchbrüche vertan.

Der negative Einfluß auf die Kreativität, der durch die Umgebung entstehen kann, ist heimtückisch. Da Kreativität ohnehin keine kontinuierliche Erscheinung ist, merken wir oft nicht, wenn weniger davon durchkommt. Kreative Erkenntnisse von Mitarbeitern kann man nicht mit einer Quota belegen. Die Auswirkungen von verminderter Kreativität sind nur durch langfristige Beobachtungen feststellbar. Die gesamte Organisation wird weniger leistungsfähig, Mitarbeiter liefern ihre Arbeit ohne einen Funken von Begeisterung ab, und die besten verlassen die Firma.

Eine vitale Umgebung

Die Argumente gegen abgeschlossene Räume gipfeln früher oder später in dem Begriff "Sterilität von Einzelarbeit". Aber geschlossene Büroräume darf man nicht unbedingt mit Einmannbüros gleichsetzen. Zwei-, Drei- oder Viermannbüros sind sehr sinnvoll, insbesondere wenn es gelingt, die Mitarbeiter auch entsprechend der Aufgaben in den Büros zusammenzusetzen. Ein Entwickler, der im Durchschnitt 50 Prozent seiner Zeit mit einem anderen Entwickler verbringt, wird dies meist mit *einer* bestimmten Person tun. Die beiden sind natürlich gute Kandidaten, um sich auch ein Büro zu teilen.

Sogar in Großraumbüros sollte man Teamkollegen dazu ermutigen, die Trennwände so umzubauen, daß sie gemeinsame kleine Büros erhalten. Wenn das erlaubt wird, sorgt der Einfallsreichtum der Mitarbeiter schon von selbst dafür, daß Flächen entstehen, wie das Projekt sie braucht: Arbeitsplätze, Besprechungsecken und Kaffeezonen. Da das Team normalerweise gleichzeitig in Besprechungen ist und die einzelnen Personen dann auch zur gleichen Zeit eintauchen und in Fahrt kommen wollen, gibt es weniger Lärmprobleme als bei zufällig ausgesuchten Nachbarn. Die Umgebung ist sehr vital, weil die Zusammenarbeit leicht und natürlich entsteht. Viele Mitarbeiter fassen die Freiheitsgrade zur Gestaltung ihrer Umgebung als zusätzlichen Vorteil auf.

Die persönliche Note

Gegen die Freiheit für Mitarbeiter, ihre Bereiche in einem Großraumbüro so umzuorganisieren, daß gemeinsame Gruppenbüros entstehen statt individueller Zellen, kann doch niemand etwas haben, oder? Einer der großen Vorteile dieser Art von Bürosystem, das man vielleicht in Ihrer Firma erworben hat, ist doch die Flexibilität. Das steht zumindest dick in den Werbebroschüren der entsprechenden Anbieter. Es sollte also leicht sein, alle Teile neu anzuordnen.

Gegen die Neuordnung durch die Mitarbeiter selbst spricht eigentlich nichts, aber wir wetten darauf, daß irgendjemand im höheren Management von der Idee gar nicht so begeistert ist. Denn dadurch wird das heilige Prinzip der Einheitlichkeit verletzt. Der "Herrscher" über einen größeren Trakt zeigt durch Einheitlichkeit, daß er die Kontrolle über diesen Bereich hat. So wie ein Gärtner seine Möhren exakt unter der gespannten Leine aussät, damit sie in einer schönen Reihe wachsen, so fühlt sich dieser Manager durch die Unordnung bedroht, die die Natur (in diesem Falle die Natur der Mitarbeiter) bevorzugen würde.

Der beste Arbeitsplatz kann nicht beliebig kopiert werden, das ist leider eine Tatsache in unserer Gesellschaft. Was der eine für eine vitale, arbeitsanregende Gestaltung hält, ist für den anderen vielleicht nicht so optimal. Wenn Sie Ihren Mitarbeitern die Freiheit der Gestaltung geben, dann wird jeder das daraus machen, was für ihn am besten ist; das Ergebnis ist natürlich nicht einheitlich. Der Arbeitsplatz jeder Person wird eine persönliche Note aufweisen, wie auch die Arbeitsflächen jedes Teams. Oder man würde solange daran ändern, bis dieser Zustand erreicht ist.

Das Management sollte eigentlich nur sicherstellen, daß genügend Platz vorhanden und genügend Ruhe und Privatsphäre gewährleistet ist, so daß die Mitarbeiter in diesem Rahmen eine vernünftige Büroumgebung gestalten können. Einheitlichkeit ist in diesem Zusammenhang nicht gefragt. Sie müssen lächeln und es ertragen, wenn Mitarbeiter komische Photos aufstellen, ihre Schreibtische in Unordnung hinterlassen oder Möbel verschieben. Wenn das Büro endlich so aussieht, wie sie sich das vorstellen, dann werden sie es komplett vergessen und sich voll ihrer Arbeit widmen.

Kapitel 13

Muster für erfolgreiche Raumgestaltung

In diesem letzten Kapitel über Arbeitsplatzgestaltung untersuchen wir Eigenschaften eines idealen Arbeitsplatzes. Wir wollen folgende Fragen beleuchten:

- Welche Umgebung würde Ihren Mitarbeiter am besten dabei helfen, sich wohl zu fühlen, glücklich zu sein und produktiv zu arbeiten?

- Welche Art von Arbeitsplatz untermauert das Selbstwertgefühl Ihrer Mitarbeiter und ihre Arbeitszufriedenheit?

Wenn Sie in einer typischen, lauten und langweilig einheitlichen Umgebung arbeiten müssen, sind diese Fragestellungen fast grausam. Aber es lohnt sich, über ideale Arbeitsbedingungen nachzudenken. Eines Tages können Sie diese Ideen auch für sich verwirklichen. Vielleicht werden Sie auch demnächst einmal in die Lage kommen, Vorschläge für die Verbesserung des Arbeitsumfelds unterbreiten zu müssen. Lassen Sie Ihrer Phantasie ein bißchen mehr freien Lauf bei den Überlegungen über den Arbeitsplatz, nur damit Sie herausfinden, wohin Sie eigentlich steuern sollten. Wohin Sie unserer Meinung nach steuern sollten, ist in Richtung auf einen Arbeitsplatz, der bestimmte, seit langem bekannte Charakteristika aufweist.

> Es gibt eine zeitlose Art zu bauen.
> Sie ist tausende von Jahren alt und heute noch so, wie sie immer war.
> Die großen, traditionsreichen Bauten der Vergangenheit, die Dörfer, die

> Zelte und die Tempel, in denen sich Menschen zu Hause fühlen, wurden immer von Personen geschaffen, die dieser Art sehr nahe waren. Man kann keine großartigen Gebäude oder Städte schaffen und keine schönen Plätze, an denen man sich selbst erlebt, wo man sich lebendig fühlt, außer auf diese Art. Wie Sie noch sehen werden, führt diese Art jeden, der sich daran versucht, zu Gebäuden, die selbst so alt in ihrer Gestaltung sind, wie die Bäume und die Hügel und so wie unsere Gesichter.
>
> -The Timeless Way of Building

Der Architekt und Philosoph Christopher Alexander ist für seine Beobachtungen über den Entwurfsprozeß bestens bekannt. Er drückt seine Gedanken und Konzepte in architektonischen Begriffen aus, aber einige seiner Ideen beeinflussen auch ganz andere Branchen als die Architektur. (Alexanders Buch "Notes on the Synthesis of Form" gilt z.B. als Bibel für alle Arten von Designern.) Zusammen mit seinen Kollegen vom Zentrum für Umweltstrukturen begann Alexander, Elemente von gutem Architekturentwurf systematisch zu erfassen. Das Ergebnis davon ist ein dreibändiges Werk mit dem Titel *The Timeless Way of Building*. Die Auswirkungen dieser Arbeit werden noch immer diskutiert. Alexander hält die meiste moderne Architektur für bankrott, deshalb ist es verständlich, daß die modernen Architekten ihm und seinen Meinungen sehr reserviert gegenüberstehen. Aber wenn Sie das Buch selbst lesen und die dort genannten Punkte mit Ihrer eigenen Erfahrung vergleichen, dann fällt es einem schwer, *nicht* auf Alexanders Seite zu stehen. Seine Philosophie über Innenraumgestaltung ist unwiderstehlich. Sie hilft eine rationale Erklärung dafür zu finden, warum man bestimmte Räume liebt und sich in anderen Räumen nie wohlfühlt.

Alexanders Konzept der organischen Ordnung

Wenn Ihre Firma sich anschickt, ein neues Gebäude zu bauen, was wird dann als erstes gemacht? Fast immer ein Generalplan. In den meisten Fällen ist das die erste und schwerwiegendste Abweichung von der "zeitlosen Art zu bauen". Vitale, aufregende und harmonische Bauten entstehen nie auf diese Weise. Die Vision, die einem Generalplan zugrunde liegt, geht von Größe und Erhabenheit aus, von Stahl- und Betonträgern, von modularen

Ansätzen und Wiederholung, um ein riesiges Gebilde aus identischen Teilen aufzubauen. Das Ergebnis ist sterile Einheitlichkeit und Gebäude, die niemandem gefallen außer dem einen Ego, für das es als Wahrzeichen dasteht.

Die meisten monolithischen Firmengebäude kann man nur in Form des symbolhaften Wertes für die Manager begreifen, die für ihre Erbauung verantwortlich waren. Das ist ihr Zeichen am Firmament, ihr bleibendes Erbe für die Nachwelt. Sie weiden sich an dem Anblick: "Seht auf zu meinem Werk, Ihr Mächtigen, und verzweifelt!" Verzweifeln ist auch wirklich das einzige, was man machen kann. In Ihrer kleinen Arbeitszelle, die bis zum Horizont unendlich oft kopiert wurde, fühlen Sie sich wie ein winzig kleines Rädchen in einem riesigen Getriebe. Ob man die Orwellsche Pyramide von TransAmerica in San Franzisko betrachtet oder das Mausoleum von AT&T in der Madison Avenue: was hängen bleibt, ist in beiden Fällen das deprimierende Gefühl, daß Individualität darin ersticken muß.

Der Generalplan ist der Versuch, totale Ordnung durchzusetzen. Eine einzige und daher einheitliche Vision leitet alles. Es gibt keine zwei Stellen in dem Plan, wo die gleiche Funktionalität unterschiedlich gelöst wird. Als Begleiterscheinung der totalitären Sicht ist das Konzept für die ganze Anlage ein für alle Mal festgelegt.

Statt des Generalplans schlägt Alexander einen Metaplan vor. Durch diese Philosophie kann eine Anlage in evolutionärer Weise wachsen, um die Bedürfnisse der Bewohner zu befriedigen. Jeder Metaplan hat drei Komponenten:

- eine Philosophie des schrittweisen Wachstums
- eine Menge von Grundmustern oder gemeinsamen Designprinzipien, die das Wachstum steuern
- lokale Kontrolle des Entwurfs durch diejenigen, die später dort einziehen sollen.

Einrichtungen wachsen unter Berücksichtigung des Metaplans durch eine Reihe von Schritten zu Anlagen und Ansiedlungen von verwandten Gebäuden. Durch Berücksichtigung der gemeinsamen Designprinzipien bleibt ein harmonisches Äußeres erhalten, aber nicht absolute Gleichheit. Wie bei gewachsenen Ortschaften entsteht ein harmonischer Charme. Das versteht Alexander unter *organischer Ordnung*. Lesen Sie dazu die folgende Beschreibung und sehen Sie sich Abbildung 13.1 an.

> Diese natürliche oder organische Ordnung entsteht, wenn die Bedürfnisse der einzelnen Teile der Umwelt und die Anforderungen des Ganzen in perfektem Gleichgewicht sind. In einer organischen Umgebung ist jeder Platz einzigartig; die verschiedenen Plätze fügen sich aber, ohne daß ein Teil übrig bleibt, doch zu einer globalen Einheit zusammen - einer Einheit, die jeder erkennt, der ein Teil davon ist.
> Die Universität von Cambridge ist ein Musterbeispiel für organische Ordnung. Die Art, wie die einzelnen Colleges - St. Johns, Trinity, Trinity Hall, Clare, Kings, Peterhouse und Queens - zwischen der Hauptstraße und dem Fluß eingebettet wurden, ist wunderbar. Jedes College hat seine eigenen Wohnhöfe, jedes College hat einen Eingang von der Straßenseite her und eine Öffnung zum Fluß; jedes College hat eine eigene

Abb. 13.1: Schweizer Stadt: Ein Beispiel organischer Ordnung

> schmale Brücke über den Fluß zu den Wiesen auf der anderen Seite; jedes College hat sein eigenes Bootshaus und seinen eigenen Spazierweg entlang des Flusses. All diese Eigenschaften wiederholen sich bei jedem College; trotzdem weist jedes seinen eigenen Charakter auf, denn die einzelnen Innenhöfe, Eingänge, Brücken, Bootshäuser und Wege sind alle verschieden.
>
> -The Oregon Experiment

Grundmuster

Jedes Grundmuster in der Trilogie "The Timeless Way of Building" ist eine Abstraktion einer erfolgreichen Raumplanung oder Inneneinrichtung. Das zentrale Buch der Trilogie mit dem Titel "A Pattern Language" erläutert 253 dieser Grundmuster und verknüpft diese zu einer einheitlichen Sicht auf die Architektur. Einige der Grundmuster befassen sich mit Licht und Raum, andere mit Dekorationen, wieder andere mit der Beziehung zwischen Innenraum und Außenwelt oder mit Räumen für Erwachsene, für Kinder, für ältere Menschen oder mit Bewegungsabläufen in und durch geschlossene Räume. Jedes Muster wird als einfacher architektonischer Aphorismus präsentiert in Verbindung mit einer Abbildung und einer Lektion. Dazwischen stehen Diskussionen über das Warum und Wofür der einzelnen Grundmuster. Betrachten Sie als Beispiel die folgende Abbildung und den Auszug über Muster 183 zum Thema "geschlossene Arbeitsräume".

> Menschen können nicht arbeiten, wenn ihre Arbeitsplätze zu offen oder zu geschlossen sind. Ein guter Arbeitsplatz geht den Mittelweg ... Man fühlt sich an seinem Arbeitsplatz wohler, wenn man im Rücken eine Wand hat ... Vor einem sollte keine leere Wand in kürzerem Abstand als 2.5 Meter sein. (Man will gelegentlich bei der Arbeit seinen Blick heben können, und die Augen auf etwas richten, was weiter entfernt ist als der Schreibtisch. Wenn man in weniger als 2.5 Meter Abstand eine leere Wand sieht, dann ändert sich die Fokusierung des Auges nicht, und man entspannt sich nicht. In diesem Fall fühlt man sich zu eingeschlossen.) ... Man sollte keinen Lärm hören, der sich sehr von dem unterscheidet, den man selbst an seinem Arbeitsplatz produziert. Der Arbeitsplatz sollte so geschlossen sein, daß untypischer Lärm abgeschirmt wird. Es gibt Belege dafür, daß man sich besser auf die Arbeit konzentrieren kann,

wenn die Personen rund herum die gleiche Arbeit verrichten, nicht etwas anderes tun. ... Arbeitsplätze sollten es einem ermöglichen, in verschiedene Richtungen zu blicken.

-A Pattern Language

Abb. 13.2: Ein Arbeitsumfeld

Um die 253 Grundmuster zu ergänzen, sollten Teams eine Reihe von neuen Mustern entwickeln, die auf die speziellen Anforderungen ihres Projektes zurechtgeschnitten sind. Für die nächsten vier Abschnitte haben wir uns zu so einem Team ernannt. Unsere Aufgabe ist der Entwurf von Arbeitsplätzen für Personen, die vom Denken leben müssen. Die vier Muster, die wir vorschlagen, versuchen Abhilfe für die vier häufigsten Fehler zu schaffen, die wir heute im Büroentwurf feststellen mußten. Bei der Formulierung der Muster haben wir große Anleihen bei den Kunden von uns gemacht, die es geschafft haben, arbeitsfreundliche Umgebungen zur Verfügung zu stellen.

Muster Nr. 1: Maßgeschneiderte Arbeitsplätze aus dem Baukasten

Die heutigen modularen Büroabteile sind ein Musterbeispiel eines Kompromisses: Man hat nicht genügend Privatsphäre und doch fühlt man sich darin isoliert. Man ist nur mangelhaft vor Lärm und Störungen geschützt; manchmal wird der Lärm sogar noch durch die Wandaufstellungen in die Individualbereiche kanalisiert und verstärkt. Man fühlt sich isoliert, denn der kleine Raum bietet keinem außer Ihnen Platz (es ist fast wie ein Toilettenraum ohne Toilette darin). In so einem Raum können Sie schlecht alleine arbeiten, und wegen des mangelnden Platzes ist es fast unmöglich, daß sich soziale Gruppen rund um ihre Arbeit bilden.

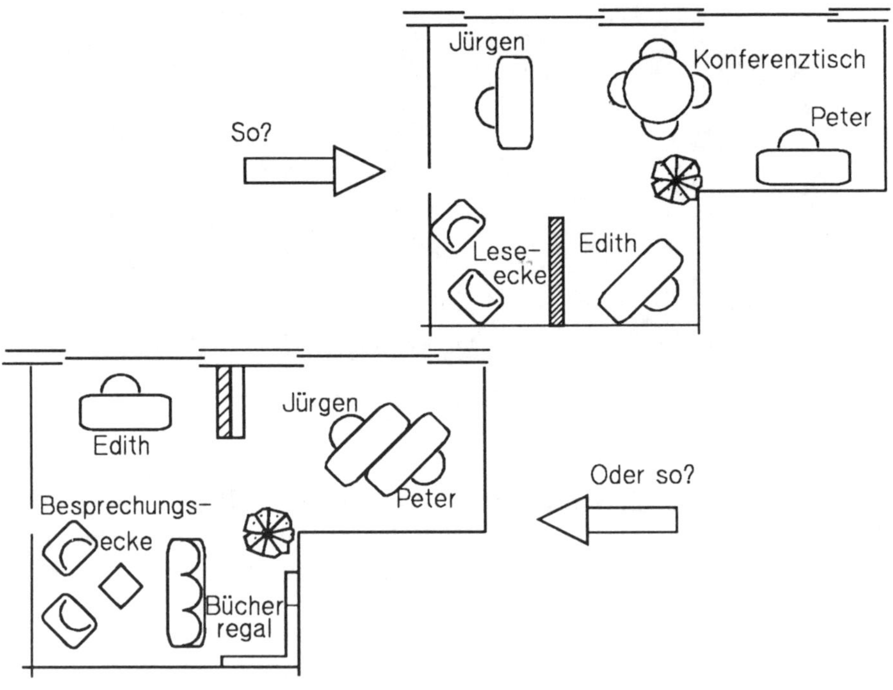

Abb. 13.3: Verschiedene Raumaufteilungen

Einzelplätze in Großraumbüros bieten schlechte Qualität für die Arbeit alleine, und keinen Platz für Teamarbeit. Als Alternative dazu bietet es sich an, den Raum entsprechend der Arbeitsgruppen aufzuteilen. Jedes Team braucht offizielle Kommunikationszonen und halbprivate Bereiche. Jede Person braucht auch einen geschützten Privatbereich.

Personengruppen, denen eine gemeinsame Arbeit zugewiesen wurde, oder die sich zu gemeinsamer Arbeit zusammengefunden haben, sollte man eine sinnvolle Rolle bei der Gestaltung des Arbeitsraumes zugestehen. Idealerweise werden diese von einer zentralen Raumplanungsgruppe unterstützt, deren Aufgabe es ist, geeignete Flächen für die Gruppe zur Verfügung zu stellen: "Sie sind also zu dritt im Team, deshalb brauchen Sie circa 27 m^2 oder mehr. Da haben wir noch eine nette Ecke. Lassen Sie uns doch einmal die Alternativen für die Einrichtung diskutieren. ..." Der Teamberater und das Team versuchen als nächstes, die Möglichkeiten für die Raumaufteilung auszuloten.

Wegen der Forderung, daß die Entwickler bei der Gestaltung ihrer Arbeitsbereiche mitwirken sollen, muß das System von Schreibtischen und Trennwänden wirklich modular aufgebaut sein. Es darf nicht nur eine einzige Rasteraufteilung ermöglichen, sondern es sollte sich auf hundertfache Weise verschieden kombinieren lassen.

Muster Nr. 2: Fenster

Oft ist bei der modernen Büroplanung die Zuteilung von Fenstern ein Klassenkampf. Die meisten Beteiligten gehen bei der Lotterie um die Fenster leer aus. Personen, die nie auf die Idee kämen, zu Hause ohne Fenster zu leben, verbringen den Großteil der hellen Tageszeit in fensterlosen Büros. Alexander zeigt sehr wenig Verständnis für fensterlose Räume: "Räume ohne Aussicht sind wie Gefängnisse für die Menschen, die darin bleiben müssen."

Wir sind aufgrund unserer Erfahrungen schon an fensterlose Büroräume gewöhnt. Wir hören, daß die Firma natürlich gerne jedem einen Raum mit Fenster geben möchte, aber das geht leider nicht. Natürlich geht es. Es gibt einen perfekten Nachweis dafür, daß man genügend Fenster in ein Gebäude einplanen kann, ohne die Kosten übermäßig zu erhöhen. Den Beweis erbringen die Hotels, jede Art von Hotel. Sie können sich gar nicht vorstellen, daß man Ihnen ein Hotelzimmer ohne Fenster anbietet. Da würden Sie nicht bleiben. (Und das ist nur der Raum, in dem Sie eigentlich schlafen wollen.) Hotels werden daher mit vielen, vielen Fenstern gebaut.

Das Problem von fensterlosem Raum hängt direkt mit der Form der Grundflächen zusammen. Würde man Gebäude ziemlich schmal bauen, dann hätte man nie zuwenig Fenster. Ein vernünftiger Grenzwert für die Gebäudebreite liegt dann bei etwa 10 Metern, wie z.B. bei dem Gebäude in Abbildung 13.4.

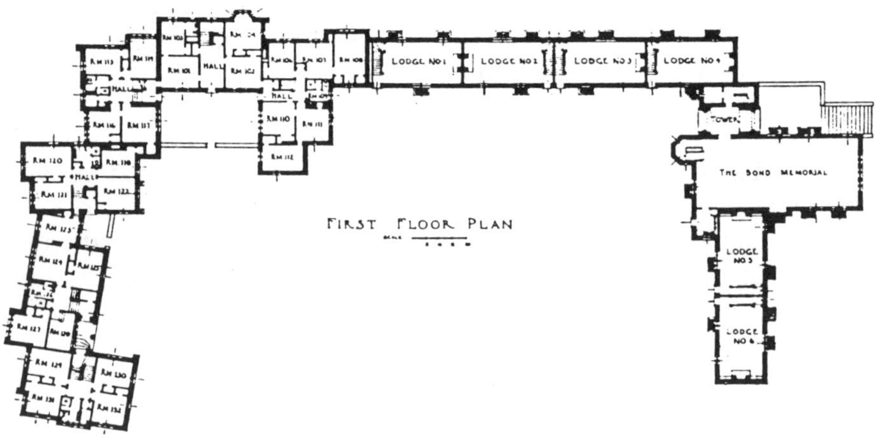

Abb. 13.4: Mädchenschlafräume im Swarthmore College

Sollte man Gebäude auf maximal 10 Meter Breite limitieren? Kann man diesen Vorschlag ernsthaft unterbreiten? Was bedeutet das für die Kosten? Was passiert bei Gebäuden, die riesig große Flächen für Innenräume brauchen? Vor einige Jahren haben die dänischen Behörden ein Gesetz erlassen, das verlangt, daß jeder Arbeiter sein Fenster haben muß. Dieses Gesetz hat die Architekten dazu gezwungen, lange, schmale Häuser zu bauen, im Stil von Hotels oder Apartmentgebäuden. Studien, die man einige Zeit nach Inkrafttreten dieses Gesetzes durchgeführt hat, haben keine merklichen Kostenänderungen pro Quadratmeter ergeben. Das heißt nicht, daß die schmale Bauweise keine Einfluß auf die Kosten gehabt hat, aber wenn Mehrkosten aufgetreten sind, dann waren sie zumindest nicht hoch genug, um in dem gesammelten

Zahlenmaterial signifikant aufzuscheinen. Sogar wenn die Kosten pro Mitarbeiter in dem lebenswerterem Umfeld etwas höher sind, so lohnen sie sich doch, weil man dadurch andere Vorteile erhält. Das eigentliche Problem liegt eher darin, daß diese Kosten deutlich sichtbar werden (Raum und Ausstattung), während die dadurch erzielten Vorteile in eine schlecht meßbare und daher eher unsichtbare Kategorie fallen (gesteigerte Produktivität und weniger Fluktuation).

Muster Nr. 3: Innenraum und Außenraum

Die schmale Bauweise gestattet auch eine bessere Verbindung zwischen Innen- und Außenraum. Wenn Sie jemals einen Arbeitsplatz mit integriertem Außenbereich hatten, können Sie sich wahrscheinlich schwer damit abfinden, wieder nur in Innenräumen zu arbeiten.

Als wir die Atlantic Systems Guild 1983 gegründet haben, suchten wir in Manhattan nach Büroraum für unsere New Yorker Gildenmitglieder und nach einem Versammlungsraum für alle. Schließlich fanden wir die oberste Etage eines ehemaligen Schiffausstatters in Greenwich Village, die wir auch heute noch benutzen. Sie besteht aus 200 m^2 Innenraum und 100 m^2 Dachterrasse. Vom Frühjahr bis zum Herbst ist die Terrasse unser Konferenzraum und Pausenraum. Mindestens die Hälfte des Jahres wird die Terrasse ganztägig genutzt. Alles, was man draußen machen kann, wird auch draußen gemacht.

Bevor Sie unsere Lösung als unmöglichen Luxus abtun, lassen Sie uns folgendes feststellen: Wir zahlen weniger als ein Drittel des in Manhattan üblichen Quadratmeterpreises. Unsere Räumlichkeiten sind deshalb so viel billiger, weil sie nicht Teil eines großen monolithischen Baus sind. Man kann sicherlich nicht Tausende von Leuten auf diese Weise im Zentrum unterbringen. Sie müssen lange nach hunderten von solchen Plätzen suchen, bevor Sie eine große Mannschaft unter ähnlich guten Bedingungen, wie wir sie haben, unterbringen können. An einem sonnigen Tag würden dann einige Ihrer Leute auf Terrassen arbeiten, andere in Gärten oder Parks oder Innenhöfen. Wie unpraktisch.

Muster Nr. 4: Kommunikationsflächen

Ein jahrhundertealtes Muster für die Innenraumgestaltung weist einen weichen Übergang zu immer privateren Räumen auf, wenn man sich nach innen bewegt. An der Außenseite sind die Räume, die Fremde betreten dürfen (Botschafter, Handelsleute, Vertreter). Dann kommt man in Räume, die den Bewohnern vorbehalten sind (einer Arbeitsgemeinschaft oder der Familie), und schließlich kommt man in Räume, die für einzelne Personen reserviert sind. Das Schema trifft auf unsere Wohnungen zu, wo man sich von der Diele in den Wohnraum, die Küche, bis ins Schlafzimmer und die Toiletten voranbewegen kann. Das Schema sollte auch auf gut gebaute Büroflächen zutreffen.

Am Eingang sollte ein Bereich sein, der der ganzen Gruppe gehört. Er stellt eine Art Feuerstelle für die Gruppe dar. Geht man weiter auf das Innere zu, dann sollten Räume für die enger zusammenarbeitenden Gruppen existieren, wo sie diskutieren und auch in den Pausen zusammensein können. Schließlich sollte es einen geschützten Bereich für Einzelpersonen geben, wo diese wirklich denken und alleine arbeiten können. Die Räume zur Kommunikation von Gruppen sollten für alle Gruppenmitglieder ausreichend Tische und Sitzgelegenheiten bieten, einige Schreibflächen und Wandflächen, an denen man beliebige Aushänge anbringen kann, die für die Gruppe bestimmt sind. Idealerweise sollte auch die Möglichkeit bestehen, sich einfache Mahlzeiten zubereiten und gemeinsam essen zu können.

> Ohne gemeinsames Essen kann eine Gruppe von Menschen nicht zusammenhalten. Geben Sie deshalb jedem Team einen Raum, wo es gemeinsam essen kann. Machen Sie die gemeinsame Mahlzeit zum regelmäßigen Ereignis. Insbesondere sollten Sie ein gemeinsames Mittagessen einführen, so daß das Essen rund um einen gemeinsamen Tisch (nicht aus Dosen und Büchsen oder Maschinen) zu einem wichtigen, gemütlichen täglichen Erlebnis wird. ... In unserer eigenen Gruppe am Zentrum haben wir herausgefunden, daß es am besten funktioniert, wenn jeden Tag ein anderer das Essen zubereitet. Das Mittagessen wurde zum Erlebnis: eine Zusammenkunft, bei der jeder von uns eine Menge Liebe und Energie eingebracht hat.
>
> -A Pattern Language

Das Muster aller Muster

Die Muster, die immer wieder in erfolgreichen Plänen auftauchen, findet man deshalb, weil sie mit Grundeigenschaften der menschlichen Rasse in Einklang stehen. Sie erlauben den Menschen, Mensch zu sein. Sie betonen das Wichtige: man ist gleichzeitig Individuum und Mitglied einer Gemeinschaft. Sie verhindern nicht die persönliche Entfaltung und auch nicht die Neigung, zusammen mit anderen, Gruppen zu bilden. Sie gestatten es, man selbst zu sein.

Ein gemeinsames Element, das in allen Mustern auftritt (sowohl in unseren, wie auch in denen von Alexander) ist *das Fehlen von reproduzierbaren Formeln*. Es gibt keine zwei Personen, die haargenau den gleichen Arbeitsplatz haben. Keine zwei Kaffeeräume sind identisch gestaltet, auch nicht zwei Bibliotheken oder Gesprächszonen. Die Ausstattung, Form und Organisation von Räumen ist ein faszinierendes Thema für die Personen, die sich dann darin aufhalten müssen. Die Gestalt des Raumes muß an die Arbeit, die darin verrichtet werden soll, angepaßt sein. Mitarbeiter aller Ebenen müssen ihre persönlichen Zeichen setzen können.

Zurück zur Realität

Was hat das jetzt alles mit Ihnen zu tun? Wenn Sie in einer großen Organisation arbeiten, dann wird es Ihnen nicht leicht fallen, die Autoritäten zu dem Eingeständnis zu bringen, daß sie bisher falsch geplant haben und daß sie jetzt jedem diese zeitlose Art von Gestaltung von Arbeitsplätzen ermöglichen sollten. Und Sie wollen vielleicht auch nicht für eine kleine Firma arbeiten, in der nette und persönlich gestaltete Arbeitsplätze fast von selbst entstehen.

Es gibt trotzdem eine Möglichkeit, Ihren Mitarbeitern eine vitale und arbeitsfördernde Büroumgebung zu bieten. Die Möglichkeit entsteht dadurch, daß Gebäude, die nach einem Generalplan gestaltet wurden, immer voll ausgelastet sind. Dann beginnt die ständige Suche nach Raum für neue Projekte. Wenn Sie für ein solches Projekt zuständig sind, für das die Infrastruktur noch nicht festgelegt ist, lenken Sie Ihren Blick nach außen. Stellen Sie den Antrag, Ihre Gruppe aus dem zentralen Gebäude heraus verlagern zu dürfen. Vielleicht wird der Antrag abgelehnt, aber vielleicht auch nicht, denn Sie haben ja noch keinen Platz in der Zentrale gefunden. Setzen Sie Ihre Mitarbeiter auf das Ziel an, die Räume auszustatten. Ärgern Sie sich nicht darüber, daß Sie nicht die gleichen weißen Papierkörbe aus Plastik und die stoffbespannten Trennwände haben, wie in der Zentrale. Wenn Sie etwas herabgekommene Räume in einer alten Schule oder Gartenapartments mieten können, aus denen Sie billige, persönlich gestaltete, faszinierende Büros für Ihre Mitarbeiter machen können, was macht es dann aus, daß Ihr Team in einer etwas anderen Umgebung arbeitet als der Rest der Firma? Wenn Ihr Team damit einverstanden ist, wer sollte dann noch klagen?

Sie müssen die Raumfrage nicht für die ganze Firma lösen. Wenn Sie sie nur für ihr Team lösen, sind Sie schon meilenweit voran. Wenn Ihr Team produktiver arbeitet und weniger Fluktuation aufweist, haben Sie sich schon als besserer Manager ausgezeichnet.

Es ist fast immer sinnvoll, ein Projekt oder ein Team aus den offiziellen Firmenräumen herauszulösen. Arbeit in einer provisorischen Umgebung wird mit mehr Energie und mit einer höheren Erfolgsrate angegangen. Die Mitarbeiter leiden weniger unter Lärm und unter Störungen und sind weniger frustriert. Die besondere Art ihres Arbeitsplatzes hilft den Mitarbeitern dabei, sich als Mitglieder eines Teams zu fühlen. Wenn Sie selbst dem höheren Management angehören, dann sollten Sie sich überlegen, welche Ihrer Projekte wirklich kritisch sind. Diese sollten Sie auslagern. Die Tatsache, daß kritische Projekte außerhalb der Firmenräume besser laufen ist traurig, aber wahr. Nutzen Sie den Effekt für sich aus.

TEIL III

DIE RICHTIGEN PERSONEN

Das Endergebnis jeder Arbeit hängt mehr davon ab, *wer* die Arbeit ausführt als *wie* die Arbeit ausgeführt wird. Trotzdem kümmert man sich im Bereich der modernen Managementwissenschaft kaum um das Thema, wie man die richtigen Leute einstellt und sie auch behält. In den typischen Managementkursen, die Sie heute besuchen können, spricht man das Thema - wenn überhaupt - nur oberflächlich an.

Die Managementwissenschaft forscht mehr darüber, wie die Rolle des Chefs als Stratege und Taktiker der Arbeit aussehen sollte. Sie lernen, Management so zu betrachten, wie eines der vielen Brettspiele zur Simulation von Schlachten. Es gibt keine individuellen Talente, die man bei dem Spiel berücksichtigen muß; Sieg oder Niederlage hängen nur davon ab, wann und wie man seine namenlosen Ressourcen einsetzt.

In den folgenden vier Kapiteln versuchen wir, den Schaden wieder gut zu machen, den solche Kurse anrichten, die den Manager nur als Strategen betrachten. Wir zeigen Ihnen einen Ansatz, der auf folgender Erfolgsformel beruht:

- gute Leute einstellen
- diese glücklich machen, damit sie bleiben
- sie möglichst frei arbeiten lassen

Natürlich müssen Sie die Arbeiten sogar im besten Team koordinieren, damit die Beiträge der Einzelnen schließlich zu einem integrierten Ganzen führen. Das ist aber der eher mechanische Teil des Managements. Bei den meisten Projekten ist der Erfolg oder Mißerfolg schon in dem Augenblick vorausbestimmt, in dem das Team zusammengestellt wird und die erste Marschrichtung ausgegeben wird. Mit talentierten Leuten kann sich der Manager ab diesem Zeitpunkt fast schon beruhigt zurücklehnen.

Kapitel 14

Der Hornblower-Faktor

C.S. Forester schrieb eine Serie von Romanen, die die Erlebnisse von Horatio Hornblower, Offizier der englischen, königlichen Marine, während der Napoleonischen Kriege schildern. Einerseits kann man diese Bücher als reine Abenteurerromane betrachten, die einen sorgfältig recherchierten, historischen Hintergrund haben. Unter einem anderen Blickwinkel betrachtet stellen die Hornblower-Bücher jedoch eine vollendete Managementanalogie dar. Eine Fregatte mit Rahsegeln zu befehligen, weist in vielen Aspekten Ähnlichkeiten mit der Leitung einer Abteilung oder eines Projekts auf. Das Aussuchen einer Mannschaft, deren Ausbildung, die Verteilung der Arbeit, die Planung und später die taktische Unterstützung wird vielen von Ihnen vertraut vorkommen, wenn Sie heute im Management arbeiten.

Hornblower ist der geborene Manager. Er hat es mit derselben Mischung von Cleverness, Mut, politischen Manövern, und Glück vom Matrosen zum Admiral gebracht, wie mancher Karrieretyp, dessen Laufbahn heute im Managermagazin geschildert wird.

Aus jeder seiner Entscheidungen kann man eine Management-Lektion für unsere heutige Umgebung ableiten.

Der geborene und der angelernte Manager

Ein immer wiederkehrendes Thema in allen Romanen ist Hornblowers feste Überzeugung, daß Menschen erfolgreich geboren und nicht erst erzogen werden. Viele seiner Untergebenen, die zufällig zu seiner Truppe stoßen, sind unzuverlässig oder dumm. Er weiß, daß diese ihn alle irgendwann in einem wichtigen Augenblick im Stich lassen werden. (Natürlich kommt es auch immer so.) Er weiß auch, daß die wenigen guten Leute, die seinen Weg mitgehen, sein einziger, wirklicher Rückhalt sind. Hornblowers größtes Talent ist es, diese Personen rasch zu befördern und genau zu wissen, wann er sich auf sie verlassen kann.

In unserer egalitären Gesellschaft ist es fast undenkbar, jemanden als total inkompetent abzuqualifizieren. Man geht davon aus, daß jeder Mensch zu etwas gut ist. Von Managern erwartet man, daß sie ihre Führungsqualitäten so einsetzen, daß sie bei jedem Mitarbeiter die schlummernden Talente ans Tageslicht bringen. Dieser Formungsprozeß von rohem Menschenmaterial gilt als Essenz des Managements.

Diese Sicht ist vielleicht tröstlicher als Hornblowers verdrossene Einschätzung der Situation, auf jeden Fall schmeichelt sie den Managern mehr. Aber wir glauben nicht so recht daran. Eltern können ihre Kinder jahrelang formen; offensichtlich können auch Personen sich selbst erheblich ändern. Die Wahrscheinlichkeit, daß ein Manager einen Mitarbeiter wesentlich verändern kann, ist jedoch gering. Die Mitarbeiter bleiben nicht lange genug, und Manager haben zuwenig Möglichkeiten, die Natur der Mitarbeiter zu ändern. Mitarbeiter, die eine bestimmte Zeit lang für Sie arbeiten, werden daher am Ende der Zeit die gleichen sein, wie sie es am Anfang waren. Wenn sie für eine bestimmte Aufgabe am Anfang nicht die richtigen sind, werden sie es nie werden.

Das heißt, daß Sie sehr viel Wert darauf legen müssen, von vornherein die richtigen Leute auszusuchen. Glücklicherweise müssen Sie sich nicht auf das Losglück verlassen. Sie sind wahrscheinlich maßgeblich an der Einstellung neuer Leute beteiligt oder auch an der Auswahl von Teammitgliedern in der Firma. In diesem Fall legt Ihre Geschicklichkeit bei der Personalauswahl schon den Grundstein für einen eventuellen Erfolg.

Der 08/15-Mitarbeiter

Sogar junge Manager, die sich zum ersten Mal um Personalbeschaffung kümmern müssen, kennen schon einige Prinzipien von Einstellungen. Sie wissen zum Beispiel, daß man nicht nach dem äußeren Eindruck alleine einstellen kann. Der bestaussehende Strahlemann hat nicht mehr Chancen, ein gutes Produkt zu entwickeln, wie jemand, der etwas hausbackener auftritt.

Jeder weiß das. Trotzdem werden oft Fehleinstellungen vorgenommen, weil man zuviel Wert auf Äußerlichkeiten statt auf die Fähigkeiten gelegt hat. Daran sind nicht die Unwissenheit oder die schlechten Fragebögen der Personen schuld, die die Einstellungsgespräche führen. Die Evolution hat in allen von uns Spuren der Unsicherheit hinterlassen, wenn wir jemandem begegnen, der von der heute gültigen Norm weit abweicht. Die Evolution nutzt genau diesen Effekt aus. Sie können das an sich selbst feststellen, wenn Sie z.B. einen Horrorfilm ansehen: Eine fast menschenähnliche Kreatur wird Sie weitaus mehr erschrekken, als eine total unrealistische, gesichtslose, unförmig große Plastikmasse, die eine ganze Stadt verschlingt.

Wenn ein Mensch heranreift, lernt er, seine natürliche Abneigung gegen Abweichungen von der Norm langsam fallen zu lassen, wenn es z.B. darum geht, Freunde auszusuchen und enge Beziehungen einzugehen. Obwohl Sie vielleicht diese Lektion in Ihrem Privatleben längst gelernt haben, müssen Sie damit noch einmal von vorne anfangen, wenn es um die Einstellung von Mitarbeitern geht.

Sie merken es vielleicht gar nicht, daß Sie dazu neigen, attraktive und "normal" aussehende Leute einzustellen. Warum behandeln wir dieses Thema überhaupt? Weil nicht nur Ihre eigene Neigung, sich bei Einstellungen normenkonform zu verhalten, eine Rolle spielt, sondern auch die Richtlinien, die unterschwellig von Ihrer Firma auf Sie einwirken. Jede Person, die Sie einstellen, gehört zu Ihrem kleinen Imperium, aber auch zum Imperium Ihres Chefs und dessen Chef. Die Standards, die Sie anwenden, sind nicht nur Ihre eigenen. Sie stellen im Namen der ganzen Firmenhierarchie über Ihnen ein. Die Vorstellungen des oberen Managements beeinflussen Ihre Denkweise jedesmal, wenn Sie jemandem ein Angebot machen wollen. Der fast unmerkliche Druck drängt Sie zu einem Firmendurchschnitt; sie werden dazu gebracht, Mitarbeiter einzustellen, die gleich aussehen, gleich klingen und gleich denken, wie alle anderen auch. In einer gesunden Organisation ist dieser Effekt vielleicht noch so klein, daß Sie ihn ruhig ignorieren können. Wenn die Firmenkultur jedoch bereits angeschlagen ist, dann kann es schwierig oder sogar unmöglich sein, die eine Person einzustellen, auf die es eigentlich ankommt; eine Person, die nicht wie der Rest denkt.

Das Streben nach Einheitlichkeit ist ein Zeichen der Schwäche des Managements. Starken Managern ist es egal, ob sich die Teammitglieder die Haare schneiden oder Krawatten tragen. Ihre Aufmerksamkeit gilt nur den Ergebnissen des Teams.

Einheitskleidung

Einheitlichkeit ist für unsichere, autoritäre Regime (z.B. für Internate oder Armeen) von so immenser Bedeutung, daß sie sogar Kleidungsvorschriften erlassen. Verschiedene Rocklängen oder verschiedene Farben von Jacken sind bedrohlich und daher verboten. Nichts, was die langen Reihen fast identischer Truppen stört, ist erlaubt. Über Ziele und Ergebnisse diskutiert man nur im Rahmen dessen, was man mit Personen erreichen kann, die alle gleich aussehen.

Manchmal schreiben auch Firmen derartige Kleidungsstandards vor. Im Normalfall sind die Vorschriften nicht so streng wie bei Uniformen, aber sie nehmen den einzelnen Mitarbeitern doch einiges ihrer Freiräume. Wenn so etwas gerade neu eingeführt wird, ist der Effekt zunächst verheerend. Die Mitarbeiter können über nichts anderes mehr sprechen und an nichts anderes denken. Alle sinnvolle Arbeit bleibt liegen. Die wertvollsten Mitarbeiter kommen zu der Erkenntnis, daß ihre Arbeitsleistung eigentlich gar nicht so wichtig ist; ihre Beiträge zu den Ergebnissen sind weniger wert als der Haarschnitt und die Krawatte. Schließlich kündigen sie. Und der Rest der Firma programmiert weiter, und versucht nachzuweisen, daß es gar nicht so wichtig war, die richtigen Leute im Projekt zu haben.

In dem ganzen Buch versuchen wir, Vorschläge zur Beseitigung einiger Mißstände anzubieten, die in einer Organisation auftreten können. Wenn es aber in Ihrer Organisation bereits so weit gekommen ist, daß man formale Richtlinien über Ihr Erscheinungsbild erlassen hat, dann vergessen Sie es. Es ist zu spät für Abhilfen. Die Organisation liegt in den letzten Zügen. Das Gebäude wird zwar nicht gleich zusammenbrechen, weil zuviele Leute noch die Wände stützen. Aber nur die Wände eines kaputten Gebäudes zu halten, ist auf Dauer keine befriedigende Aufgabe. Suchen Sie sich eine neue Arbeit.

Codewort: Professionell

Als ich in einem meiner Kurse über Managementschwäche als Grund für willkürliche Standards vorgetragen habe, konnten sich die Teilnehmer fast nicht zurückhalten. Sie hatten eine Reihe von Geschichten auf Lager. Eine der albernsten davon betraf den Mikrowellenofen in der Teeküche, der von den Mitarbeitern zur Zubereitung von Popcorn während der Nachmittagspausen verwendet wurde. Natürlich riecht man Popcorn ziemlich stark. Dieser Geruch drang auch in die Nasen des höheren Managements der Firma vor, von wo umgehend eine Hausmitteilung kam: "Popcorn ist nicht professionell, und daher ist die Zubereitung ab sofort verboten."

-TRL

Der Anti-Popcorn Standard oder die Kleidungsvorschriften sind verständlich, wenn Sie im Vertrieb oder im Bereich Kundenunterstützung arbeiten. In allen anderen Bereichen sind sie sinnlos. Kunden verirren sich nur selten oder überhaupt nie in andere Bereiche. Diese "Standards" haben nichts mit dem Image der Firma zu tun, wie es von außenstehenden Personen gesehen wird. Das Image, das die Insider sehen, ist wichtig. Die Insider sind in diesem Fall typischerweise Manager der zweiten oder dritten Ebene, die unsicher sind und wenig Selbstvertrauen haben und sich deshalb immer dann unwohl fühlen, wenn jemand ein Verhalten an den Tag legt, das nicht ganz dem Durchschnitt entspricht. Sie versuchen dann, für ihre Untergebenen einheitliche Vorschriften und Verhaltensregeln zu erlassen, um zu demonstrieren, daß sie die Kontrolle noch in der Hand haben.

Der Ausdruck *unprofessionell* wird häufig für überraschende oder bedrohliche Verhaltensweisen angewandt. Alles, was einen unsicheren Manager aufregt, ist per Definition unprofessionell. Daher ist Popcorn unprofessionell. Lange Haare sind unprofessionell, wenn sie auf einem männlichen Kopf wachsen; bei einer Frau ist das ganz normal. Poster an der Wand sind unprofessionell. Bequeme Wanderschuhe sind unprofessionell. Vor Freude um den Tisch zu hüpfen, wenn etwas Erfreuliches passiert ist, ist unprofessionell. Kichern und Lachen sind unprofessionell. (Gelegentliches Lächeln ist erlaubt, aber nicht zu oft!)

Professionell, im Gegensatz dazu, heißt: ohne Überraschung. Man wird Sie in dem Maße für professionell halten, wie Sie so aussehen, so handeln und so denken, wie alle anderen - wenn Sie eine perfekte Kopie sind.

Natürlich ist dieser pervertierte Gebrauch des Wortes "professionell" krankhaft. In gesunden Organisationen wird man Mitarbeiter als professionell einstufen, wenn sie solides Wissen mitbringen und auf ihrem Sektor Kompetenz zeigen.

Firmenentropie

Entropie bedeutet Gleichheit oder Gleichartigkeit. Je größer sie wird, desto weniger Möglichkeiten gibt es, Energie freizusetzen oder Arbeit zu erledigen. In einer Firma oder Organisation kann man Entropie als Gleichförmigkeit in der Einstellung, im Aussehen und in der Denkweise, definieren. Genau wie die thermodynamische Entropie im Universum ständig zunimmt, so nimmt auch die Firmenentropie zu:

> **ZWEITES THERMODYNAMISCHES GESETZ DES MANAGEMENTS: Die Entropie einer Organisation nimmt ständig zu.**

Daher sind viele ältere Institutionen steifer, und es macht weniger Spaß, dort zu arbeiten, als in jungen, dynamischen Firmen.

Gegen dieses weltweite Phänomen kann man nicht viel unternehmen, aber Sie können wenigstens in Ihrem kleinen Umfeld dagegen ankämpfen. Der erfolgreichste Manager wird die lokale Entropie aufrütteln, die richtigen Leute einstellen und dafür sorgen, daß diese ihre Charaktere beibehalten, auch wenn sie sich von dem Firmenstandard unterscheiden. Ihre Organisation kann vielleicht schon erstarrt sein, aber Ihre kleine Gruppe kann sich noch frei bewegen.

Kapitel 15

Ein Einstellungsgespräch mit einem Jongleur

Zirkusdirektor:	Wie lange jonglieren Sie schon?
Bewerber:	Ungefähr seit sechs Jahren.
Zirkusdirektor:	Können Sie mit 3 Bällen, mit 4 Bällen und mit 5 Bällen umgehen?
Bewerber:	Ja, ja und ja.
Zirkusdirektor:	Arbeiten Sie auch mit brennenden Objekten?
Bewerber:	Selbstverständlich.
Zirkusdirektor:	... mit Messern, Äxten, offenen Zigarrenschachteln, und Hüten?
Bewerber:	Ich jongliere mit allem.
Zirkusdirektor:	Und haben Sie auch ein paar flotte Sprüche als Untermalung Ihres Programms auf Lager.
Bewerber:	Sie lachen sich tot dabei.
Zirkusdirektor:	Das klingt alles sehr gut. Ich glaube, Sie haben den Job.
Bewerber:	Hmmm ... soll ich Ihnen nicht eine Kostprobe geben?
Zirkusdirektor:	Oh, daran habe ich gar nicht gedacht.

Es klingt lächerlich, einen Jongleur einstellen zu wollen, ohne sich seine Künste vorher einmal anzusehen. Das sagt uns unser gesunder Hausverstand. Wenn man allerdings einen Ingenieur, einen Designer, einen Programmierer oder einen Gruppenleiter einstellt, dann setzt der gesunde Hausverstand oft aus. Man will kein Programm und auch keinen Entwurf oder etwas Ähnliches sehen. Das ganze Einstellungsgespräch ist nur ein Gespräch.

Wenn Sie für ein bestimmtes Projekt Bewerber interviewen, dann können Sie im Normalfall davon ausgehen, daß die Kandidaten wahrscheinlich bereits Erfahrung in diesem Bereich mitbringen. Sie sollten sich daher eine Stichprobe aus den vergangenen Projekten ansehen, um über die Qualität der Arbeiten des Bewerbers urteilen zu können. Das klingt völlig plausibel, wird aber von den meisten Managern nicht gemacht. Bei Vorstellungsgesprächen legen wir eine seltsame Art von Zurückhaltung an den Tag. Es scheint ein ungeschriebenes Gesetz zu geben, das besagt, man darf ruhig *Fragen* nach der Vergangenheit stellen, man sollte sie aber nicht *sehen* wollen. Dabei wären die meisten Bewerber nur allzu gerne bereit, Beispiele ihrer Arbeit mitzubringen, wenn sie nur danach gefragt würden.

Das Portfolio

Im Frühjahr 1979 haben wir zusammen im Westen Kanadas unterrichtet. Ein Informatikprofessor des lokalen Colleges rief uns an. Er fragte, ob er uns nach dem Kurs im Hotel besuchen und zum Bier einladen dürfte, um sich mit uns zu unterhalten. Solche Angebote lehnen wir selten ab. Was wir an diesem Abend von ihm gelernt haben, war aber wahrscheinlich mehr wert, als das, was er von uns gelernt hat.

Der Professor erläuterte uns ziemlich offen, woran der Erfolg seiner Arbeit gemessen würde: Seine Studenten müssen nach dem Studium möglichst viele und gute Stellenangebote bekommen. "Ein Diplom von der Harvard-Universität ist alleine schon eine ganze Menge wert, ein Diplom von uns zählt gar nichts. Wenn die Studenten dieses Jahrgangs nicht schnell unterkommen, dann habe ich nächstes Jahr keine Studenten und keinen Job mehr." Er hatte deshalb ein Rezept entwickelt, um seine Studenten für den Arbeitsmarkt besonders attraktiv zu machen. Natürlich unterrichtete er moderne Entwicklungstechniken, wie z.B. strukturierte Analyse und Entwurf, datenorientierte Analyse, Information Hiding, strukturierte Programmierung, Walkthroughs und Metriken. Er ließ die Studenten auch an praktischen Projekten in nahegelegenen Firmen mitarbeiten. Aber das Kernstück seiner Erfolgsformel war ein Portfolio, das seine Studenten aus Beispielen ihrer Arbeit zusammenstellen mußten.

Er erläuterte uns, wie er seine Studenten darauf vorbereitet hatte, dieses Portfolio in Bewerbungsgesprächen zu "verkaufen":

"Ich habe einige Beispiele meiner Arbeit mitgebracht. Hier ist zum Beispiel eine Pascal-Prozedur aus einem Projekt und hier habe ich eine Reihe von COBOL-Paragraphen aus einem anderen. Sie sehen, wir benutzen Schleifen mit Aussprüngen, wie sie von Knuth vorgeschlagen wurden, aber der Rest ist reiner strukturierter Code, wie ihn auch Ihr Firmenstandard vorschreibt. Und hier ist der zugehörige Entwurf, aus dem dieser Code entwickelt wurde. Die Notation und die Analyse der Modulbindung haben wir von Myers übernommen. Ich habe dieses ganze Teilsystem entworfen und auch diese kleine Anwendung, wo wir die Methode von Orr eingesetzt haben, weil bei der Problemstellung wirklich die Datenstrukturen überwogen. Und hier sind alle Ebenen von Datenflußdiagrammen, die wir als Ausgangspunkt für unsere Spezifikation verwendet haben, zusammen mit den notwendigen Einträgen im Data Dictionary ..."

In den darauffolgenden Jahren haben wir noch öfter von diesem unbekannten technischen College und den Portfolios gehört. Wir haben Personalchefs aus dem ganzen Land getroffen, von Florida bis Kalifornien, die alle immer wieder nach Abgängern dieses Colleges suchten.

Das war natürlich ein geschickter Schachzug des Professors, um seine Studenten besonders herauszustellen; was uns aber am meisten an diesem Abend zu denken gab, war die Tatsache, daß die meisten Manager von dem Portfolio überrascht waren. Das heißt, daß sie so etwas normalerweise von ihren Bewerbern nicht verlangten. Aber warum nicht? Was könnte man denn Vernünftigeres von Bewerbern fordern, als einige Beispiele ihrer bisherigen Arbeit mitzubringen?

Eignungstests

Warum entwerfen wir nicht einen Eignungstest, um bestimmte Fähigkeiten bei Bewerbern abzuprüfen, wenn es uns so wichtig ist, daß die Kandidaten bestimmte Eigenschaften für die Arbeit mitbringen? In unserer Branche gibt es die Idee von Eignungstests schon lange, aber sie ist sehr umstritten. In den 60er Jahren war die Idee sicherlich in Mode. Heute haben Sie und Ihre Firma die Idee vielleicht wieder verworfen. Falls Sie es noch nicht gemacht haben, wollen wir Ihnen einen guten Grund nennen, warum Sie es tun sollten: Die Tests prüfen die falschen Eigenschaften ab.

Eignungstests sind fast immer auf die Fähigkeiten ausgelegt, die man von den Kandidaten unmittelbar nach der Einstellung verlangt. Man prüft, ob die Kandidaten statistische Analyse oder Programmierung oder was sonst im Job verlangt wird, beherrschen. Man kann heute fertige Eignungstests für fast alle technischen Gebiete kaufen. Alle können mehr oder weniger gut nachweisen, daß die Voraussagen bezüglich der Leistungen der Testpersonen hinterher im Einsatz auch zutreffen. Aber was sagt das aus? Jemand, der für eine bestimmte Aufgabe eingestellt wird, erfüllt diese Aufgabe vielleicht einige Jahre; dann wird er Gruppenleiter oder Produktmanager oder Projektleiter. Die Eignung, die durch den Test überprüft wurde, braucht ein Kandidat vielleicht nur zwei Jahre lang, während er dann 20 Jahre lang andere Aufgaben erledigen muß. Die Eignungstests, die wir untersucht haben, richten sich fast alle nur an die linke Gehirnhälfte. Der Grund dafür findet sich in den typischen Aufgaben, die man neu eingestellten Personen überträgt; diese verlangen nach Leistungen der linken Gehirnhälfte. Die Aufgaben, die in der späteren Karriere bewältigt werden müssen, fordern aber eher die rechte Gehirnhälfte. Insbesondere Managementfunktionen erfordern ganzheitliches Denken, heuristische Beurteilungen und Intuition aufgrund von persönlichen Erfahrungen. Eignungstests führen also eher dazu, Personen einzustellen, die kurzfristig gute Leistungen erbringen, vielleicht aber langfristig nicht so erfolgreich sind. Vielleicht sollten Sie solche Eignungstests einsetzen, dann aber die Personen einstellen, die dabei durchfallen.

Wenn Sie diese Absätze gelesen haben, ist Ihnen wohl klar, daß wir die Idee von Einstellungen aufgrund von derartigen Eignungstests nicht so gut finden. Aber schließen Sie bitte nicht daraus, daß die Einstellungstests nicht gut sind, oder daß Sie keine davon benutzen sollten. Sie sollten Eignungstests anwenden, aber nicht zu Einstellungszwecken. Der typische Eignungstest, den Sie kaufen oder auch selbst erstellen können, ist ein hervorragendes Mittel zum Selbsttest Ihrer Mitarbeiter. In einer gesunden Organisation sollte den Mitarbeitern sehr oft Gelegenheit für private Selbsteinschätzungstests gegeben werden. (Mehr darüber in Kapitel 24.)

Anhörungen

Unsere Branche braucht eher eine soziologische Orientierung als eine technologische. Wir sind eher von den Fähigkeiten der Mitarbeiter zur Kommunikation untereinander abhängig als von ihren Fähigkeiten, mit Maschinen zu kommunizieren. Deshalb sollte das Einstellungsgespräch wenigstens einige Prüfungen von soziologischen und menschlichen Kommunikationseigenschaften zum Inhalt haben. Die wirkungsvollste Art, die wir bis jetzt herausgefunden haben, sind Anhörungen der Bewerber.

Die Idee ist sehr einfach. Sie bitten den Bewerber, eine 10 bis 15-minütige Präsentation einiger Aspekte seiner bisherigen Arbeit vorzubereiten. Das Thema könnte eine neue Technologie und die Erfahrungen bei deren Einführung sein, oder auch eine Managementlektion, die er auf die harte Tour lernen mußte, oder einfach ein interessantes Projekt. Der Bewerber darf sich das Thema auswählen. Der Termin wird festgelegt und Sie sorgen für eine kleine Zuhörerschaft, die Sie aus dem zukünftigen Kollegenkreis auswählen.

Natürlich wird der Bewerber nervös sein und vielleicht sogar dem Experiment abgeneigt gegenüberstehen. Sie müssen ihm erklären, daß alle Bewerber nervös sind, und Sie sollten ihm den Gründe für die Anhörung nennen: einerseits die Überprüfung der Kommunikationsfähigkeiten der Bewerber und andererseits die Beteiligung der künftigen Kollegen an dem Einstellungsverfahren.

Am Ende der Anhörung, nachdem der Kandidat den Raum verlassen hat, fragen Sie nach den Eindrücken der Zuhörer. Jeder darf sich über die Fähigkeiten des Kandidaten für die gesuchte Aufgabe äußern und auch darüber, wie gut der Kandidat in das Team paßt. Obwohl Sie am Ende natürlich die Entscheidung bezüglich Angebot oder Ablehnung treffen müssen, sind die Meinungen der künftigen Kollegen eine wertvolle Hilfe. Fast noch wichtiger ist es, daß neue Leute leichter und reibungsloser in die Gruppe aufgenommen werden, wenn die Mitglieder der Gruppe bei der Einstellung angehört wurden.

Meine erste Erfahrung mit Anhörungen habe ich bei der Suche nach Beratern und Trainern gemacht. Mein persönliches Ziel bei den Anhörungen der Kandidaten war klar. Ich wollte herausfinden, ob sie von Natur aus einfache und komplexe Sachverhalte verständlich darstellen konnten oder ob man sie dazu ausbilden konnte, oder ob sie nie irgendetwas irgendjemandem erklären werden können. Außerdem wollte ich zusätzliche Meinungen über die Kandidaten. Deshalb trommelte ich immer alle, die an dem Tag im Büro waren, zu solchen Anhörungen zusammen. In 5 Jahren haben wir fast 200 derartige Präsentationen durchgeführt. Es wurde mir bald klar, daß der Anhörungsprozeß zur Beschleunigung der Integration neuer Mitarbeiter in die bestehende Mannschaft erheblich beitrug. Eine erfolgreiche Anhörung war wie eine Art bestandene Aufnahmeprüfung. Der Kandidat war als Kollege akzeptiert. Auch das Gegenteil stimmte immer. Gescheiterte Anhörungen waren eine moralische Stärkung für die Mannschaft. Es gab allen das Gefühl, daß zur Zugehörigkeit zu dem Team doch mehr gehörte, als nur einfach Bewerbungsunterlagen auf meinen Schreibtisch zu werfen.

-TRL

Eine Warnung bezüglich Anhörungen: Stellen Sie sicher, daß die Bewerber über ein Thema sprechen, das Bezug zur Arbeit in Ihrer Firma hat. Sonst könnten Sie leicht durch extrem emotionale Themen in die Irre geführt werden, wie z.B. durch Vorträge über "Die Pflege autistischer Kinder" oder "Die Probleme mit saurem Regen". Sie entdecken vielleicht in den Augen der Bewerber eine Begeisterung, die Sie später bei der Arbeit nie wieder finden werden.

Kapitel 16

Ich fühle mich hier wohl

Das Kapitel beginnt mit einem Quiz:

Frage 1: Wie groß war die Fluktuation in Ihrer Firma in den letzten Jahren?

Frage 2: Wie hoch sind die Durchschnittskosten, einen ausscheidenden Mitarbeiter zu ersetzen?

Das Ergebnis des Tests ermitteln Sie bitte nach dem folgenden Schema: wenn Sie beide Fragen beantworten konnten, haben Sie bestanden. Sonst sind Sie durchgefallen. Die meisten fallen durch.

Seien wir einmal fair: vielleicht gehört es nicht zu Ihrem Aufgabenbereich, über diese Zahlen Bescheid zu wissen. Wir ändern daher die Ergebnisauswertung: Sie haben bestanden, wenn *irgendjemand* in Ihrer Firma beide Fragen wirklich beantworten kann. Die meisten fallen noch immer durch. Wir vermeiden Statistiken über Fluktuation aus dem gleichen Grund, aus dem Raucher mit ihren Ärzten nicht gerne über ein langes Leben diskutieren. Es verursacht viel Aufwand und das Ergebnis ist meist eine schlechte Nachricht.

Die offensichtlichen Kosten der Fluktuation

Wir haben typische Fluktuationszahlen zwischen 33 und 80 Prozent pro Jahr festgestellt. Das heißt, daß die durchschnittliche Beschäftigungszeit zwischen 15 und 36 Monaten liegt. Gehen Sie einmal davon aus, daß Ihre Firma irgendwo in der Mitte liegt. Der Durchschnittsmitarbeiter verläßt die Firma dann nach etwas mehr als 2 Jahren. Sie müssen ein bis zwei Monatsgehälter einplanen, um Ersatz zu bekommen, entweder als Gebühren an Personalvermittlungsfirmen oder als Kosten für die eigene Personalabteilung im Hause, die für Sie sucht. Sobald jemand neu eingestellt ist, kann man ihn direkt in ein Projekt stecken, wodurch die Stunden sofort auf das Projekt abrechenbar sind - es gibt, buchhalterisch gesehen, keine Kosten für die Einarbeitung. Das ist jedoch nur eine verwaltungstechnische Illusion. Wir wissen alle, daß ein neuer Mitarbeiter am Anfang ziemlich nutzlos in einem Projekt ist, ja sogar eher hinderlich, weil für die Einarbeitung die Kapazität von anderen Personen im Projekt gebunden wird.

Nach einigen Monaten erbringt ein neuer Mitarbeiter dann sinnvolle Leistungen; in 5 bis 6 Monaten ist er ein vollwertiges Teammitglied. Eine sinnvolle Schätzung für die Einarbeitungskosten liegt daher in der Größenordnung von 3 Mannmonaten pro Neueinstellung. (Die Einarbeitungskosten liegen in Wahrheit vielleicht noch weit darüber, wenn die Arbeit sehr esoterisch ist.) Die Gesamtkosten für eine Neueinstellung liegen bei 4.5 bis 5 Mannmonatskosten oder, anders ausgedrückt, bei 20 Prozent der Kosten der gesamten durchschnittlichen Anstellungsdauer von 2 Jahren.

Die Fluktuationszahlen verschiedener Firmen liegen teilweise weit auseinander. Wir kennen Firmen mit nur 10 Prozent Fluktuation und andere mit über 100 Prozent. Bei einem zufälligen Treffen von Managern von konkurrierenden Firmen können Sie davon ausgehen, daß die Fluktuationsrate Ihres Nebenmannes sich von Ihrer um mindestens einen Faktor 2 unterscheidet. Natürlich wissen Sie beide nicht, in welcher Richtung, denn wahrscheinlich hat einer oder beide von Ihnen keine Zahlen darüber jemals ermittelt.

Die verborgenen Kosten der Fluktuation

Mitarbeiterfluktuation kostet ungefähr 20 Prozent der gesamten Personalkosten. Das sind aber nur die *sichtbaren* Fluktuationskosten. Es gibt noch eine Reihe verborgener Kosten, die vielleicht noch größeres Ausmaß annehmen können.

In Firmen mit hoher Fluktuation haben viele Mitarbeiter eine oft zersetzende, kurzfristige Arbeitsmoral, denn sie wissen ja, daß sie bald nicht mehr da sein werden. Wenn Sie gerade versuchen, bessere Arbeitsplätze für Ihre Mitarbeiter durchzusetzen, kann es Ihnen passieren, daß Ihnen jemand aus dem höheren Management mit folgendem Argument begegnet:

> "Bremsen Sie sich doch einmal ein. Wir reden hier über eine Menge Geld. Wenn wir unseren Entwicklern soviel Platz und Lärmschutz und sogar Privatsphäre geben, dann kostet das gut und gerne 50 Dollar pro Person pro Monat. Multiplizieren Sie das einmal mit der Anzahl unserer Entwickler und Sie kommen auf Beträge von Zehntausenden von Dollars. Soviel Geld können wir nicht ausgeben. Ich bin genauso für Produktivität wie Sie, aber haben Sie unsere Ergebnisse des 3. Quartals schon gesehen?"

Die unwiderlegbare logische Antwort auf dieses Argument ist natürlich der Hinweis, daß eine Investition in bessere Arbeitsplätze zum jetzigen Zeitpunkt in Zukunft derartige Ergebnisse von Quartalen vermeidet. Aber sparen Sie sich Ihre Worte. Sie sind auf jemanden gestoßen, dessen kurzfristige Perspektive durch unwiderlegbare Logik nicht zu beseitigen ist. Diese Person ist schon auf dem Weg aus der Firma heraus. Die kurzfristigen Kosten sind greifbar, aber die langfristigen Vorteile haben für ihn keinerlei Bedeutung.

In einer Organisation mit starker Fluktuation ist keiner bereit, langfristig zu denken. Wenn es sich bei der Organisation um eine Bank handelt, wird sie vielleicht der Entwicklungs-GmbH Uganda einen Kredit gewähren, weil sich die 22 Prozent Kreditzinsen im Abschlußbericht für dieses Quartal gut machen. Selbstverständlich wird die EGU einige Zeit darauf Konkurs anmelden, aber wen kümmert das schon, wenn man dann selbst nicht mehr da ist? Wenn es sich bei der Organisation um eine Softwarefirma dreht, dann optimiert sie vielleicht kurzzeitig, indem sie Mitarbeiter ausbeutet, die Arbeitsplätze möglichst billig macht, und nichts unternimmt, um ihr wertvollstes Gut, ihre Angestellten, zu betreuen. Wenn wir unsere Landwirtschaftspolitik auch nach dem Prinzip steuern würden, dann würden wir jetzt die Saat aufessen und nächstes Jahr verhungern.

Wenn die Mitarbeiter nur ein bis zwei Jahre bei der Firma bleiben, dann besteht die einzige Möglichkeit, die besten davon zu behalten, oft nur in einer raschen Beförderung. Personen, die fast noch Anfänger sind, werden schon zu Projektleitern ernannt. Diese haben vielleicht noch keine 5 Jahre Erfahrung und sind noch weniger als 2 Jahre bei der Firma.

Etwas stimmt nicht bei diesen Zahlen. Eine Person, die vielleicht insgesamt 40 Jahre im Berufsleben zubringt, ist dann nur 5 Jahre Entwickler und 35 Jahre lang Manager. Dadurch entsteht eine sehr tiefe, aber schmale Hierarchie. 15 Prozent der Angestellten arbeiten und 85 Prozent managen sie. Nur 10 Prozent des Geldes kann für die Entwickler ausgegeben werden, 90 Prozent dienen zur Belohnung des Managements. Nicht einmal Marx hat einen derartigen Wasserkopf für kapitalistische Strukturen vorhergesehen.

Diese Struktur weist nicht nur einen riesigen Wasserkopf auf, sie hat auch sehr unerfahrene Personen in den unteren Regionen. Das findet man gelegentlich in allen Industriesparten, aber besonders in Firmen mit großer Fluktuation. Es ist durchaus nicht ungewöhnlich, daß seriöse, eingesessene Firmen Produkte auf den Markt bringen, die von Entwicklern mit einem Durchschnittsalter unter 25 Jahren und mit weniger als zwei Jahren Berufserfahrung erstellt wurden.

Viele von uns betrachten die Firmen als attraktiv und innovativ, in denen man rasch befördert wird. Das ist normal, denn als junger Entwickler möchte man rasch vorankommen. Vom Blickwinkel der Firmen aus betrachtet sind jedoch späte Beförderungen ein Zeichen von Stärke und Stabilität. In Firmen mit geringer Fluktuation erreicht man die unterste Managementebene vielleicht erst nach 10 Jahren Firmenzugehörigkeit. (Diese Regel galt z.B. lange Zeit in den besten Abteilungen von IBM.) Die Manager der untersten Ebene hatten mindestens 5 Jahre Berufserfahrung. Die Hierarchie ist dann flach und breit ausgelegt.

Warum Mitarbeiter kündigen

Es gibt mindestens soviele verschiedene Gründe, aus denen jemand kündigt, wie es verschiedene Persönlichkeiten gibt. Bei Firmen mit krankhaft hoher Fluktuation (d.h. 50 Prozent oder mehr) sind es jedoch ganz wenige Ursachen, die immer wieder genannt werden:

- Das Gefühl, auf einer Durchgangsstation zu sein: die Kollegen können nicht die Motivation für eine längerfristiges Engagement vermitteln.

- Das Gefühl, ersetzbar zu sein: Das Management sieht die Mitarbeiter nur als leicht ersetzbare Ressourcen an. (Da die Fluktuation so groß ist, ist niemand unersetzlich.)

- Das Gefühl, daß Loyalität lächerlich wäre: Wer könnte schon für eine Firma loyale Gefühle aufbringen, die ihre Mitarbeiter als austauschbare Teile betrachtet.

Der fatale Effekt bei solchen Firmen ist folgender: Fluktuation erzeugt noch größere Fluktuation. Mitarbeiter ziehen schnell weiter, also braucht man auch kein Geld in ihre Ausbildung investieren. Da die Firma nichts in einzelne Personen investiert, hemmt die einzelnen Personen auch nichts dabei, zu gehen. Neue Mitarbeiter werden nicht wegen besonderer Fähigkeiten eingestellt, da es schwierig ist, Ersatz für besondere Fähigkeiten zu finden. Die Tatsache, daß die Firma nichts Besonderes in den einzelnen Mitarbeitern sieht, schlägt sich in dem Gefühl bei den Mitarbeitern nieder, daß man sie als Einzelpersonen gar nicht schätzt. Andere Personen kündigen andauernd, wenn Sie also nächstes Jahr noch da sind, dann stimmt etwas mit Ihnen nicht.

Ein besonderer Fall: die Verlagerung einer Firma

Es gibt keinen größeren Ego-Trip für einen unsicheren Manager, als eine ganze Firma an einen anderen Ort zu verlegen. Das sind die wahren Holzhackermethoden. Wenn man so mit seinen Mitarbeitern umspringen kann, dann fühlt man sich wahrhaft wie ein Gott. Im Normalfall kann ein Manager nur über das Arbeitsleben seiner Mitarbeiter bestimmen; im Falle eines Umzugs testet er auch, wie weit er die Privatleben der Mitarbeiter unter Kontrolle hat.

Es werden natürlich schwerwiegende und ernste Gründe für den Umzug angeführt. Man spricht über die steigenden Mietpreise und die drückende Steuerbelastung an diesem Standort und preist die Vorteile des neuen Ortes an. Was man Ihnen auch als Grund für den Umzug erzählt, gehen Sie davon aus, daß die wahren Gründe andere sind. Der wahre Grund kann ein politischer Schachzug sein, die Chance, ein neues Werk aufzubauen (endlich ein "sichtbarer" Beweis für die "Bedeutung" des Managers), oder eine Verkürzung der Wegstrecke zum Arbeitsplatz für den Chef, weil er zufällig in der Gegend wohnt, wo die Firma jetzt hinzieht. Manchmal ist es nur ein Beweis für die Machtstellung.

Je egozentrischer ein Manager ist, umso lieber wird er die Firma übersiedeln. Lesen Sie, was Robert Townsend in seinem Buch *Up the Management* zu diesem Thema sagt:

> "Wenn Sie auf irgendeine Art ein Büro ererbt oder gebaut haben, das einmal wirklich aufgeräumt werden muß, dann hilft nur ein totaler Ortswechsel, um das ganze verrottete Holz hinter sich zu lassen. Einer meiner Freunde hat das bereits viermal mit verschiedenen Firmen gemacht. Die Resultate sind immer die Gleichen: 1) Die guten Mitarbeiter haben Vertrauen in die Zukunft und kommen mit. 2) Die Mitarbeiter mit zweifelhafter Zukunft (und deren Frauen) müssen sich nicht als gekündigt betrachten. Sie können sagen: "Die Firma hat die Stadt verlassen." Sie finden rasch wieder neue Arbeitsplätze, meist bei der Konkurrenz, die annimmt, daß sie erfolgreich abwerben konnte. 3) Die neuen Mitarbeiter am neuen Standort sind besser als diejenigen, die Sie zurückgelassen haben, und sie sind begeistert, weil sie nur mit den besten Leuten der alten Mannschaft in Berührung kamen.
>
> -Up the Organisation

Das ist alles Schwachsinn. Denn Townsend hat einen wesentlichen Punkt bei seinen Betrachtungen übersehen: Frauen im Berufsleben. Typischerweise versucht man, *eine* Person aus einer Familie mit zwei Karrieren zum Umzug zu bewegen. Der andere Partner ist in den meisten Fällen nicht vom Umzug betroffen, wodurch es zu großen Spannungen in vielen privaten Beziehungen kommt. Wenn beide Ehepartner voll im Karriereprozeß stehen, dann führt eine Versetzung oft zu nicht mehr erträglichem Streß in der meist ohnehin auf vielen Kompromissen basierenden Partnerschaft. Das ist ein Schlag unter die Gürtellinie.

Moderne Paare werden das nicht hinnehmen und sie verzeihen solche Schritte auch nicht. In den 50er und 60er Jahren konnte man vielleicht ganze Firmen verlegen. Heute geht das nicht mehr.

Sogar vor zwanzig Jahren waren Firmenverlegungen nicht sehr sinnvoll. Ein Beispiel dafür war die Entscheidung der Bell Laboratorien von AT&T, die im Jahre 1966 600 Personen des ESS-1 Projektes von New Jersey nach Illinois verlegt hatten. Viele Gründe wurden für den Umzug genannt; nachträglich sieht es nach einigen politischen Machenschaften aus. In den 50er Jahren hatten die Senatoren Kennedy und Johnson riesige neue Investitionen nach Massachussetts und Texas gezogen, und Senator Dirksen von Illinois hatte auch etwas am Kochen. Was für ein Coup, wenn es Dirksen gelänge, 600 hochbezahlte Mitarbeiter eines umweltfreundlichen Industriezweiges nach Illinois zu holen. Vielleicht noch ein bißchen Druck auf AT&T, in der Form, daß man bei einem Wechsel vielleicht einige Bestimmungen des Kartellgesetzes nicht so eng sehen würde oder ändern könnte. Die Überlegungen bei den Bell Laboratorien ergaben, daß die Kosten für den Umzug nicht so schlimm sein würden: ein paar Tausend Dollar pro Mitarbeiter und vielleicht ein paar Kündigungen ...

Ein paar Jahre nach dem Abschluß des ESS Projektes vereinbarte ich eine Besprechung mit Ray Ketchledge, der das Projekt geleitet hatte. Ich war gerade dabei, einige Aufsätze über Management von Großprojekten zu verfassen und ESS war ein gutes Beispiel dafür. Ich fragte ihn, was er als Leiter für seine größten Erfolge und Mißerfolge hält. "Vergiß die Erfolge", sagte er, "der größte Fehler war der Umzug. Du kannst Dir gar nicht vorstellen, was uns das gekostet hat." Er nannte im folgenden einige Zahlen. Die unmittelbar feststellbaren Kosten ergaben sich aus der Anzahl der Mitarbeitern, die noch vor dem Umzugstag gekündigt haben. Prozentual zur Gesamtzahl der Projektmitarbeiter ausgedrückt, waren die Verluste des Projektes größer, als die Verluste der Franzosen in den Gräben des 1. Weltkrieges.

-TDM

Wenn Sie Ihre Mannschaft vor einem Erschießungskommando antreten lassen, dann fügen Sie Ihrer Firma weniger Schaden zu, als bei einem Umzug. Und dabei sprechen wir nur über den unmittelbaren Schaden. Bei den Bell Laboratorien gab es nach ungefähr einem Jahr noch einmal eine große Kündigungswelle.

Das waren all die Mitarbeiter, die es wirklich versucht hatten, bei der Firma zu bleiben und an dem neuen Ort Fuß zu fassen. Als sie merkten, daß es Ihnen dort nicht gefiel, sind sie wieder weggezogen.

Das Gefühl der Stabilität

Wir hatten in den letzten Jahren das Glück, für einige Firmen als Berater zu arbeiten, bei denen es wenig Fluktuation gab. Es überrascht Sie vielleicht nicht mehr, wenn wir Ihnen mitteilen, daß diese Firmen neben der niedrigen Fluktuation auch noch viele andere positiven Seiten haben. Viele, wenn nicht alle der in diesem Buch aufgeführten Aspekte, die auf die Mitarbeitermotivation abzielen, haben in diesen Firmen einen hohen Stellenwert. Sie zählen zu den besten Firmen.

Die besten Organisationen sind grundverschieden: man findet mehr Unterscheidungsmerkmale, als man Ähnlichkeiten aufspüren kann. Eines haben aber alle gemeinsam: Das Thema, die Besten zu sein, beschäftigt sie. Man hört es ständig in den Korridoren, in Besprechungen und sogar in den Pausengesprächen. Auch auf der anderen Seite stimmt diese Beobachtung: in Firmen, die nicht "zu den Besten" gehören, wird das Thema kaum oder überhaupt nicht angesprochen.

Die besten Organisationen bemühen sich ständig, die Besten zu sein. Das ist ein gemeinsames Ziel, das allen eine gemeinsame Stoßrichtung vorgibt, gemeinsame Zufriedenheit vermittelt und eine starke Bindung an die Firma zur Folge hat. In solchen Unternehmen entsteht ein Gefühl der Stabilität und Dauerhaftigkeit, ein Gefühl, daß man dumm wäre, wenn man sich woanders umsehen würde. Die Kollegen würden Sie fragen, ob Sie übergeschnappt sind. Das ist die Art von Gemeinschaftsgefühl, wie es früher in den kleinen Dörfern üblich war. In den Großstädten und Ballungsräumen fehlt dieses Gefühl heute, deshalb ist es umso wichtiger, es in der Firma zu finden. Einige ehrgeizige Firmen versuchen dieses Gemeinschaftsgefühl ganz bewußt zu fördern. Bei Reader's Digest und an einigen Standorten von Hewlett-Packard hat die Firma z.B. Gemeinschaftsgärten für die Mitarbeiter angelegt. In der Mittagspause findet man eine große Schar von Hobbygärtnern im Einsatz und man hört Fachgespräche über Tomatenzucht. Es gibt Wettbewerbe, wer die süßesten

Erbsen oder die größten Zucchini züchtet, und Zeiten für einen Markt, wo sie Ihren Knoblauch gegen den Mais des Kollegen tauschen können.

Sie können ganz leicht nachweisen, daß Gemeinschaftsgärten kurzfristig absolut sinnlos sind. Die Kosten dafür schlagen sich unmittelbar in den Quartalsergebnissen nieder. Bei den meisten Firmen würde das schon ausreichen, den Versuch sofort zu stoppen. In den besten Organisationen sind die kurzfristigen Auswirkungen aber nicht so wichtig. Wichtig ist es nur, die Besten zu sein. Und das ist eine Langzeitstrategie.

Mitarbeiter bleiben bei solchen Firmen, weil *das Gefühl weit verbreitet ist, daß man diese Firma nicht verläßt.* Die Firma investiert eine Menge Geld in Ihr persönliches Weiterkommen. Manchmal gibt es bis zu einem Jahr lange, umfangreiche Trainingsprogramme für neue Mitarbeiter. Man kann die Botschaft gar nicht überhören, daß die Firma einen behalten will, wenn sie soviel Geld in die Ausbildung ihrer Mitarbeiter steckt.

Bei all den Firmen mit niedriger Fluktuation findet man auch immer Weiterbildungsprogramme. Man trifft immer wieder Manager, die als Sekretärinnen, als Verwaltungsangestellte, oder als Boten angefangen haben. Sie kamen oft frisch von der Schule in die Firma. Wenn sie zusätzliche Fähigkeiten für ihre Aufgaben brauchten, dann hat ihnen die Firma diese Ausbildung ermöglicht. Keine Aufgabe endet in einer Sackgasse.

Man kann auch nachweisen, daß Weiterbildung nicht die billigste Art ist, Positionen zu besetzen. Kurzfristig betrachtet ist es immer billiger, einen Mitarbeiter, der Weiterbildung braucht, zu entlassen, und stattdessen jemanden einzustellen, der die Fähigkeiten schon mitbringt. Die meisten Firmen handeln genau so. Die besten Firmen tun das nicht. Sie wissen, daß Weiterbildung das Gefühl der Dauerhaftigkeit aufbaut, was sich langfristig in niedriger Fluktuation und einem starken Gemeinschaftsempfinden niederschlägt. Sie haben begriffen, daß man damit mehr als nur die Kosten rechtfertigen kann.

Bei Southern California Edison hat der Chef der gesamten Datenverarbeitung als Stromableser angefangen. Bei EG&G gibt es ein Programm, in dem Sekretärinnen zu Systemanalytikerinnen ausgebildet werden. Beim Büro für Arbeitsstatistiken werden Philosophieabsolventen als Software-Entwickler eingestellt und ihre Weiterbildung beginnt an ihrem ersten Arbeitstag. Bei

Hitachi Software ist die Hauptaufgabe des führenden Wissenschaftlers die Ausbildung von neuem Personal. Pacific Bell rekrutiert die meisten neuen Systemingenieure aus umgeschulten Telefonoperatoren. Diese Firmen weichen von der Norm ab. Man spürt, daß sie anders sind. Da steckt Energie drinnen und ein Gemeinschaftsgefühl, das man fast greifen kann. Die Firmen, die so etwas nicht haben, können einem fast leid tun.

Kapitel 17

Ein selbstheilendes System

Ein Angestellter stürmt in die Personalverwaltung und legt seine Kündigung hin. Am nächsten Morgen kommt er zusammen mit seinem Chef wieder vorbei; zusammen stottern sie etwas über ein großes Mißverständnis, ein Versehen, ... Sie fragen, ob es denn möglich wäre, die Kündigung wieder zurückzunehmen. Die Mitarbeiter der Personalabteilung kramen den teilweise erledigten Akt hervor. Derjenige, der sich das Verfahren überlegt hat, das bei einer Kündigung abzuwickeln ist, hatte auf jeden Fall keine Vorsorge dafür getroffen, diese rückgängig zu machen. Dabei könnte man doch eine einfache Lösung finden: wir könnten den ganzen Akt in den Papierkorb werfen und so tun, als wäre er nie angelegt worden, dann zerreißen wir den Scheck mit der endgültigen Gehaltsabrechnung und laufen zu Gerdas Schreibtisch, um die Kündigungsmitteilung an die Versicherung wegzunehmen, bevor sie diese überhaupt zu Gesicht bekommt.

Ein System hat sich gerade selbst geheilt. In der ursprünglichen Analyse wurde ein Fall übersehen, der sich aber nachträglich doch als möglich herausstellte. Die Personen, die das System betreiben, haben es so nebenbei hingebogen. So etwas passiert andauernd.

Deterministische und nichtdeterministische Systeme

Wenn Sie eine Aufgabe automatisieren, die vorher nur von Menschen ausgeführt wurde, dann wird sie total deterministisch. Sie werden nur die Reaktionen im System wiederfinden, die die Systementwickler explizit bedacht haben. Die Selbstheilungskraft des Systems ist verloren. Jede Reaktion, die man vom

System erwartet, muß von vornherein eingeplant sein. Wenn das System jemals repariert werden muß, dann kann das nur durch einen Eingriff von außen passieren, nicht aus dem laufenden Betrieb heraus. Ein Wartungsteam tritt in Aktion, nimmt das System auseinander und baut die ein oder zwei neu gewünschten Reaktionen ein.

In einer Hinsicht bringt die Automatisierung einen sehr positiven Effekt mit sich: man wird die ziemlich willkürliche und unkontrollierbare Selbstheilungskraft los. Das System wird von Anfang an "richtig" geplant; während des laufenden Betriebs muß man nicht mehr daran herumbasteln. Es ist aber kein Geheimnis, daß das teuer sein kann. Systemanalytiker verbringen Wochen und Monate damit, sich Situationen vorzustellen, die so unwahrscheinlich sind und so selten auftreten, daß sich die Personen im bisherigen System darüber überhaupt keine Gedanken gemacht haben, außer wenn eine derartige Situation tatsächlich eingetreten ist. Wenn die Geschäftsstrategie, die einem neuen System zugrundeliegt, oftmals mit unvorhergesehenen Situationen fertig werden muß, dann sollte man sie nicht automatisieren. Determinismus ist in einem solchen Fall kein Vorteil; das System wird ständig Wartung brauchen.

Nichtdeterministische Systeme können sich oft ohne Schmerzen und sehr elegant selbst heilen (oft sogar ohne Kosten), weil die Menschen, die das System bilden, die Grundannahmen und Zielsetzungen des Systems gut kennen. Tritt eine neue Situation ein, dann wissen sie sofort, welche Aktionen sinnvoll und angemessen sind. Vielleicht wird es eines Tages möglich sein, Computern die Ziele eines Systems beizubringen, statt die Aktionen zu programmieren, die zur Erreichung der Ziele führen. Davon sind wir jedoch noch weit entfernt. Was wir ausdrücken wollen ist folgendes: wenn man ein System deterministisch macht, dann nimmt man ihm die Möglichkeit zur Selbstheilung weg.

Die Organisation, in der Sie arbeiten, ist in gewissem Maße ein System. Sie ist eine Sammlung aus kooperierenden Personen und Aufgaben, die zusammen ein bestimmtes Ziel erreichen sollen. Es ist heute hochmodern, so ein System etwas deterministischer zu machen. Das bringt uns zum Thema "Methodiken".

Die verborgene Bedeutung des Wortes Methodik

Es läßt sich nun einmal nicht ändern: die meisten Organisationen sind nur so gut, wie die Leute, die dort arbeiten. Wäre es nicht schön, wenn wir diese Einschränkung beseitigen könnten und gute Organisationen aufbauen, die auch mit mittelmäßigen oder inkompetenten Leuten hervorragende Ergebnisse produzieren? Nichts leichter als das: (Bitte einige Fanfarenklänge einspielen!) Wir brauchen nur eine METHODIK.

Eine METHODIK ist eine allgemeine Systemtheorie darüber, wie eine Menge von gedankenintensiver Arbeit durchgeführt werden soll. Man erhält sie meist in Form eines dicken Buches, in dem im Detail festgeschrieben steht, welche Schritte in welchem Zustand unternommen werden müssen, unabhängig davon, wer sie macht, und auch unabhängig vom Wo und Wann. Die Personen, die solche METHODIKEN erstellen, sind schlau. Diejenigen, die danach arbeiten, können dumm sein. Sie müssen ihr Gehirn nie einschalten. Sie müssen nur das dicke Buch auf Seite 1 aufschlagen und dann: Immer an der Wand lang - vom Anfang des Projekts bis zu seinem erfolgreichen Abschluß. Die METHODIK trifft alle Entscheidungen, die Entwickler treffen keine mehr. Die ganze Organisation arbeitet deterministisch.

Wie jedes andere System verliert auch eine Gruppe von Menschen die Möglichkeit der Selbstheilung in dem Ausmaß, wie sie deterministisch wird. Das Ergebnis sind dann Mitarbeiter, die in einer bestimmten Richtung arbeiten, die für sie selbst überhaupt keinen Sinn ergibt. Das ist ein sicheres Zeichen, daß dabei nichts Gutes herauskommen kann. Vor einigen Jahren haben wir eine Untersuchung eines gescheiterten Projektes vorgenommen, indem wir jeden einzelnen Mitarbeiter gebeten haben, eine Stunde lang auf Tonband zu erzählen. Die Mitarbeiter konnten dies zu Hause in ihrer gewohnten Umgebung machen, und wir haben ihnen zugesichert, daß niemand außer uns beiden die Bänder je zu hören bekommt. Einer der Sprecher gab uns folgende Beobachtung weiter:

> "Im März hatten wir uns bereits zwei Monate lang damit [d.h. einer METHODIK, die von oben angeordnet worden war] beschäftigt. Ich habe nicht begriffen, wie uns das weiterbringen sollte, aber Georg hat uns immer wieder

versichert, daß sie hilft. Er sagte, wir sollten Vertrauen zu der METHODIK haben, dann würde alles am Ende gut werden."

Natürlich wurde nichts gut. Die Projektmitarbeiter sind diejenigen, die das Projekt am Besten kennen. Wenn ein bestimmtes Verfahren für *die* nutzlos ist, *dann ist es überhaupt nutzlos.*

Es gibt einen großen Unterschied zwischen METHODIK und Methodik. Methodiken sind ein grundsätzlicher Ansatz, um etwas abzuarbeiten oder durchzuführen. Methodiken stehen nicht in dicken Büchern, sondern finden sich eher in den Köpfen der Personen, die die Arbeit erledigen. So eine Methodik besteht aus zwei Teilen: einem maßgeschneiderten Plan (zugeschnitten auf die anstehende Arbeit) und einer Menge von Fähigkeiten, die man zur Umsetzung des Planes braucht. Gegen eine Methodik kann man kaum etwas sagen. Ohne Methodik könnte man die Arbeit gar nicht sinnvoll anfangen. Eine METHODIK dagegen ist etwas ganz anderes.

METHODIKEN sind der Versuch, das Denken zu zentralisieren. Alle wichtigen Entscheidungen werden vom Schöpfer der METHODIK getroffen, nicht von denjenigen, die hinterher damit arbeiten. Die Verfechter einer METHODIK können eine lange Liste von Vorteilen vorzeigen, z.B. Standardisierung, einheitliche Dokumentation, Managementkontrolle und Verfahren nach dem Stand der Kunst. Das sind die offenen Argumente für eine METHODIK. Das versteckte Argument ist einfacher und brutaler: die Annahme, daß Projektmitarbeiter nicht schlau genug sind, selbst zu denken.

Der Irrsinn von METHODIKEN

Wenn Ihre Entwickler der Aufgabe nicht gewachsen sind, dann wird das Projekt natürlich scheitern. Keine METHODIK der Welt wird das verhindern können. Aber es ist noch schlimmer. METHODIKEN können selbst bei den Teilen des Projektes Schaden anrichten, den Ihre Entwickler gut im Griff haben. Das passiert dadurch, daß METHODIKEN die Arbeit in ein Korsett zwängen, durch das

- ein Wust von Papier
- wenig Methode
- das Fehlen von Verantwortungsbewußtsein und
- ein allgemeiner Motivationseinbruch

garantiert werden. In den folgenden Abschnitten greifen wir jeden Effekt einzeln auf.

Papierflut: Die METHODIKEN selbst sind meist riesig und werden immer umfangreicher. Sie müssen wachsen, um Lösungen für alle neu auftretenden Situationen mit einzuschließen. Es ist durchaus nicht ungewöhnlich, daß die Dokumentation der METHODIK einen halben Meter oder mehr auf Ihrem Bücherregal einnimmt. Solche METHODIKEN - und das ist noch schlimmer - bringen Ihre Leute dazu, lieber dicke Dokumente zu schreiben, statt zu arbeiten. Diese Besessenheit bei METHODIKEN nach mehr und mehr Dokumenten scheint aus einer paranoiden Verteidigungshaltung zu kommen: "Im letzten Projekt haben wir eine Tonne Papier produziert und das Projekt ist trotzdem gescheitert. Deshalb werden wir in diesem Projekt zwei Tonnen Papier produzieren." Die technologieorientierten Branchen unserer Wirtschaft liebäugeln seit mehr als 10 Jahren mit der Vorstellung, daß immer mehr Papier und Aufzeichnungen alle Probleme lösen werden. Vielleicht ist es an der Zeit, unseren Einspruch anzumelden, auch wenn er ketzerisch klingt:

Umfängliche Dokumentation ist nicht Teil der Lösung, sondern Teil des Problems.

Methoden: Im Mittelpunkt der meisten METHODIKEN steht die Idee von standardisierten Methoden. Wenn es tausend verschiedene, aber gleich gute Methoden gäbe, um eine bestimmte Arbeit durchzuführen, dann würde es vielleicht sinnvoll sein, eine davon auszuwählen und zum Standard zu machen. Aber in dem technologischen Kinderstadium, in dem wir uns derzeit noch befinden, gibt es nur wenige konkurrierende Methoden für die meisten unserer Entwicklungstätigkeiten. Wo es echte, alternative Ansätze gibt, sollten es die Entwickler heute wissen und alle davon beherrschen. Wenn man sich auf nur eine festlegt, schließt man die anderen explizit aus. Zusammengefaßt könnte man fast zur Ansicht kommen, daß das Wissen heute für so wertvoll gehalten wird, daß wir es nur sparsam einsetzen.

Verantwortungsbewußtsein: Wenn bei einer METHODIK etwas schiefgeht, dann ist daran natürlich die METHODIK schuld, nicht die Systementwickler. (Die METHODIK trifft ja schließlich alle Entscheidungen.) Wenn man in so einem Umfeld arbeitet, dann trägt man praktisch keine Verantwortung. Mitarbeiter wollen aber Verantwortung übernehmen, vorausgesetzt, man gibt ihnen vernünftige Freiräume, so daß sie ihren Erfolg selbst steuern können.

Motivation: Die Botschaft, die eine Firma an ihre Mitarbeiter sendet, wenn sie eine METHODIK erzwingt, ist allen klar verständlich. Nichts wirkt demotivierender auf Mitarbeiter als das Wissen, daß das Management die Mitarbeiter für inkompetent hält.

Dienst nach Vorschrift

Die Erfinder von METHODIKEN werden von dem Gedanken geplagt, daß der denkende Teil der Systementwickler sie einfach ignorieren könnte. In vielen Organisationen passiert das auch. Aber noch viel mehr beunruhigt sie die gegenteilige Vorstellung: Systementwickler ignorieren die METHODIK nicht, sie machen alle *haargenau* das, was die METHODIK vorschreibt, auch wenn sie genau wissen, daß das nur Zeitverschwendung bedeutet und zu unbrauchbaren Endprodukten und sinnloser Dokumentation führt. Das bezeichnet unser Kollege Ken Orr als "arglistiges Fügen". Wenn die METHODIK ein 18-teiliges Bedienerhandbuch für ein System vorschreibt, dann wird das auch erstellt, selbst wenn das Produkt in eine Maschine oder einen Satelliten integriert ist, so daß nie ein Bediener überhaupt an das Produkt herankommt. Wenn die METHODIK verlangt, daß man für jedes Datenelement das Formular für das Ablageschema in der Datenbank ausfüllen muß, dann machen es die Systementwickler, auch wenn das System überhaupt keine Datenbank enthält.

In Australien, wo Streiks oft die Hälfte der Arbeitszeit ausmachen, gibt es eine nette Streikform, die man "Dienst nach Vorschrift" nennt. Statt überhaupt nicht zur Arbeit zu erscheinen, öffnen die Arbeiter ihr dickes Vorschriftenbuch und lassen jeden wissen: "Solange man unseren Forderungen nicht nachgibt arbeiten wir jetzt genau nach Vorschrift." Wenn die Flugsicherer das tun, dann bedeutet das, daß nur alle 7 Minuten ein Flugzeug landen darf. Wenn Ärzte es tun würden, dann könnten sie nur eine Blinddarmoperation pro Woche durchführen. Die Einführung von METHODIKEN eröffnet nun auch in anderen Teilen unserer Wirtschaft die Möglichkeit, Dienst nach Vorschrift auszuüben. Systementwickler könnten sich genau an die Vorschriften der METHODIK halten, wodurch die wirkliche Arbeit fast zum Erliegen kommt.

Das Kind und das Badewasser

Die meisten Vorteile, die die Verfechter von METHODIKEN ins Feld führen, kommen eigentlich durch die Konvergenz von Methoden zustande. Da, wo Personen ähnliche Arbeiten ausführen und sich auf ähnliche Methoden einigen und auch gleiche Vorgehensweisen anwenden, stellen sich die wahren Vorteile ein. Die Wartungsteams können sich schneller in neue Produkte einfühlen, die Entwickler können sich neuen Projekten zuwenden und in diese viel schneller einarbeiten, Metriken werden von Projekt zu Projekt gleichartig interpretiert, und bestimmte Arten von Fehlern lassen sich viel leichter aufdecken. Die Konvergenz von Methoden ist ein sehr positiver Trend. METHODIKEN sind nicht die einzige Art, um Konvergenz von Methoden zu erreichen.

METHODIKEN versuchen die Konvergenz durch Vorschriften zu erzwingen. Dabei muß es aber zwangsweise zu Rückschlägen kommen. Teilweise werden diese durch die Starrköpfigkeit der Verfechter bewirkt, teilweise durch den starken Unabhängigkeitswillen der Entwickler, die eine Art Cowboymentalität an den Tag legen, wie man sie bei allen Personen finden kann, die sich irgendwo an neuen Grenzen herumschlagen. Es gibt bessere Möglichkeiten, Konvergenz von Methoden zu erreichen.

Ausbildung: Personen machen das gerne, was sie beherrschen. Wenn Sie ihnen gemeinsames Methoden-Know-how zukommen lassen, dann werden sie diese Methoden auch nutzen.

Werkzeuge: Einige wenige Workstations, auf denen sinnvolle Werkzeuge für die Analyse, den Entwurf und für die Dokumentation verfügbar sind, bringen Ihnen mehr Methodenkonvergenz als alle Vorschriften, die Sie erlassen können.

Qualitätssicherung durch Kollegen: In Firmen, in denen qualitätssichernde Maßnahmen unter den Mitarbeitern aktiv betrieben werden (Qualitätszirkel, Walktroughs, Inspektionen, Technologietage) gibt es einen natürlichen Trend zur Vereinheitlichung von Methoden.

Erst nach der sanften Art, durch wenig Steuerung von oben Konvergenz zu erreichen, können Sie daran denken, Standards zu erlassen. Sie können eigentlich nichts zum Standard machen, was nicht schon ein De-facto-Standard geworden ist. Das ist z.B. auch ein wesentlicher Grundsatz bei der Standardisierung in der Firma DuPont. In dem Standardhandbuch der Firma ist Standard als "eine erprobte Methode zur wiederholten Ausführung von Tätigkeiten" definiert. Dort heißt es weiter, daß *erprobt* so zu interpretieren ist, daß es "weiträumig und erfolgreich innerhalb von DuPont eingesetzt wurde". Für uns klingt das nach gesundem Hausverstand, aber es weicht von den weitverbreiteten Vorstellungen in der Industrie ab, daß man neue Ansätze finden soll und diese als Standard festschreiben, bevor irgendjemand in der Firma sie ausprobiert hat.

Noch einmal zurück zur High-Tech-Illusion

Die Versessenheit auf METHODIKEN in einer Firma ist ein weiteres Beispiel für die High-Tech-Illusion. Sie beruht auf der Annahme, daß Technologie das Einzige ist, was wirklich zählt. Sogar die beste METHODIK, d.h. eine, die für jede Tätigkeit wirklich die richtige Methode vorschreibt, bringt Ihnen vielleicht nur geringfügige technologische Verbesserungen. Ihre Mitarbeiter werden nicht immer die verkehrten Entscheidungen treffen, auch wenn sie nicht an der kurzen Leine gehalten werden.

Denken Sie daran, daß Sie - egal, wie groß der technologische Gewinn auch sein mag - als Preis dafür unter Umständen eine erhebliche Verschlechterung in der Soziologie des Teams in Kauf nehmen müssen.

Der gegenteilige Ansatz bestünde darin, jedes Projekt als eine Art Pilotprojekt laufen zu lassen. Wenn es für irgendeine Entwicklungstätigkeit einen Standard gibt, dann würden Sie genau den *nicht* anwenden. Die Vorschrift hieße, wenigstens einen Aspekt der Arbeit in einer nicht-standardisierten Form abzuwikkeln. (In einigen Abteilungen von Fujitsu scheint das die informelle Regel für Projekte zu sein.)

Im Frühjahr 1932 haben einige Effizienzexperten bei der Firma Hawthorne Western Electric eine Reihe von Tests durchgeführt, um verschiedene Umweltparameter bezüglich ihrer Auswirkungen auf die Produktivität zu untersuchen. Sie haben zum Beispiel die Beleuchtung verstärkt und die Produktivität stieg an. Dann haben sie die Beleuchtung verringert und die Produktivität stieg noch stärker an. Es kam schon der Verdacht auf, daß bei kompletter Verdunkelung die Produktivität sich vervielfachen könnte. Nicht so sehr die geänderten Bedingungen schienen Auswirkungen zu haben, sondern die Tatsache, daß eine Änderung vorgenommen wurde. Die Leute fühlten sich durch den Unterschied angeregt, durch die Aufmerksamkeit, die man ihnen schenkte, durch die Neuheit mancher Aspekte. Das wurde als *Hawthorne-Effekt* bekannt. Etwas salopp könnte man den Effekt so zusammenfassen, daß Mitarbeiter besser arbeiten, wenn sie etwas Neues ausprobieren können.

Eine sorgfältige Sichtung der Literatur zum Thema Produktivitätssteigerung könnte Sie zu dem Schluß führen, daß jegliche Art der Produktivitätssteigerung auf den Hawthorne-Effekt zurückgeführt werden kann. Fast jede Veröffentlichung über die wunderbaren Vorteile von X berichtet über Produktivitätssteigerungen bei der ersten Einführung von X. Man findet fast keine Untersuchungen über 10 Jahre alte "Verbesserungen", die Aussagen darüber machen, ob es sich noch immer lohnt. Vielleicht lohnt es sich auch gar nicht mehr. Mit einem kleinen bißchen Zynismus schließen wir uns der Meinung an, daß der Hawthorne-Effekt Ursache für die meisten Produktivitätssteigerungen ist.

Wenn Sie den Hawthorne-Effekt nutzen wollen, dann müssen Sie nichtstandardisiertes Vorgehen zur Regel machen. Jeder

Standard, den Sie einführen, sollte kurz und flexibel sein. Die Beschreibung aller Standards zusammen, die Ihre Mitarbeiter beachten sollen, dürfen nicht mehr als 10 Seiten ausmachen. (Das ist keine Wolkenkuckucksheim-Idee; viele Firmen, die starre, dicke METHODIKEN inzwischen wieder aufgegeben haben, haben nun eine 10-seitige Standardbeschreibung.) Sie sollten sich geistig darauf einstellen, selbst angesichts dieses sehr flexiblen Standards noch Ausnahmen zuzulassen. Dadurch erhalten Sie eine Entwicklungsumgebung, die mit den Ansichten von Mao Tse-tung in vollem Einklang steht:

> Laß hundert Blumen blühen
> und laß hundert Meinungen wetteifern.

Natürlich hat Mao das nicht ernst gemeint, aber wir meinen es ernst.

TEIL IV

PRODUKTIVE TEAMS FORMEN

Denken Sie einmal an eine besonders schöne Erfahrung aus Ihrem Arbeitsleben zurück. Was machte die Erfahrung so schön? Die einfache Antwort ist: die "Herausforderung". Gute Erfahrungen stehen immer im Zusammenhang mit einem bestimmten Grad an Herausforderung.

Erinnern Sie sich nun einmal an eine erfreuliche Episode aus dieser Zeit. Spielen Sie diese in Ihrem Geist noch einmal wie eine Videokassette ab. Vielleicht war es eine Besprechung oder ein Brainstorming, vielleicht auch eine Nachtschicht oder das darauffolgende Frühstück. Wenn Sie so wie die meisten von uns sind, dann werden Ihre Erinnerungen sehr lebendig und überraschend vollständig sein. Sie werden die Geräusche noch einmal wahrnehmen und die Stimmen der einzelnen Personen, Sie sehen deren Gesichtsausdrücke vor sich, und Sie erinnern sich an Details der Umgebung. Drücken Sie auf die Standbildtaste Ihres Videos und sehen Sie sich ein einzelnes Bild genauer an. Wo ist die Herausforderung? Wir möchten darauf wetten, daß Sie sich nicht mehr daran erinnern oder daß Sie nur noch schwammige Vorstellungen davon haben.

Bei den Erinnerungen an gelungene Arbeiten steht die Teamzusammenarbeit im Vordergrund. Wenn eine Gruppe von Entwicklern zu einer Einheit zusammenwächst, dann ändert sich die ganze Art der Arbeit. Die Herausforderung der Arbeit ist wichtig, aber nicht um ihrer selbst willen; sie ist wichtig, weil sie etwas darstellt, worauf sich alle *gemeinsam* konzentrieren können. Die

Herausforderung ist das Mittel, durch das wir zusammenkommen. In den besten Arbeitsgruppen, in denen die Beteiligten den meisten Spaß haben und ihr absolut Bestes geben, ist der Zusammenhalt im Team das Wichtigste. Nur deswegen halten alle durch, beißen die Zähne zusammen, und überwinden auch die größten Hindernisse.

Die Entwickler arbeiten besser und haben mehr Freude an der Arbeit, wenn die Mannschaft stimmt. Teil IV behandelt die Konzepte, die für erfolgreiche Teams wichtig sind und zeigt Ihnen, was Sie tun können, um solche Team zu bilden.

Kapitel 18

Das Ganze ist mehr als die Summe der Teile

In der Geschäftswelt neigen wir dazu, den Begriff *Team* ziemlich locker einzusetzen; wir nennen jede Gruppe, der eine gemeinsame Aufgabe übertragen wird, einfach "Team". Viele dieser Gruppen verhalten sich aber nicht so wie Teams. Sie haben oft keinen gemeinsamen Begriff von Erfolg oder irgendwelchen sichtbaren Teamgeist. Es fehlt etwas. Das fehlende Element nennen wir den *Teamschwur*.

Das eingeschworene Team

Ein eingeschworenes Team ist eine Gruppe von Personen, die so enge Beziehungen untereinander hat, daß das Ganze größer als die Summe seiner Teile ist. Die Ergebnisse, die so ein Team erreichen kann, sind viel größer als die Ergebnisse der gleichen Personen, wenn jede alleine für sich arbeitet. Genau so wichtig ist es, daß der Spaß an der Arbeit für das Team viel größer ist, als man der Arbeit selbst ansieht. Manchmal arbeiten eingeschworene Teams an Aufgaben, die von anderen als langweilig und nervtötend abgelehnt wurden, und haben enormen Spaß dabei.

Sobald ein Team eingeschworen ist, steigt die Wahrscheinlichkeit für einen erfolgreichen Arbeitsabschluß ziemlich kräftig an. Das Team ist dann nicht mehr zu bremsen, es rast auf den Erfolg zu. Ein derartig motiviertes Team zu managen ist wirklich eine Freude. Die meiste Zeit verbringen Sie damit, dem Team Hindernisse aus dem Weg zu schaffen, den Weg freizumachen, damit das Team nicht einfach Außenstehende überrollt: "Vorsicht, hier kommen sie. Machen Sie den Weg frei und halten Sie Ihre Hüte fest." So ein Team muß nicht im traditionellen Sinne geleitet werden, und ganz bestimmt muß man es nicht mehr motivieren. Es hat Schwung.

Die Ursachen für diesen Effekt sind ganz einfach: Teams werden im Normalfall zur Erreichung bestimmter Ziele zusammengestellt. (Denken Sie an Teams im Sport: könnten diese überhaupt existieren, wenn es keine Ziele gäbe?) Bevor das Team eingeschworen ist, hat vielleicht jeder einzelne in der Gruppe verschiedene Ziele. Aber während das Team eingeschworen wird, wird jedem das gemeinsame Ziel verkauft. Dieses gemeinsame Ziel wird von diesem Augenblick an ungeheuer wichtig, wegen seiner Bedeutung für die Gruppe. Die Gruppenmitglieder verfolgen dieses Ziel mit aller Vehemenz, auch wenn es einigen davon ziemlich willkürlich erscheint.

Management durch hysterischen Optimismus

Einige Manager finden die Einstellung zu Teams, wie wir sie im letzten Abschnitt beschrieben haben, ein wenig deplaziert. Sie finden es nicht richtig, Tricks anzuwenden, um die Mitarbeiter dahin zu bekommen, gemeinsame Ziele zu akzeptieren. Warum sollten wir komplexe, soziale Bindungen aufbauen müssen? Von professionellen Entwicklern nimmt man doch an, daß sie die Ziele ihres Arbeitgebers als Teil ihres Einstellungsvertrages akzeptiert haben. Das gehört doch einfach zu professionellem Verhalten dazu.

Es ist ein Zeichen von Naivität seitens optimistischer Manager, wenn sie glauben, daß Entwickler automatisch Firmenziele akzeptieren. Die Art und Weise, in der sich einzelne Personen mit den Zielen einer Firma beschäftigen, ist viel komplexer. Ihr Kollege, den Sie als Datenbankspezialisten kennen, sieht sich selbst vielleicht viel eher in der Rolle als Vater, als Fußballtrainer oder als Mitglied des Elternrats der Schule. In all diesen Rollen muß er täglich Wertmaßstäbe anlegen und Entscheidungen treffen. Es wäre erstaunlich, wenn er diese Wertmaßstäbe vergessen würde, sobald er die Firma betritt. Keine Angst, er tut es nicht. Er prüft ständig sorgfältig all das, was man an Leistung und Loyalität von ihm fordert.

Firmenziele werden andauernd und sehr argwöhnisch von den Mitarbeitern beobachtet; die meisten Ziele werden als relativ willkürliche Vorgaben eingestuft.

Das Dilemma für Sie als Chef ist vielleicht folgendes: Sie haben vielleicht vollen Herzens ein Firmenziel akzeptiert (Schließen Sie dieses Projekt vor nächstem April ab und sorgen Sie dafür, daß die Kosten nicht über 1.3 Millionen Mark ansteigen). Wenn dann Ihre Mannschaft nicht genauso begeistert ist, dann sind Sie enttäuscht. Vielleicht kommt Ihnen das mangelnde Interesse fast wie Verrat vor. Aber überlegen Sie einmal: vielleicht kommt *Ihre eigene starke Identifikation* mit den Firmenzielen auch von etwas anderem als nur von Ihrer Berufsauffassung. Trifft es nicht zu, daß Ihr Chef und die Manager darüber Sie durch geschickte Maßnahmen dahin gebracht haben, die Firmenziele auch als Ihre eigenen Ziele zu betrachten? Wenn Sie die heute gesteckten Firmenziele erreichen, dann bedeutet das doch noch mehr Ansehen und Verantwortung für Sie: "Heute das WaKeMo-Projekt und morgen die Welt!" In den höheren Managementebenen gibt es ein ausgeklügeltes System, das sicherstellt, daß jeder Manager durch persönliche Vorteile sehr stark motiviert wird, sich mit den Firmenzielen zu identifizieren. Nur ganz unten, wo die wirkliche Arbeit abläuft, da scheint das System nicht zu funktionieren. Dort vertrauen wir auf nichts außer der "professionellen Berufseinstellung" der Entwickler und hoffen, daß diese ausreicht, um alle am gleichen Strang ziehen zu lassen. Viel Glück dabei!

Wenn Sie für die Gesellschaft zur Rettung der Sumpfdrosseln arbeiten, oder für die Erste Fibonacci-Kirche der Reinen Lehre, oder für eine andere Organisation, deren Angestellte durch ihren gemeinsamen Glauben zusammengehalten werden, dann dürfen Sie davon ausgehen, daß alle einen natürlichen Hang zu den Zielen der Organisation mitbringen. Ansonsten vergessen Sie das lieber. Vielleicht gerät die Geschäftsführung wegen des riesigen Profits ins Schwärmen, für die da unten bedeutet das gar nichts. EINE MILLION GEWINNSTEIGERUNG BEI DER SOFT-ART GMBH. Na und! FIRMA VERZEICHNET NEUES REKORDERGEBNIS IM 3. QUARTAL. Hmmmmm.

Ich war einmal an einem Telekommunikationsprojekt für eine große Kreditfirma beteiligt. Diese Firma verlieh Geld zu horrenden Zinssätzen an kleine Leute. Diese Art von Geschäften ist in 23 Staaten der USA illegal. Ziel der Firma war eine noch stärkere Anhebung des Profits, was für den durchschnittlichen Angestellten nicht begreiflich war, woran das Management aber glaubte.

An einem späten Freitag Nachmittag kamen Vertreter der Firmenleitung zu mir. Wir haben es in der Hand, das beste Quartalsergebnis in der Geschichte der Firma zu erreichen, sagte man mir. Sie baten mich, das dem Team zu vermitteln, um "deren Leistung auf dieses Ziel auszurichten". Ich hatte noch nie mit einem engagierteren Team vorher zusammengearbeitet, aber ich habe die Botschaft trotzdem pflichtbewußt am nächsten Morgen verkündet. (Das ganze Team war so arbeitsversessen, daß es selbst am Samstag komplett da war.) Die Energie des Teams war verschwunden wie der Wind aus den Segeln. Der Projektleiter hat ausgesprochen, was alle fühlten: "Wen, zum Teufel, interessieren denn die Zahlen des letzten Quartals?" Eine halbe Stunde später war keiner mehr in der Firma.

-TDM

Es war ein willkürliches Ziel, das System fertigzustellen, aber das ganze Team hatte das Ziel akzeptiert. Rund um dieses Ziel hatten sie sich zusammengefunden. Seit der Einschwörung war die erfolgreiche Zusammenarbeit alles, was zählte. Sie kämpften für einen gemeinsamen Erfolg, für die gemeinsame Freude, ein Ziel zu erreichen; irgendein Ziel. Der Versuch, dem Team stattdessen die Ziele der Firma für dieses Projekt nahezubringen, half nichts. Es führte nur dazu, daß der Erfolg, den sie erreichen wollten, plötzlich trivial und nichtssagend wurde.

Die Kanonen von Navarone

Die Ziele von Organisationen erscheinen den Mitarbeitern oft als sehr willkürlich - selbst die Organisationen erscheinen ihnen als willkürlich - aber die Willkürlichkeit der Ziele heißt nicht, daß diese nicht von Mitarbeitern akzeptiert werden können. Wenn dem so wäre, gäbe es auch keinen Sport. Dem Universum macht es nichts aus, ob der kleine Ball zwischen den argentinischen oder deutschen Torstangen durchgeschossen wird. Aber viele, viele Menschen interessieren sich für das Ergebnis. Ihr Interesse hängt mit den sozialen Gruppen zusammen, zu denen sie gehören.

Die Personen, die ein Team nur von außen beobachten, sind vielleicht nur mäßig daran interessiert, ob das Team erfolgreich ist oder nicht; im Team sieht das ganz anders aus. Personen, die in einem eingeschworenen Team arbeiten, sind oft so aufgestachelt, daß sie selbst gegen die Kanonen von Navarone anstürmen würden, wenn sie nur den Abnahmetest von Version 3 des Pensionsverwaltungsprogramms durchbekommen. Manchmal muß man so ein Team daran erinnern, daß es nicht unbedingt sein Ziel ist, einen Krieg zu gewinnen.

Obwohl die Energie und der Enthusiasmus in eingeschworenen Teams phantastisch sind, strengen sich Manager nicht sehr an, solche Teams zu formen. Teilweise liegt das daran, daß sie nur vage verstehen, warum Teams so wichtig sind. Manager, die auf Zielerreichung programmiert sind, stellen manchmal fest, daß nicht das Team Ziele erreicht; die Personen *in* den Teams erreichen die Ziele. Fast alle Teilaufgaben, die man zur Erreichung eines Zieles benötigt, werden von einzelnen Personen aus dem Team ausgeführt. Meistens arbeiten diese Personen an einer Teilaufgabe auch alleine.

Es gibt nur wenige Aufgaben, bei denen echte Teamarbeit notwendig ist. Trotzdem sind Teams wichtig, denn sie sorgen dafür, daß jeder in die gleiche Richtung zieht.

Der Zweck von Teams liegt nicht so sehr in der Ziel*erreichung* als in der Ausrichtung auf ein *gemeinsames Ziel*.

Wenn ein Team seinem Zweck gerecht wird, dann arbeiten die Teammitglieder effektiver, weil sie eine einheitlichere Richtung verfolgen.

Anzeichen für ein eingeschworenes Team

Es gibt einige wenige Anzeichen dafür, daß ein Team wirklich eingeschworen ist. Das wichtigste davon ist eine *niedrige Fluktuationsrate* während eines Projekts und inmitten wohldefinierter Teilaufgaben. Die Teammitglieder laufen nicht einfach weg, bevor die Arbeit fertig ist. Kriterien, die vor der Einschwörung wichtig waren, wie Geld, Status, Ausgangspositionen für Beförderungen, spielen nach Bildung eines eingeschworenen Teams weniger oder gar keine Rolle mehr. Mitarbeiter verlassen zu so einem Zeitpunkt ein Projekt nicht mehr leichtfertig wegen einer kleineren Meinungsverschiedenheit über die Gehaltserhöhung. Leider merken viele Manager diesen Indikator für ihre erfolgreiche Arbeit nicht immer. Sie achten nicht auf die Fluktuation, selbst wenn diese ihre Projekte fast in den Untergang treibt; sie denken schon gar nicht daran, wenn alles ruhig läuft und keiner kündigt.

Eingeschworene Teams erkennt man auch an einem *ausgeprägten Identitätsbewußtsein*. Die Teams, über die man in der Branche spricht, haben klangvolle Namen, wie z.B. die "Okie-Coders" von General Electric, oder die "Viererbande" bei DuPont, oder die "Chaos Gruppe" von Cincinnati Gas & Electric. Die Teammitglieder benutzen alle die gleichen Phrasen und verwenden eine ganze Menge von Insider-Witzen. Oft hat so ein Team gemeinsame Aufenthaltsräume. Man geht zusammen zum Mittagessen oder trifft sich nach der Arbeit in einer bestimmten Kneipe.

Ein gutes Team fühlt sich auch als *Elitemannschaft*. Die Mitglieder des Teams spüren, daß sie Teil von etwas Einzigartigem sind. Sie spüren, daß sie besser sind als der Durchschnitt. Ihr Auftreten ist voller Selbstvertrauen, ihre SOKO-Mentalität ist manchmal für Personen, die außerhalb der Gruppe stehen, sogar leicht irritierend.

Man sieht sich als gemeinsamer Schöpfer und Besitzer des Produktes, das aus der gemeinsamen Arbeit entsteht. Die Teammitglieder sind stolz darauf, ihre Namen zusammen auf dem Produkt oder auf Teilen davon gedruckt zu sehen. Die einzelnen Personen lassen sich gerne von anderen im Team beraten und verbessern. Die Räume des Teams werden mit Bildern geschmückt, die das Produkt in den verschiedenen Stufen des Fertigstellungsprozesses zeigen.

Ein ganz wichtiger Indikator für ein eingeschworenes Team ist die *offensichtliche Freude an der Arbeit*. Eingeschworene Teams sind gesund. Die Kommunikation läuft locker, offenherzig und voll von gegenseitigem Vertrauen ab.

Teams und Cliquen

Wenn Sie der Abschnitt über die eingeschworenen Teams, über das starke Gemeinschaftgefühl und über das Gefühl, dem Rest der Welt überlegen zu sein, etwas verunsichert hat, dann stehen Sie keineswegs alleine da. Wir hören fast Ihre Gedankengänge: "Einen Moment mal, was die hier gerade als Team bezeichnet haben, das würden wir doch eher als Clique bezeichnen." Teams können ja sehr vorteilhaft sein, aber sollten wir Cliquenbildung nicht unter allen Umständen verhindern?

Der Unterschied zwischen einem Team und einer Clique ist genau derselbe wie der Unterschied zwischen einer Brise und Zugluft. *Brise* und *Zugluft* sind zwei Wörter, die den gleichen Sachverhalt beschreiben: eine kühle, leichte Luftströmung. Wenn Sie diesen leichten, kühlen Luftstrom als angenehm empfinden, dann sprechen Sie von einer kühlen Brise; wenn er Sie stört, dann sprechen Sie von Zug.

Die Furcht vor Cliquen ist ein Zeichen für die Unsicherheit eines Managers. Je größer die Unsicherheit ist, desto schrecklicher empfindet man den Gedanken an Cliquenbildung. Dafür gibt es gute Gründe: Manager sind oft nicht wirklich als Teammitglieder anerkannt (mehr darüber in Kapitel 23). Daher sind die Einflußfaktoren, die sie aus dem Team ausgrenzen, oft größer als diejenigen, die sie an das Team binden. Die Bindungen innerhalb der Gruppe sind stärker als die Bindungen der Gruppe an die Firma. Daraus resultiert dann die große Angst, daß ein eingeschworenes Team geschlossen, auf einen Schlag die Firma verlassen könnte und seine ganze Energie und Begeisterung der Konkurrenz zur Verfügung stellen könnte. All das sind Gründe, warum unsichere Manager sich durch Cliquenbildung bedroht fühlen. Sie würden sich viel wohler fühlen, wenn sie mit einer Mannschaft arbeiten könnten, die aus einheitlichen, identischen, austauschbaren und ungebundenen Plastikpuppen besteht.

Ein eingeschworenes Team ist vielleicht frech und selbstsicher, aufreizend und exklusiv, aber es trägt mehr dazu bei, die wahren Ziele eines Managers zu unterstützen, als irgendeine Ansammlung von austauschbaren Personen jemals schaffen könnte.

Kapitel 19

Das Schwarze Team

Sie werden den Wert eines eingeschworenen Teams klar und deutlich erkennen, wenn Sie jemals das Vergnügen hatten, in einem solchen arbeiten zu dürfen. Falls das nicht der Fall ist, dann soll Ihnen dieses Kapitel einen kleinen Einblick geben, wie es in so einem Team zugeht. Im folgenden lesen Sie die Geschichte eines bekannten Teams, das sich anfangs der 60er Jahre einen Namen gemacht hat. Einige Teile der Überlieferung sind höchstwahrscheinlich durch die Vergangenheit verklärt, aber es ist eine schöne Geschichte und das meiste davon ist wahr.

Der Stoff, aus dem man Legenden macht

In grauer Vorzeit (zumindest relativ gesehen) gab es im Staate New York eine Firma, die große blaue Computer herstellte. Die Firma produzierte auch Software für diese Computer. Die Kunden dieser Firma waren alles nette Leute, aber - nur so zwischen uns erwähnt - sie konnten fürchterlich böse werden, wenn ihnen fehlerhafte Software geliefert wurde. Einige Zeit versuchte die Firma, ihre Kunden zu mehr Toleranz gegenüber Fehlern zu erziehen. Aber dieser Ansatz scheiterte. Deshalb entschloß man sich, die bittere Pille zu schlucken und stattdessen die Fehler in der Software zu beseitigen.

Als einfache und selbstverständliche Lösung dachte man daran, die Programmierer alle Fehler vor der Auslieferung beseitigen zu lassen. Aus irgendwelchen Gründen klappte das aber auch nicht so gut. Scheinbar neigten die Programmierer (zumindest in der damaligen Zeit) dazu, nur das Beste über ihre Programme zu denken. Wie hart sie es auch versuchten, sie fanden die übriggebliebenen Fehler nicht. Deshalb erklärten sie ihre

Programme für fertig, obwohl noch viele Fehler enthalten waren.

Es war nicht leicht, die letzten Fehler in einem Programm zu finden, aber einige Testpersonen waren besser als andere. Die Firma etablierte aus den talentierten Testpersonen eine eigene Gruppe, der die Aufgabe übertragen wurde, die Endtests bei kritischer Software durchzuführen, bevor diese an Kunden ausgeliefert wurde. So entstand das legendäre Schwarze Team.

Das Schwarze Team bestand ursprünglich aus Personen, die nachgewiesen hatten, das sie etwas besser beim Testen waren als ihre Kollegen. Sie waren auch etwas besser motiviert. Außerdem testeten sie den Code von anderen Personen, deshalb waren sie weniger betriebsblind als die Programmierer gegenüber ihren eigenen Programmen. Alles in allem betrachtet konnten diejenigen, die das Team zusammengestellt hatten, mit einer geringfügigen Verbesserung der Produktqualität rechnen; sie erwarteten auch nicht mehr davon. Was sie aber geliefert bekamen war viel, viel besser.

Das Interessante an dem Schwarzen Team war nicht dessen Leistung nach der Gründung, sondern die enormen Fortschritte während des ersten Jahres. Es war fast wie Zauberei: Das Team entwickelte sein eigenes Image. Dieses Image war durch eine negative Grundhaltung beim Testen gekennzeichnet, die sich bei den Mitgliedern verbreitete. Sie erwarteten ganz bewußt, daß die Programme Fehler enthielten, und sie waren auch scharf darauf, diese Fehler zu finden. Sie arbeiteten nicht für die Entwickler, ganz im Gegenteil. Es bereitete ihnen Vergnügen, Programme (und die Programmierer) in die Finger zu bekommen. Sie führten nicht nur einfache Testläufe durch, das Verfahren glich eher einem Gottesurteil. Ein Programm dem Schwarzen Team übergeben zu müssen, war fast so schlimm, wie sich vor Attila, dem Hunnenkönig, verteidigen zu müssen.

Was kann Euch bedauernswerte Würmer jetzt noch retten?

Zunächst war es nur ein Scherz, daß die Tests des Schwarzen Teams gemein und hinterhältig waren, und daß die Teammitglieder Spaß daran hatten, Programme abstürzen zu lassen. Aber aus dem Scherz wurde bitterer Ernst. Das Team begann sein Image als Zerstörer auszubauen. Sie zerstörten nicht nur den Code der

Programmierer, sondern oft deren ganzen Tag. Sie entwickelten fürchterlich unfaire Ideen, um Fehler zu provozieren, wie z.B. die Puffer zum Überlauf zu bringen, leere Dateien zu vergleichen und unheimliche Folgen von Eingabewerten einzulesen. Erwachsene Männer und Frauen wurden zum Heulen gebracht, wenn sie zusehen mußten, wie ihre Programme angesichts der wahnsinnigen Behandlung durch diese Unholde scheiterten. Je demoralisierter die Programmierer waren, desto mehr freute sich das Schwarze Team.

Die Teammitglieder begannen auch noch, sich schwarz zu kleiden, um das Image der Grausamkeit noch weiter auszubauen. Daher stammt auch der Name des Teams. Wenn ein Programm wieder scheiterte, gaben sie laute Geräusche von sich. Einige ließen sich lange Schnurbärte wachsen, die sie an den Enden aufzwirbelten. Oft setzten sie sich zusammen, um noch gemeinere Testszenarien auszuarbeiten. Die Programmierer begannen über die krankhaften Gehirne des Schwarzen Teams zu murren.

Man muß natürlich nicht besonders hervorheben, daß die Firma hocherfreut war. Jeder Fehler, den das Schwarze Team fand, war einer weniger, den ein Kunde finden konnte. Das Team war ein voller Erfolg. Es war erfolgreich als Testgruppe, aber - was für unsere Zwecke hier noch wichtiger ist - es war als soziale Gruppe erfolgreich. Die Mitglieder hatten so viel Spaß an ihrer Tätigkeit, daß außenstehende Kollegen im positiven Sinne eifersüchtig waren. Die schwarze Kleidung und das lächerlich übertriebene Verhalten waren Teil des Spaßes, aber im Kern ging etwas Wichtigeres vor. Die Synthese innerhalb der Gruppe und die Ausrichtung auf gleiche Ziele waren vollauf gelungen.

Fußnote

Im Laufe der Zeit schieden einzelne Mitarbeiter aus dem Team aus, um sich anderen Aufgaben zuzuwenden. Da die Aufgabe des Teams für die Firma ungeheuer wichtig war, wurden diese Mitarbeiter sofort ersetzt. Dieser Prozeß setzte sich fort, bis kein einziger aus dem ursprünglichen Team mehr da war. Aber es gab noch immer ein Schwarzes Team. Das Team überlebte den Weggang aller ursprünglichen Mitglieder. Die Energie und das Image blieben dennoch erhalten.

Kapitel 20

Teammord

An dieser Stelle sollte eigentlich ein Kapitel mit dem Titel "Wie Sie Teams in Ihrer Firma einschwören" stehen. Darin sollten ein halbes Dutzend einfache Vorschläge zur guten Teambildung enthalten sein. Diese Vorschläge sollten ausreichen, um eingeschworene Teams zu garantieren. Bei der Planung des Buches hatten wir uns genau dies vorgenommen. Wir waren sehr zuversichtlich. Es kann doch nicht schwer sein, der Sache wirklich auf den Grund zu gehen, und den Lesern praktische Ratschläge mit auf den Weg zu geben, wie man Teams einschwört? Wir haben geplant, all unsere Fähigkeiten und unsere Erfahrung einzubringen; wir planten, dieses Problem mit Logik und Brillanz zu lösen. So zumindest sah es in der Planung aus ...

Zwischen Planung und Ausführung standen jedoch ein paar schmerzliche Erkenntnisse aus der Realität. Als erstes merkten wir, daß wir keine 6 Vorschläge finden konnten, die wir für dieses Kapitel gebraucht hätten. Unsere Liste enthielt nur null Vorschläge. Wir waren bereit, unsere Ansprüche und Erwartungen etwas zu reduzieren, aber nicht um viel. ("Null Dinge, die Sie machen können, um Ihre Teams einzuschwören"?). Es wurde uns klar, daß irgendetwas an unserer Grundidee, Teams einzuschwören, nicht in Ordnung war. Man kann Teams nicht einschwören. Man kann hoffen, daß eine Gruppe zu einem eingeschworenen Team wird; man kann die Daumen drücken; man kann die Wahrscheinlichkeit, daß es passiert, vergrößern; aber man kann es nicht herbeiführen. Der ganze Prozeß ist zu zerbrechlich, als daß man ihn kontrollieren könnte.

Ein Effekt der Reduzierung unserer Ansprüche und Erwartungen äußerte sich in einer Änderung unserer Terminologie: Wir hörten auf, über Team*formung* zu sprechen und sprachen stattdessen darüber, wie man Teams *wachsen* läßt. Der Vergleich mit der Landwirtschaft schien angebracht. Auch die Landwirtschaft kann man nicht vollständig beherrschen. Man kann den Boden düngen, Saatgut ausstreuen und nach der jüngsten Theorie bewässern. Danach bleibt nur beten und hoffen. Vielleicht erhält man eine gute Ernte, vielleicht auch nicht. Wenn alles gut geht, dann freut man sich; trotzdem wird man im nächsten Jahr wieder genauso zittern. So ähnlich geht es auch bei der Teambildung zu.

Kehren wir noch einmal zu unserem Brainstorming zurück: Wir suchten nach "6 Dingen, die Sie machen können, um die Teambildung zu ermöglichen". Es war noch immer sehr schwer. Schließlich wandten wir in unserer Verzweiflung einen Trick an, den Edward DeBono in seinem Buch "Lateral Thinking" *Inversion* genannt hatte. Wenn Sie bei dem Versuch, ein Problem zu lösen, steckenbleiben, so schlägt DeBono vor, daß Sie statt nach Lösungswegen für Ihr Problem nach Lösungswegen zur Erreichung des genauen Gegenteils Ihres Zieles suchen sollten. Damit können Sie manchmal die Spinnweben in Ihrem Gehirn wegwischen, die Sie davon abhalten, kreativ zu sein. Statt nach Wegen zu suchen, die die Teambildung ermöglichen, begannen wir also darüber nachzudenken, was die Teambildung verhindert. Das war sehr leicht. In ganz kurzer Zeit hatten wir eine Liste mit Vorschlägen, die todsicher die Teambildung verhindern und die Projektsoziologie stören. All dieser Vorschläge zusammengenommen bilden eine Strategie, die wir *Teammord* genannt haben. Im folgenden sehen Sie unsere Liste von Maßnahmen zum Teammord:

- Defensives Management
- Bürokratie
- Physikalische Trennung
- Zersplitterung der Zeit der Mitarbeiter
- Qualitätsreduktion der Produkte
- Sinnlose Termine
- Cliquenkontrolle

Einige der Maßnahmen werden Ihnen sehr bekannt vorkommen. Es sind die Dinge, die täglich in vielen Firmen gemacht werden.

Defensives Management

Für Sie als Manager ist es oftmals sinnvoll, angesichts vieler Projektrisiken sehr defensiv zu agieren. Wenn Sie mit fehleranfälligen Dingen umgehen müssen, dann sorgen Sie rechtzeitig für Ersatzteile. Wenn die Meinung des Kunden sich öfter einmal ändert, dann achten Sie sehr sorgfältig darauf, daß eine klare Spezifikation zu Papier gebracht wird. Wenn ein Zulieferer seine Zusagen hin und wieder "vergißt", dann erstellen Sie nach jeder Besprechung ein Protokoll.

Es gibt aber einen Bereich, wo defensives Verhalten immer zum Bumerang wird: Sie können sich nicht gegen die Inkompetenz Ihrer eigenen Leute versichern. Wenn Ihre Mannschaft der Arbeit nicht gewachsen ist, dann werden auch Sie scheitern. Natürlich werden Sie versuchen, ungeeignete Personen durch besser geeignete zu ersetzen. Aber sobald Sie sich entschlossen haben, eine Aufgabe mit einem bestimmten Team anzupacken, müssen Sie diesem Team auch vertrauen. Jede Defensivtaktik, die Sie versuchen, um *trotz* der Mannschaft erfolgreich zu sein, verschlimmert die Lage nur. Damit können Sie sich vielleicht kurzfristig von einigen Sorgen befreien, langfristig hilft es Ihnen nicht und es verhindert garantiert die Bildung eines eingeschworenen Teams.

Eines Tages habe ich gerade wieder einmal die Ansprache Nr. 27 aus dem Standardrepertoire für Projektberater gehalten und einem Projektteam ins Gewissen geredet, weil sie wieder einmal vergessen hatten, die Zustimmung des Kunden zu einem Teilkonzept des neuen Systems zu bekommen. Sie sahen mich blaß und verwirrt an. Schließlich traute sich eine, den Mund aufzumachen: "Wir waren uns ja einig, daß der Kunde das Zeug hätte sehen sollen. Aber unser Chef hat strikte Order ausgegeben, daß Personen außerhalb des Teams nichts gezeigt werden darf, wenn er nicht persönlich die Genehmigung dazu erteilt hat." Sie erzählte weiter, daß der Chef derzeit so überlastet ist, daß sich noch mehrere Monate unerledigter Eingangspost in seinem Körbchen stapeln. Was blieb ihnen also übrig. Sie arbeiteten also weiter so im Dunkeln vor sich hin, wohl wissend, daß ihre Ergebnisse sicherlich nicht all den Wünschen des Kunden entsprechen werden, wenn man sie diesem endlich zur Kontrolle vorlegen wird.

-TRL

Der Chef traute seinen eigenen Leuten nicht. Er hatte Angst, daß sie vielleicht etwas weitergeben, was in den Augen des Kunden nicht ganz richtig war. Er fürchtete sich davor, daß ihre Fehler dann Rückwirkungen auf ihn haben würden. Nur seine eigene Meinung war unfehlbar; die Meinung aller anderen im Team war suspekt.

Wenn Sie der Manager sind, dann meinen Sie natürlich, daß Ihre Beurteilungsgabe besser ist als die Ihrer Mitarbeiter. Sie haben mehr Erfahrung und vielleicht auch einen etwas höheren Anspruch an die Ergebnisse der Arbeit als die Mitarbeiter; deshalb sind Sie schließlich Manager geworden. Wenn also Ihr Scharfsinn nicht in das Projekt einfließt, dann wächst die Wahrscheinlichkeit, daß Ihre Mannschaft Fehler macht. Na und? Lassen Sie sie doch einige Fehler machen. Das heißt doch nicht, daß Sie nicht (gelegentlich) einige Beschlüsse nachträglich abändern oder bestimmte Richtungen für das Projekt vorgeben können. Wenn Ihre Mannschaft jedoch davon ausgeht, daß sie nie irgendwelche Fehler begehen darf, dann dringt die Botschaft, daß Sie dem Team nicht trauen, laut und deutlich an diese durch. Diese Botschaft ist besser als jede andere Botschaft geeignet, die Teambildung zu verhindern.

Die meisten Manager schätzen ihr eigenes Beurteilungsvermögen darüber, wann sie ihren Leuten trauen können und wann nicht, sehr gut ein. Unsere Erfahrung zeigt jedoch, daß viele Manager zu oft zu Mißtrauen neigen. Sie gehen von der Grundannahme aus, daß ihre Mannschaft völlig autonom arbeiten darf, solange sie keine Fehler macht. Das ist aber keine Autonomie. Die einzige Freiheit, die wirklich etwas bedeutet, ist die Freiheit, etwas anders machen zu können, als Ihr Manager es gemacht hätte. Das stimmt auch im weiteren Sinne: Das Recht, recht zu haben (in den Augen Ihres Managers oder in den Augen Ihrer Regierung) ist ohne Bedeutung; nur das Recht, etwas falsch machen zu können, macht Sie wirklich frei.

Die offensichtlichste defensive Managementmaßnahme sind detaillierte METHODIKEN ("Meine Leute sind nicht in der Lage, Systeme ohne diese zu erstellen") und Einmischung in technische Fragen durch den Manager. Beides wird längerfristig gesehen scheitern. Außerdem trägt beides zum effektiven Teammord bei. Mitarbeiter, die merken, daß man ihnen nicht traut, haben keinerlei Veranlassung, sich zu einem gut kooperierenden Team zusammenzuschließen.

Bürokratie

Ende der 70er Jahre hat Capers Jones eine Studie durchgeführt, in der er die Kosten der Systementwicklung nach Kategorien aufgeschlüsselt hat. Eine der Kategorien war "Dokumentation". Jones faßte in dieser Kategorie "Dokumentation" mehr oder weniger das sinnlose Hin- und Herschieben von Papier zusammen, denn all die Denkarbeit über den Inhalt des Papiers war in anderen Kategorien enthalten, beispielsweise in der Analyse, dem Entwurf oder der Testplanung. Mit anderen Worten ausgedrückt war seine Kategorie "Dokumentation" reine Bürokratie. Jones fand heraus, daß die Dokumentation die zweitmeiste Zeit bei der Entwicklung in Anspruch nahm. Mehr als 30% der Kosten für die Entwicklung eines Systems fielen in diese Kategorie.

Man kann einen deutlichen Trend dahin feststellen, daß Systementwickler immer mehr zu Bürokraten gemacht werden. Vielleicht ist das ein Zeichen für eine Epidemie von defensivem Management. Diesen Trend kann man weltweit beobachten, aber nicht überall im gleichen Ausmaß. Wir kennen Firmen, in denen sich Entwicklungsteams wie in einem bürokratischen Alptraum von Kafka vorkommen; in anderen Firmen hingegen ist die Dokumentationsbelastung erträglich.

Das sinnlose Produzieren von Dokumenten ist eine Verschwendung. Man sollte dagegen ankämpfen, denn es hält Personen von der Arbeit ab. Worauf wir aber in diesem Kapitel hinauswollen, ist etwas anderes. Diese Bürokratie stört die Teambildung. Das Team muß an das Ziel glauben, auf das es eingeschworen worden ist. Man kann ein fast beliebiges Ziel vorgeben, aber es muß existieren. Man muß spüren, daß das Management an das Ziel glaubt. Die Aussage, daß das Ziel wichtig ist, reicht nicht aus, wenn Sie dem Team gleichzeitig mitteilen, daß es 30% seiner Zeit mit dem Hin- und Herschieben von Papier verbringen soll. Papiertiger können nicht gleichzeitig die Mentalität eines Einsatzkommandos haben. Sie können nicht auf Biegen und Brechen um Erfolg kämpfen.

Physikalische Trennung

Wenn die Möbelpolizisten die Vorteile der modularen Büroeinrichtung anpreisen, dann sprechen sie nur von Flexibilität. Wenn man dann aber Flexibilität verlangt, um ein Team gemeinsam unterzubringen, dann sieht man nur lange Gesichter. "Wir können doch nicht alles durcheinanderbringen und die Möbel über unseren schönen, neuen Teppich schieben, nur damit diese vier Personen zusammen sitzen können. Können die nicht das Telefon benutzen?" Das Ergebnis davon: Was eigentlich ein eng verbundenes Team sein sollte, sitzt jetzt verteilt über mehrere Etagen oder sogar über mehrere Häuser. Die Zusammenarbeit bei Sachfragen des Projekts leidet vielleicht gar nicht so sehr darunter, aber es gibt keine zwanglosen Gespräche untereinander. Die Teammitglieder entwickeln vielleicht viel stärkere Bande zu anderen Personen in der Firma, nur weil sie diese öfter sehen. Es gibt keinen Raum für dieses Team, keine ständige und andauernde Bestätigung, keine Chance, daß sich ein Gefühl der Zusammengehörigkeit entwickelt. (Man kann sich das Schwarze Team nicht vorstellen, mit der schwarzen Kleidung, wenn deren Arbeitsplätze nicht eng zusammenlägen. Sie müßten dauernd mit Personen sprechen, die nicht in den Spaß eingeweiht sind. Sie würden nur für verrückte Außenseiter gehalten, und die ganze Teamidee würde sang- und klanglos untergehen.)

Die räumliche Trennung von Personen, die zusammen arbeiten sollen, ist ohnehin nicht sehr sinnvoll. Die Sitznachbarn sind die Ursache für Lärm und Störungen. Bei Kollegen im gleichen Team ist die Wahrscheinlichkeit höher, daß alle gleichzeitig Ruhe zum Denken und Arbeiten haben wollen, wodurch weniger Störungen entstehen. Wenn man sie gemeinsam unterbringt, dann erhöht man die Chancen zur zwanglosen Unterhaltung, die für die Teambildung so dringend notwendig ist.

Zersplitterung der Zeit der Mitarbeiter

Einer meiner Kunden ist eine Regierungsstelle in Australien. Während einer Beratungssitzung im Jahre 1982 sammelte ich Daten, die belegten, daß der Durchschnittsangestellte in vier oder mehr Projekten beteiligt war. Ich habe den Abteilungsleiter auf diesen mißlichen Zustand aufmerksam gemacht. Er fand es auch bedauerlich, stellte aber fest, daß das Leben nun einmal so sei. Die Arbeit der einzelnen Personen war so zersplittert, weil ihre Fähigkeiten und ihr Wissen sie für andere Tätigkeiten außerhalb ihres Spezialgebietes unabkömmlich machten. Er stellte fest, daß dies unabänderlich sei. Ich machte ihm klar, daß ich das für Nonsens hielt. Ich schlug vor, eine spezielle Richtlinie zu erlassen, die festlegt, daß eine Person zu einem Zeitpunkt nur an einem Projekt beteiligt sein soll. Diese Richtlinie solle schriftlich niedergelegt werden und weit bekannt gemacht werden. Er stimmte der Idee zu. Ein Jahr danach, als ich wieder in Australien war, war der durchschnittliche Angestellte in weniger als zwei Projekten tätig.

-TDM

Die Aufteilung der Zeit eines Mitarbeiters auf mehrere Projekte ist schlecht für die Teambildung, aber auch schlecht für die Effizienz. (Vielleicht stellen Sie hier schon einen Trend fest.) Mitarbeiter können nur eine bestimmte, begrenzte Anzahl von zwischenmenschlichen Beziehungen pflegen. Wenn sie gleichzeitig in vier Teams arbeiten, dann müssen sie viermal so viel Kontakte aufrecht erhalten. Sie verbringen ihre Zeit nur damit, ständig umzudenken.

Keiner kann gleichzeitig Mitglied von vier eingeschworenen Teams sein. Die engen Beziehungen in einem eingeschworenen Team sind exklusiv. Bei zu großer Verteilung der Zeit kann sich kein eingeschworenes Team bilden. Es ist aber eine traurige Tatsache, daß wir diese Zeitaufteilung viel öfter als notwendig zulassen. Wir geben die Schlacht auf, bevor wir richtig zu kämpfen begonnen haben. Der fest erklärte Wille, daß ein Mitarbeiter nur an einem Projekt arbeiten soll, kann im Großen gesehen schon zu einer drastischen Verringerung der Zeitaufteilung führen und gibt den Teams eine echte Chance zur guten Teambildung.

Qualitätsreduktion der Produkte

Die Überschrift dieses Abschnitts ist nicht ernst gemeint. Niemand spricht über Qualitätsreduktion von Produkten. Man spricht über Kostenreduzierung in der Produktion. Das Ergebnis ist jedoch in beiden Fällen dasselbe. Die Maßnahmen, die wir üblicherweise ergreifen, um eine Produkt schneller fertigzustellen, führen zu verminderter Qualität. Oft stimmt der Endkunde diesem Kompromiß zu (weniger Qualität für frühere, billigere

Verfügbarkeit). Aber solche Zugeständnisse können für die Entwickler ziemlich schmerzlich sein. Ihr Selbstwertgefühl und ihre Freude an der Arbeit werden durch die Notwendigkeit, ein Produkt von deutlich schlechterer Qualität zu erstellen als sie es könnten, unterminiert.

Die Identifikation, die eine Gruppe mit dem Team und mit ihrer Arbeit aufbauen konnte, fällt als erstes der Qualitätsreduktion zum Opfer. Kollegen, die an einem Schundprodukt arbeiten, wollen sich nicht einmal gegenseitig in die Augen schauen. Das Gefühl, gemeinsam etwas erreicht zu haben, kennen sie bestimmt nicht. Sie wissen, daß jeder einzelne sich erleichtert fühlen wird, sobald das laufende Projekt abgeschlossen ist. Am Ende des Projekts wird jeder erhebliche Anstrengungen unternehmen, um sich vom Rest des Teams loszulösen und bessere Aufgaben anpakken zu können.

Scheintermine

In Kapitel 3 haben wir argumentiert, daß enge Termine manchmal demotivierend wirken. Es gibt aber gewisse Situationen, wo enge, aber nicht unmögliche Termine eine erfreuliche Herausforderung für das Team darstellen können. Was jedoch niemals hilft, sind Scheintermine. Wenn der Manager wieder einmal seine gewichtige Stimme erhebt und verkündet: "Wir müssen bis ... unbedingt fertig sein", dann werfen sich die Teammitglieder schon oft gegenseitig Blicke zu. Das hatten sie doch schon öfter. Sie kennen die ganze Routine.

Vielleicht haben Scheintermine früher einmal funktioniert. Vielleicht gab es einmal Systementwickler, die so naiv waren, das zu glauben, was ihnen erzählt wurde. Wenn der Chef sagte: "Das und das muß bis Januar fertig sein", dann wurde das einfach akzeptiert und man machte sich an die Sache. Vielleicht. Aber heute klappt das ganz sicher nicht mehr auf diese Art. Ihre Mitarbeiter merken ganz genau, wenn sie zum Narren gehalten werden. Wenn Sie ein willkürliches Datum vorgeben, bis zu dem ein Produkt unbedingt fertiggestellt sein muß, dann werden Sie Fragen wie diese hören: Warum? Bleibt das Universum stehen, wenn wir es nicht schaffen? Geht die Firma in Konkurs? Wird das Land im Meer versinken? Bricht dann vielleicht die westliche Zivilisation zusammen?

Typischerweise laufen Scheinterminverhandlungen so: Der Manager kündigt zunächst an, daß die Arbeit bis dann und dann unbedingt fertig sein muß. Das genannte Datum kann unmöglich gehalten werden und jeder Beteiligte weiß das. Die Arbeit dauert garantiert länger (womit die Idee "unbedingt fertig sein zu müssen" schon abgehakt ist). Die Aufgabe wurde in einer Weise gestellt, daß ein Erfolg überhaupt nicht möglich ist. Die Botschaft an die Systementwickler ist klar: Der Chef ist ein Parkinsonscher Roboter, der seine Mitarbeiter weder achtet, noch sich um sie kümmert. Der Chef glaubt, daß sie ohne Druck absolut nichts arbeiten würden. In solch einem Projekt sollten Sie nie ein eingeschworenes Team erwarten.

Cliquenkontrolle

Ein Teilnehmer an einem unserer Seminare teilte uns seine folgende Beobachtung mit: "Unser Management zeigt immer nur dann Interesse an einem Team, wenn es explizit versucht, es auseinanderzubringen." Es gibt vielleicht eine explizite Vorschrift in der Firma, daß Teams nicht über die Laufzeit eines Projektes hinaus zusammenbleiben sollen. Oder vielleicht gibt es eine Empfehlung, daß gegen Ende eines Projektes langsam ein Mitarbeiter nach dem anderen herauszulösen ist, damit die Personalabteilung diese Mitarbeiter effizient in neue Projekte einphasen kann. Das stellt sicher, daß Teamstrukturen zerstört werden. Andere Organisationen unternehmen keine gezielten Schritte, um Teams zu zerstören; sie tun aber auch nichts dazu, die Teams zusammenzuhalten.

Der Spaß an Teamarbeit und die Energie, die durch die Zusammenarbeit im Team generiert wird, sind Glaubensartikel in unserer Gesellschaft. Wie kommt es also, daß Organisationen so gleichgültig oder sogar so abweisend auf Teams reagieren? Die Begründung ist zum Teil Unsicherheit, wie wir in Kapitel 19 erläutert haben. Ein anderer Grund ist erstaunlicherweise das fehlende Teambewußtsein im höheren Management. Das Teamphänomen, wie wir es beschrieben haben, tritt nur am unteren Ende einer Firmenhierarchie auf. Trotz der vielen Abhandlungen über "Managementteams" gibt es solche nicht wirklich. Zumindest findet man auf Managementebene keine wirklich eingeschworenen Teams. Wenn Manager in Teams zusammengeschlossen sind, dann nur wegen ihrer Doppelrolle: einerseits sind sie Manager, andererseits sind sie Mitarbeiter in der Gruppe. Nur in ihrer zweiten Rolle werden sie von den Mitarbeitern, die sie managen, zeitweise als Teammitglieder anerkannt. Je höher sie in der Hierarchie der Firma steigen, desto mehr gerät die Idee über eingeschworene Teams bei Ihnen in Vergessenheit.

Noch einmal die traurige Nachricht

Die meisten Organisationen zerstören Teams nicht mit Absicht. Nur ihr tatsächliches Verhalten führt dazu.

Kapitel 21

Spaghetti zum Abendessen

Versetzen Sie sich in die Rolle eines Programmierers, der gerade einem neuen Projekt zugeordnet wurde. Sie kennen Ihre neue Chefin und die meisten Ihrer zukünftigen Kollegen dem Namen nach, aber nicht näher. Am nächsten Montag sollen Sie anfangen. Am Mittwoch der Vorwoche ruft Sie Ihre zukünftige Chefin an. Sie plant ein Treffen zum Kennenlernen für die Mitarbeiter in dem neuen Team. Ist es Ihnen möglich, am Donnerstag abends zu ihr nach Hause zum Essen zu kommen, um die anderen Kollegen kennenzulernen? Sie haben nichts besseres vor und wollen außerdem die anderen treffen, daher sagen Sie zu.

Als Sie ankommen sitzt die Gruppe bereits im Wohnzimmer, Bierdosen in der Hand, und alle erzählen Geschichten aus den letzten Projekten. Sie schließen sich an und geben ein paar Ihrer Erlebnisse zum Besten. Der Ansprechpartner des Kunden ist auch mit von der Partie und erzählt über seinen Abteilungsleiter. Alle trinken noch ein zweites Bier. Langsam kommt der Gedanke an Essen bei Ihnen durch. Aber Sie riechen noch nichts und aus der Küche hört man auch kein Geräusch von etwaigen Vorbereitungen. Schließlich gesteht Ihre zukünftige Chefin ein, daß Sie keine Zeit zur Vorbereitung des Abendessens hatte und schlägt vor, gemeinsam in den Supermarkt nebenan zu gehen, und Zutaten für das Abendessen einzukaufen. "Wir sollten doch in der Lage sein, ein vernünftiges Spaghetti-Essen auf die Beine zu stellen."

Das Team beginnt sich zu formen

Los gehts. Im Supermarkt angekommen wandert die ganze Gruppe durch die einzelnen Gänge. Niemand übernimmt das

Kommando. Die zukünftige Chefin spricht über alles Mögliche, nur nicht über das Abendessen. Sie plaudert und lacht und erzählt, was ihr letztens am Finanzamt zugestoßen ist. Obwohl niemand einen Plan hat sammeln sich doch einige Dinge im Einkaufswagen an. Einer der Kollegen hat die Zutaten für den Salat schon eingepackt. Ein paar sprechen über eine Muschelsauce und - nachdem keiner widerspricht - finden sich zwei, die die Details dafür diskutieren. Sie selbst entschließen sich, Ihr berühmtes Knoblauchbrot beizusteuern. Ein anderer packt noch ein paar Flaschen Chianti ein. Schließlich herrscht Übereinstimmung, daß man genug für das Abendessen im Wagen hat.

Nach der Rückkehr in die Wohnung werden alle Einkaufstüten abgestellt und Ihre Chefin holt sich noch ein Fläschchen Bier und erzählt etwas über ein neues Software-Werkzeug. Nach und nach verlagert sich die ganze Party in die Küche und man beginnt mit einigen Vorbereitungen. Die Chefin gibt keinerlei Anweisungen, meldet sich aber freiwillig zum Zwiebelschneiden, nachdem jemand gesagt hat, daß man jetzt welche braucht. Sie fangen an, den Knoblauch in Olivenöl anzurösten, und neben Ihnen blubbert schon die Sauce. Auch das Spaghettiwassser kocht schon. Schön langsam wird das ganze Essen fertig. Sie essen alle gemeinsam und teilen sich hinterher die Arbeit beim Abwasch.

Was ist hier passiert?

Noch hat keiner eine Stunde Arbeitszeit für dieses Projekt aufgeschrieben, aber trotzdem hatten schon alle das erste Erfolgserlebnis als Gruppe. Erfolg führt zu weiteren Erfolgen, und aus produktiver Harmonie entwickelt sich noch mehr produktive Harmonie. Durch die erste, gemeinsame Erfahrung sind die Chancen, zu einem eingeschworenen Team zu werden, beträchtlich verbessert worden.

Wenn man es auf diese Weise darstellt, dann wirkt das Spaghetti-Essen wie ein Kunstgriff der Managerin. Vielleicht war es aber gar nicht so. Hätte man die Managerin vorher gefragt, was sie eigentlich an dem Abend vorhat, dann wäre die Antwort allen Ernstes "Abendessen" gewesen. Ein Manager mit Naturbegabung spürt in seinem Unterbewußtsein, was für das Team gut ist. Dieses Gefühl ist vielleicht die Leitlinie für das ganze Projekt. Die ganze Erfahrung drückt sich in kleinen, leicht erreichbaren, gemeinsamen Erfolgserlebnissen aus. Man muß schon zweimal hinsehen, wenn man den Einfluß des Managers bei all diesen Vorgängen überhaupt entdecken will. Alles scheint sich einfach von selbst zu ergeben.

Wir haben im Laufe der Jahre viele, ähnliche Geschichten wie die des Spaghetti-Essens von verschiedenen Managern gehört. Der rote Faden in all den Geschichten liegt immer darin, daß gute Manager dem Team häufig und leicht die Möglichkeit geben, gemeinsam Erfolg zu haben. Die Möglichkeiten können winzige Pilot-Projektchen sein, oder Vorführungen, oder Simulationen - alles, was das Team in die Lage versetzt, schnell ein gemeinsames Erfolgserlebnis abzuleiten. Den größten Erfolg erzielt man, wenn bei den Aktionen kein Managementeinfluß sichtbar wird, wenn das Team als Gruppe von gleichberechtigten Kollegen arbeitet, die sich gegenseitig anregen. Der beste Chef ist derjenige, der solche Situationen immer wieder einfädeln oder herbeiführen kann, ohne daß die Teammitarbeiter überhaupt merken, daß sie "gemanagt" werden. Solche Chefs werden von anderen Chefs als Glückspilze eingestuft. Ihnen scheint alles in den Schoß zu fallen. Sie bekommen immer voll motivierte Teams, die Projekte starten hervorragend, und jeder bleibt voll Begeisterung bis zur Fertigstellung bei der Sache. Schweißausbrüche sind für solche Manager ein Fremdwort. Es sieht so einfach aus, daß ihnen keiner abkauft, daß sie überhaupt managen.

Kapitel 22

Kontrolle ist gut, Vertrauen ist besser

Der Zufall spielt beim Zusammenwachsen von Personen zu einem eingeschworenen Team eine große Rolle. Niemand kann den Zufall steuern. Niemand kann es genau dann bewirken, wenn ein eingeschworenes Team dringend gebraucht wird. Manchmal ist die Zusammenstellung falsch. Manchmal sind die Mitarbeiter eines Projekts nicht gewillt, Teil eines Teams zu werden; sie sind und bleiben Einzelgänger.

Rob Thomsett hat in seinem Buch *People and Project Management* einige pathologische Fälle untersucht, die die Teambildung behindern. Das Buch ist eine faszinierende Lektüre. Aber wenige von den pathologischen Fällen lassen sich behandeln. Der einzige Rat ist oft, bestimmte Systementwickler aus dem Team zu entfernen, weil sie die Teambildung erschweren. Abstrakt gesehen klingt das ganz gut; im konkreten Einzelfall ist dieser Ratschlag aber vielleicht undurchführbar. Genau die Person, die man aus Teamgründen am liebsten loswerden möchte, ist oft der Star in vielen anderen Beziehungen. Deshalb müssen viele Vorhaben oft ohne ein eingeschworenes Team vorangetrieben und zum Erfolg geführt werden.

Nachdem wir all das festgestellt haben, bleibt trotzdem eine Tatsache: Einige Manager verstehen es einfach besser, den Teams zu helfen. Sie sind immer wieder erfolgreich. In diesem Kapitel untersuchen wir eine Eigenschaft dieser teamorientierten Manager.

Die Gesundmeldung

Sicherlich haben Sie schon von Personen gehört, die sich krank melden.

Sie haben sicherlich auch schon selbst einige Male angerufen und sich krank gemeldet. Aber haben Sie schon davon gehört, daß jemand anruft und sich gesund meldet?
Das könnte so ablaufen: Sie verlangen Ihren Chef am Telefon und sagen ihm: "Hören Sie mal zu. Seit ich hier arbeite, fühle ich mich krank. Aber heute geht es mir gut und deshalb werde ich nicht mehr zur Arbeit kommen."

-Even Cowgirls Get the Blues
-T. Robbins

Sicherlich kennen Sie den Spruch: "Man muß zwar nicht verrückt sein, um hier zu arbeiten, aber es ist hilfreich." Damit ist sicherlich keine körperliche oder geistige Krankheit gemeint. Es bedeutet nur, daß man an dem Arbeitsplatz bestimmte geistige Überlebensregeln vergessen muß; Regeln, die die eigene Psyche beschützen. Die wichtigste dieser Regeln betrifft die Selbstachtung. Eine Arbeit, die die Selbstachtung angreift, ist "verrückt".

Wenn ein Mitarbeiter anruft, um sich gesund zu melden, ist er reif für einen Arbeitsplatz, an dem seine Selbstachtung gewährleistet ist. Wenn man jemanden ein Arbeitspaket überträgt, dann erkennt man seine Kompetenz in bestimmten Bereichen an, man überträgt ein gewisses Maß an Freiheit und Verantwortung für bestimmte Aufgaben. Manager von "gesunden" Mitarbeitern achten auf den Erhalt dieser Freiheiten, sobald sie einmal übertragen wurden. Sie wissen, daß jeder Fehler des Mitarbeiters natürlich auch ein schlechtes Licht auf sie wirft, aber das gehört nun einmal zu den Spielregeln. Sie sind geistig darauf vorbereitet, hin und wieder selbst einen Rückschlag zu erleiden, als direkte Konsequenz von Fehlern von ein oder dem anderen ihrer Mitarbeiter. Wenn es wirklich passiert, dann nehmen sie zwar an, daß ihnen der Fehler bestimmt nicht unterlaufen wäre, wenn sie die Arbeit selbst gemacht hätten, statt sie an jemanden zu delegieren. Aber was macht das schon? Sie haben ihr Bestes gegeben, als sie einen Mitarbeiter für die Aufgabe ausgewählt haben; ab diesem Zeitpunkt kritisieren sie dessen Entscheidungen nie mehr im Nachhinein.

Diese Vertrauensbasis ist das genaue Gegenteil von defensivem Management. Sie sichern sich nicht gegenüber Ihren Mitarbeitern ab, sobald Sie ihnen einmal das Vertrauen ausgesprochen haben. Und alle Ihre Mitarbeiter haben Ihr Vertrauen bezüglich der einen oder anderen Aufgabe. Ein Mitarbeiter, dem Sie keine Aufgabe vollverantwortlich übertragen können, hilft Ihnen in keiner Weise.

Einer meiner ersten Chefs war Jerry Wiener. Er leitete ein Entwicklungsteam für das Dartmouth Timesharing-Projekt bei General Electric. Später gründete er seine eigene, kleine High-Tech-Firma. Als ich zu dem Team stieß, war die Firma gerade dabei, einen Vertrag abzuschließen, der größer als alle bisherigen Verträge war. Die ganze Mannschaft war versammelt, als unser Firmenanwalt den Vertrag an Jerry übergab, mit der Bitte, diesen zu lesen und auf der letzten Seite zu unterschreiben. "Ich lese keine Verträge", sagte Jerry und setzte zur Unterschrift an. "Oh, einen Moment noch", fiel der Anwalt dazwischen, "ich glaube, ich sehe den Vertrag doch noch einmal durch. "

-TDM

Wir wollen Ihnen hiermit nicht empfehlen, daß Sie Verträge unterschreiben sollen, ohne sie vorher zu lesen (obwohl das vielleicht in den Fällen, wo Sie Personen dafür bezahlen, daß sie Ihre Interessen vertreten, gar nicht so verkehrt ist). Wenn Sie die falschen Berater haben, dann stecken Sie ohnehin in der Krise. Wenn Sie als Manager darauf spezialisiert sind, große Projekte effizient abzuwickeln, dann sind juristische Feinheiten in Verträgen wahrscheinlich ohnehin nicht Ihre Stärke. Das Lesen von solchen Verträgen ist dann oft nur Eitelkeit. Jerry hatte seinen Rechtsberater sehr sorgfältig ausgewählt. Er hatte sich viele Referenzen seiner Arbeit angesehen. Jetzt war sicherlich nicht der Zeitpunkt, defensiv zu handeln; es war die beste Gelegenheit, jedem Mitarbeiter klar zu machen, daß der Chef Kompetenz bei seinen Mitarbeitern voraussetzt und von dieser auch abhängig ist.

Das Gefühl, daß der Chef sein eigenes Ansehen in die Hände seiner Mitarbeiter gelegt hat, ist berauschend und ein bißchen erschreckend zugleich. Jeder fühlt sich verpflichtet, sein Bestes zu geben. Das Team hat etwas, woran es sich klammern kann. Es erledigt nicht nur irgendeine Arbeit. Jeder Mitarbeiter im Team versucht, das Vertrauen, das man in ihn gesetzt hat, zu rechtfertigen. Diese Art von Vertrauensmanagement eröffnet die besten Möglichkeiten, um eingeschworene Teams zu formen.

Hinaus aus dem Büro

Eines der häufigst angewandten Mittel, sich gegen seine eigenen Mitarbeiter abzusichern, ist direkte visuelle Kontrolle. Manager wandern durch die Büros ihrer Mitarbeiter, um zu sehen, ob alle wirklich bei der Arbeit sind und nicht gerade irgendwelche Dummheiten anfangen. Sie fungieren als Parkinsonsche Patrouille, immer bereit, ihre Leute anzutreiben. Natürlich interpretiert das niemand (auch der Manager nicht) in dieser Weise; es gehört ganz einfach zu den Gepflogenheiten in der Firma. Aber allein der Gedanke, diese Gewohnheit aufgeben zu müssen, ist unvorstellbar.

Unlängst war ich als Berater in einem Projekt beteiligt, bei dem es um die Erstellung eines Kundeninformationssystems für eine kalifornische Firma ging. Die Spezifikation war fertig und wir waren bereit, mit dem Entwurf zu beginnen. Der Chef rief uns alle zusammen, und händigte jedem eine Karte aus, auf der der Weg zu einem abgelegenen Gebäude an der Küste eingezeichnet war. Er sagte uns, daß dort ein leerer Konferenzraum bereitsteht, wo wir ungestört arbeiten könnten. Er würde im Büro bleiben und uns alles, außer den ganz, ganz dringenden Telefongesprächen vom Leibe halten. Er sagte zu uns: "Kommt zurück, wenn Ihr fertig seit." Nach mehr als zwei Wochen kamen wir mit einem phantastischen Entwurf des Systems zurück. Er hat in den zwei Wochen niemals angerufen und ist auch niemals bei uns vorbeigekommen.

-TRL

Wenn Sie eine gute Mannschaft leiten, dann können Sie die Erfolgschancen des Teams durch nichts effizienter positiv beeinflussen, als sich hin und wieder ganz aus der Sache herauszuhalten. Jede klar umrissene Teilaufgabe gibt Ihnen dazu die Möglichkeit. Für diese Arbeit braucht man kein zusätzliches Management. Schicken Sie das Team weg. Finden Sie ein weit abgelegenes Büro, mieten Sie einen Konferenzraum an, leihen Sie sich das Sommerhaus eines Kollegen oder stecken Sie das Team in ein Hotel. Nutzen Sie die Nebensaisonpreise in Schigebieten oder irgendwo am Strand. Schicken Sie sie zu einer Konferenz und lassen Sie sie einige Tage länger dort, um in Ruhe zu arbeiten. (Wir haben mindestens ein Beispiel aus der Praxis zu jedem dieser Vorschläge.)

Solche Pläne werden Ihnen sicherlich einige Diskussionen mit Ihren eigenen Kollegen und Chefs einbrocken, denn die Ideen sind sehr mutig. "Wie können Sie wissen, daß Ihre Mitarbeiter nicht gerade jetzt eine Party feiern?", werden Sie gefragt werden. Wie stellen Sie sicher, daß sie nicht um 11 Uhr zum Mittagessen gehen und den ganzen Nachmittag trinken? Die Antwort ist einfach, denn Sie werden die Resultate sehen, die Ihr Team mit zurückbringt. *An ihren Früchten sollt Ihr sie erkennen.* Wenn sie mit sorgfältig durchdachten und vollständigen Ergebnissen kommen, dann haben sie gearbeitet. Wenn nicht, dann nicht. Visuelle Überwachung von Systementwicklern ist witzlos. Strafgefangene werden visuell überwacht.

Aus dem Büro herauszukommen, hilft in mannigfaltiger Weise. Zunächst werden Ihre teuersten Ressourcen nicht mehr von den Störungen und Unterbrechungen belästigt, die sonst so viel ihrer Zeit auffressen. Vielleicht gelingt es Ihnen eines Tages, eine produktive Büroumgebung zu schaffen, Arbeitsplätze, wo man zwischen 9 und 5 in der Lage ist, etwas Sinnvolles zu erledigen. Aber das ist ein Langzeitplan. Kurzfristig sollten Sie jede Möglichkeit nutzen, Ihre Leute aus dem Büro heraus zu kriegen. Zusätzlich zur größeren Effizienz bei der Arbeit geben Sie Ihren Mitarbeitern mit solchen Ausflügen und mit Perioden von totaler Unabhängigkeit die Möglichkeit, zu eingeschworenen Teams mit riesigem Energiepotential zusammenzuwachsen.

Es gibt Regeln und wir mißachten sie

Die Ingenieurbranche ist bekannt für eine spezielle Art von Projekten, die es sonst nirgends gibt: die *Untergrundprojekte*. *Untergrund* bedeutet, daß das Projekt irgendwo im Dunkeln abläuft, so daß das höhere Management nicht sieht, was eigentlich gemacht wird. Das passiert immer dann, wenn Mitarbeiter auf den unteren Ebenen so stark von der Richtigkeit einer Idee oder eines Produktes überzeugt sind, daß sie daran weiterarbeiten, obwohl das Management das Projekt gestoppt hat. Die PDP-11-Rechner, eines der erfolgreichsten Produkte der Digitial Equipment Corporation, entstanden auf diese Weise. Aus solchen Projekten können wir eine Lehre ziehen. Amüsanterweise bedeutet das Wort *Untergrund* in diesem Zusammenhang nichts anderes als *Insubordination*. Das Management sagt nein, und das Projekt geht trotzdem weiter.

Einer unserer Kunden versuchte, ein Projekt abzuschießen, weil man der Meinung war, daß das Produkt keinen Markt habe. Andere Köpfe bekamen die Oberhand und das Produkt wurde erstellt. Es wurde ein riesiger Markterfolg. Der Manager, der das Projekt abschießen wollte (er war inzwischen zum Geschäftsführer der gesamten Firma aufgestiegen), verlieh dem Team eine Medaille mit der Inschrift "Erster Preis für Insubordination". Bei seiner Ansprache anläßlich der Übergabe der Medaille wies er darauf hin, daß potentielle Anwärter für den nächstjährigen Insubordinationspreis auf jeden Fall genauso erfolgreich sein müssen wie dieses Team. Mit Ungehorsam und Erfolglosigkeit könnte man keinen Preis gewinnen.

Mitarbeiter auf allen Ebenen haben ein Gefühl dafür, wann etwas Ungehorsam akzeptiert wird und wann nicht. Mitarbeiter suchen nach Managern, die Vertrauensvorschuß gewähren. Sie setzten sich dafür ein, diese Manager gut aussehen zu lassen, auch wenn diese hin und wieder eine ihrer Entscheidungen korrigieren. Defensive Manager stehen immer alleine dar.

Hühner mit Lippen

Mitte der 70er Jahre half Larry Constantine einigen Firmen als Berater beim Aufbau einer gesunden Firmensoziologie. Einer seiner Ratschläge an die Firmen bestand darin, den Mitarbeitern auf der untersten Ebene doch ein Mitspracherecht bei der Zusammensetzung der Teams einzuräumen. In der Praxis wurde das so gehandhabt, daß die Firma neue Projekte an zentraler Stelle am schwarzen Brett aushing. Die Mitarbeiter konnten sich selbst zu Teams formieren und sich dann als Gruppe für ein Projekt "bewerben". Wenn Sie also mit einigen Kollegen gerne und gut zusammenarbeiteten, dann konnten Sie alle Ihre Bewerbungsunterlagen zusammenheften und gemeinsam die Vorzüge anpreisen. Für Ihr Team sprach natürlich, wie gut alle zusammenarbeiten können, wie sehr Sie sich gegenseitig ergänzen, wie wenig andere Aktivitäten in der Firma gestört würden, wenn Sie als ganzes Team den Zuschlag erhielten. Die Firma wählte dann das Team aus, das am besten für das Projekt geeignet schien.

Mit dieser Vorgehensweise hatten die Mitarbeiter zwei ungewöhnliche Freiheitsgrade: jeder konnte das Projekt auswählen, an dem er arbeiten wollte und die Kollegen, mit denen er arbeiten wollte. Überraschenderweise stellte sich heraus, das der erste Freiheitsgrad gar nicht wichtig war. Das Management war anfangs etwas besorgt, daß die Mitarbeiter sich nur auf die interessanten, neuen Projekte stürzen würden, aber das passierte nicht. Sogar für die normalen Routineprojekte fanden sich genügend Freiwillige. Der zweite Freiheitsgrad war wirklich wichtig für die meisten: Sie wollten sich aussuchen, mit wem sie gemeinsam arbeiten.

Die Idee der Anhörung bei der Einstellung, die wir in Kapitel 15 präsentiert haben, führt zu ähnlichen Effekten. Die Projektmitarbeiter, die bei der Anhörung zuhören, sind nicht nur das Publikum für den Kandidaten; sie dürfen mitreden, ob der Kandidat ein Angebot erhält oder nicht. Zusätzlich zur technischen Beurteilung liefern sie die Meinung des Teams, wie gut der Kandidat sich wahrscheinlich einfügen wird: "Ich glaube, wir können mit dem gut zusammenarbeiten" oder "Technisch scheint er auf der Höhe zu sein, aber er paßt in die Gruppe wie die Faust aufs Auge".

Vor einigen Jahren arbeiteten wir in einer Gruppe, die sich ziemlich gut verstand. Die Gruppe hatte schon viele Gemeinsamkeiten, insbesondere auch einen gemeinsamen Sinn für Humor. Wir haben sogar gemeinsam eine Theorie über den Humor entwickelt. Die Theorie ging davon aus, daß einige Dinge von vornherein schon lustig sind, andere nicht. Hühner, zum Beispiel, sind lustig, Pferde sind es nicht. Lippen sind spaßig, Ellbogen und Knie sind lustig, aber Schultern sind bloß Schultern. Eines Tages hatten wir eine Anhörung eines neuen Bewerbers. Nachdem die Vorstellung zu Ende war und der Kandidat wieder gegangen war, bewertete einer unserer Kollegen das Gespräch: "Gegen seine Sachkenntnisse gibt es keinerlei Einwände. Aber glaubt Ihr, daß er jemals begreifen wird, daß Hühner mit Lippen lustig sind?" Der Kandidat wurde nicht eingestellt.

Wer gibt hier den Ton an?

Die besten Chefs riskieren einiges. Sie nehmen bezüglich ihrer Mitarbeiter einiges Risiko in Kauf. Das heißt nicht, daß gute Manager nicht managen, daß sie keine Anweisungen geben oder daß sie ihre Meinung nicht einbringen. Das müssen sie sogar dauernd tun. Wir schlagen hier nur vor, daß sie dazu nur ihre *natürliche Autorität* einsetzen. Zwischen Handwerksmeistern und Auszubildenden findet man diese natürliche Autorität auch - der Meister weiß über die Arbeit Bescheid, der Auszubildende noch nicht. Niemand muß sich erniedrigen, wenn er diese Art von Autorität anerkennt; der Anreiz bleibt trotzdem erhalten, und es wird einem nicht unmöglich gemacht, sich mit Kollegen zu verbünden. Das Gegenteil von natürlicher Autorität ist das unsichere Verlangen nach Gehorsam. Es stellt sich so dar: "Du sollst in mir jemanden aus einer anderen Kaste sehen, aus der Managerkaste. Ich gehöre zur denkenden Klasse. Alle unter mir sind nur angestellt, um meine Entscheidungen auszuführen."

In den besten Organisationen funktioniert diese natürliche Autorität nach allen Richtungen. Vom Manager weiß man, daß er einige Dinge besser erledigen kann als andere, z.B. die generelle Marschrichtung vorgeben, verhandeln, Personen einstellen, ... Man vertraut ihm bei all diesen Tätigkeiten. Von jedem der Mitarbeiter weiß man, welches sein Spezialgebiet ist. Auf diesem Gebiet wird er von allen als natürliche Autorität anerkannt, auch vom Manager. In einer solchen Atmosphäre des gegenseitigen Vertrauens können sich Teams am besten formen.

Kapitel 23

Zutaten zur Teambildung

Einige Organisation sind für ihr andauerndes Glück bekannt, wenn es um die Bildung erfolgreicher Teams geht. Es ist natürlich nicht das Glück, es sind ganz einfach die *richtigen Zutaten*. Diese Organisationen haben das bestimmte Etwas, eine optimale Mischung aus Kompetenz, Vertrauen, gegenseitiger Achtung und gesunder Firmensoziologie, die den idealen Nährboden für eingeschworene Teams bildet. Und diese Faktoren helfen nicht nur bei der Teambildung. Alles geht einfach besser. Diese Organisationen sind rundherum gesund.

Statt Ihnen ein Beispiel aus unserem Erfahrungsschatz zu geben, möchten wir Sie lieber auffordern, doch selbst einmal zurückzublicken. Haben Sie schon einmal in einer Organisation gearbeitet, die nur so vor Gesundheit strotzte? Keiner war verkrampft, jeder fühlte sich wohl und genoß die Zusammenarbeit mit den Kollegen. Es gab keine Verteidigungsmentalität, keiner versuchte, als Einzelperson trotz der Vorgänge rund um ihn herum erfolgreich zu sein. Alle zogen an einem Strang. Jeder war stolz auf die Qualität der geleisteten Arbeit. (Sie sollten wenigstens ein bißchen etwas von diesem Gefühl bei Ihrer jetzigen Arbeit verspüren. Ansonsten ist es vielleicht Zeit, Ihren Chef anzurufen, sich gesund zu melden, und ein Zeugnis zu verlangen.)

Was müssen Manager in solch gesunden Firmen eigentlich tun? Wenn man nur oberflächlich hinsieht, könnte man den Eindruck bekommen, sie hätten überhaupt nicht viel zu tun. Sie scheinen nicht unter Streß zu stehen. Sie geben nicht viele Direktiven aus. Was auch immer sie mit der Projektarbeit zu tun haben mögen, die rund um sie herum ausgeführt wird, man wird sie sicherlich nicht dabei erwischen, daß sie selbst Projektarbeit leisten.

In den gesündesten Organisationen verwenden die Manager ihre ganze Kraft dafür, die richtigen Zutaten für diese Gesundheit bereitzustellen und bereitzuhalten. Abteilungen strotzen nur dann vor Gesundheit, wenn ihre Manager daran arbeiten. Ihre Methoden kann man eigentlich nur in ihrer Gesamtheit begreifen. Ähnlich wie bei einem guten Gericht kann man den Geschmack nur als Ganzes beschreiben; es ist nicht leicht, die einzelnen Zutaten davon herauszufiltern und einzeln zu analysieren. (Wichtiger als die einzelnen Zutaten ist die Tatsache, wie alles zusammenpaßt.) Wir wollen den Versuch der Analyse aber trotzdem wagen.

Im folgenden finden Sie eine zugegebenermaßen stark vereinfachte Liste von Zutaten für den Aufbau einer gesunden Organisation:

- Machen Sie Qualität zum Kult
- Verteilen Sie Unmengen von Anerkennung
- Pflegen Sie ein Gefühl von Elite
- Ermöglichen Sie Heterogenität und ermutigen Sie Ihre Mannschaft dazu
- Beschützen und erhalten Sie erfolgreiche Teams
- Geben Sie strategische, aber keine taktischen Richtlinien aus.

Es gibt noch viel mehr. Wir haben nur die Zutaten herausgegriffen, die Einfluß auf die Teambildung haben. In den folgenden Abschnitten geben wir Ihnen unsere Meinung zu den einzelnen Punkten wieder.

Qualität als Kult

Die Aussage, daß ein noch fehlerhaftes Produkt schon gut genug ist, ist ein Sargnagel für jedes eingeschworene Team. Wenn es sich nur um mittelmäßige Produkte handelt, fehlt jeder Anreiz, sich mit den Kollegen zusammenzutun, um gemeinsam Befriedigung in der Arbeit zu finden. Die gegenteilige Einstellung, "nur das Beste ist gut genug für uns", gibt dem Team eine echte Chance.

Ein Qualitätskult ist der stärkste Katalysator zur Teambildung.

Es bindet das Team zusammen, weil es sich vom Rest der Welt unterscheidet. Wie Sie sich erinnern werden, kümmert sich der Rest der Welt nicht besonders stark um Qualität. Natürlich spricht man viel darüber, aber wenn die Qualität 10 Pfennig extra kostet, dann kommt das wahre Gesicht derjenigen zutage, die diese 10 Pfennig locker machen müssen.

Unser Freund Lou Mazzucchelli von Cadre Technologies war auf der Suche nach einem Reißwolf. Ein Verkäufer führte sein Gerät vor. Es war fürchterlich. Das Gerät war riesig und ungeheuer laut. Es produzierte selbst dann noch zuviel Krach, wenn man kein Papier durchjagte. Unser Freund fragte nach einem deutschen Fabrikat, von dem er gehört hatte. Der Verkäufer reagierte ziemlich verächtlich. Das Ding kostet um 50% mehr und erfüllt die gleiche Funktion, antwortete er. "Für das zusätzliche Geld erhalten Sie nichts", sagte er, "außer besserer Qualität."

Ihr Zielmarkt, die Käufer Ihres Produkts, Ihre Kunden und Ihr höheres Management werden nie für höhere Qualität plädieren. Außerordentliche Qualität ist kurzfristig unter wirtschaftlichen Gesichtspunkten nicht sinnvoll. Wenn Systementwickler Qualität zum Kult machen, dann produzieren sie immer etwas, das besser ist, als der Markt es momentan verlangt. Sie können das aber nur dann schaffen, wenn sie vom kurzfristigen marktwirtschaftlichen Druck befreit werden. Mittelfristig gesehen zahlt sich das immer aus. Die Mitarbeiter berauschen sich an der Qualität und übertreffen sich selbst, um die Qualität halten zu können.

Den Kult um die Qualität vergleicht Ken Orr mit "dem Sandkorn in der Auster". Es ist der zentrale Punkt, um den herum sich ein Team bildet.

Ich habe ihr doch bei der Hochzeit gesagt, daß ich sie liebe

Vielleicht ist es für Sie neu, aber menschliche Wesen brauchen von Zeit zu Zeit die Bestätigung, daß sie auf dem richtigen Weg sind. Auch Gruppen von menschlichen Wesen brauchen diese Bestätigung. Diese Bestätigung kommt durch Erfolgserlebnisse. Ein Erfolgserlebnis ist wie das wohltuende "Klick", wenn alle Teile eines komplizierten Ganzen auf einmal richtig einrasten.

Auch Organisationen brauchen solche Erfolgserlebnisse. Ein Erfolgserlebnis für eine Organisation ist vielleicht der erfolgreiche Abschluß einer Arbeit gemäß der Planung, vielleicht auch hin und wieder eine Bestätigung zwischendurch, daß man auf dem richtigen Weg ist (zum Beispiel beim Erreichen eines Meilensteines oder bei Auslieferung eines signifikanten Teilergebnisses). Wieviele Erfolgserlebnisse eine Organisation braucht, hängt von den Geldsummen ab, die auf dem Spiel stehen. Oftmals befriedigt eine Bestätigung am Ende eines Vier-Jahre-Projektes die Bedürfnisse der Organisation vollauf.

Das Problem liegt darin, daß Organisationen viel weniger Bestätigung brauchen als die einzelnen Mitarbeiter, die für die Organisation arbeiten. Die Aussicht, daß man vier Jahre lang vor sich hin arbeitet, ohne dieses "Klick" jemals zu vernehmen, verführt jeden in der Gruppe zu dem Gedanken "Ich sterbe noch bevor wir mit dieser Arbeit jemals fertig werden." Insbesondere zu dem Zeitpunkt, wo ein Team sich gerade formt, ist häufige Bestätigung notwendig. Die Teammitglieder müssen das Gefühl bekommen, daß sie oft gemeinsame Erfolge haben und sie müssen dieses Gefühl lieben lernen. Das ist ein Teil des Verfahrens, durch den der Schwung in das Team kommt.

Der Manager, die sich um die Zutaten für den Erfolg kümmert, wird die Arbeit sorgfältig so aufteilen, daß jeder Teil nachweisbar erfolgreich abgeschlossen werden kann. So ein Manager entwickelt ein Produkt vielleicht in 20 Zwischenversionen, obwohl 2 Versionen für das höhere Management und den Kunden völlig ausreichen würden. Vielleicht muß man sogar einige dieser Versionen vor dem Kunden verheimlichen und sie nur für die interne Zufriedenheit und zur Bestätigung der Arbeit der Teammitglieder entwickeln. Jede Version ist eine Gelegenheit für ein Erfolgserlebnis. Die Systementwickler werden heiß, wenn das Ziel in Sicht kommt; kurz vorher nehmen sie noch einmal alle Kräfte zusammen. Danach berauschen sie sich an dem Erfolg. Und der Erfolg gibt ihnen die Energie für die nächsten Schritte. Alle rücken viel näher zusammen.

Das Elite-Team

Anfangs der 70er Jahre schickte der Vizepräsident einer Firma, die zu unseren Kunden zählte, eine Hausmitteilung bezüglich

Reisekosten an alle seine Mitarbeiter. Vielleicht haben Sie auch schon solche Hausmitteilungen erhalten, aber diese war ganz anders. Mehr oder weniger wörtlich stand darin: Es ist mir zu Ohren gekommen, daß einige von Ihnen bei Reisen Touristenklasse nehmen. Dies ist keine Firma der Touristenklasse. Wir sind eine erstklassige Firma. Wenn Sie in Zukunft dienstlich reisen, dann werden Sie erster Klasse reisen." Natürlich kostete diese Hausmitteilung eine Menge Geld. Die entstehenden Ausgaben waren deutlich spürbar und das Einzige, was man dagegen aufrechnen konnte, war ein gesteigertes Elitebewußtsein unter den Mitarbeitern. Zumindest eine Firma glaubte daran, daß sich das lohnt. Das kann doch im wirklichen Leben nie passieren, meinen Sie? Es passierte, bei Xerox.

Wer schon Popcorn für "unprofessionell" hält, der muß Elitedenken als reinste Subversion betrachten. Die Meinung, daß Manager ihrem Job nicht gewachsen sind, wenn irgendein Team aus der Masse herausragt, ist weit verbreitet. Der Grad, mit dem ein Team sich an Firmenstandards hält, wird oft als Meßlatte für die Macht genommen, die ein Manager über seine Leute hat. Aus Sicht der Leute, die gemanagt werden, ist diese Meßlatte oft tödlich. Je wohler sich der Manager in seiner Haut fühlt, desto schwächer wird die Leistungsbereitschaft der Mitarbeiter.

Mitarbeiter brauchen ein gewisses Gefühl, einzigartig zu sein, um mit sich selbst zufrieden zu sein. Und sie müssen mit sich selbst zufrieden sein, bevor sie als Teil eines harmonischen Teams arbeiten können. Wenn das Management diese Einzigartigkeit zu unterdrücken sucht, so wird sie doch entstehen. Die Mitarbeiter zeigen ihre Einzigartigkeit dann nur in unkontrollierbaren Dimensionen. Mitarbeiter, die stolz darauf sind, daß sie als schwer kontrollierbar gelten oder kaum motivierbar sind, oder nicht mit anderen friedlich zusammenarbeiten können, reagieren oft nur auf zuviel Kontrolle. Fast immer würden sie sich lieber auf irgendeine weniger schwierige Weise produzieren, auf einem Gebiet, das die effektive Zusammenarbeit in der Gruppe nicht gefährdet.

Was kann denn an einem Team nicht stimmen, das ein einzigartiges Qualitätsbewußtsein an den Tag legt, oder einzigartig produktiv ist, oder auf einzigartige Weise enge Endtermine einhalten kann? Nichts, denken Sie vielleicht. Trotzdem aber schrekken diese sehr vernünftigen Formen von Elitedenken bereits eine ganze Menge Manager. Sie stöhnen darüber, daß solche Teams sehr aufsässig und unmöglich zu managen sind. Das einzige, was wirklich durch Eliteteams bedroht ist, ist nicht die Beherrschbarkeit des Teams, sondern nur die Insignien der Macht eines Managers. Das Team versucht mit allen Mitteln erfolgreich zu sein, und der Manager denkt nur sorgenvoll daran, daß er als Schwächling dastehen könnte.

Wenn Sie die Haltung Ihrer Mitarbeiter ändern könnten und sie viel produktiver und zielgerichteter machen könnten, dabei aber auch viel schwerer beherrschbar, würden Sie das Risiko auf sich nehmen? Die Antwort auf diese Frage unterscheidet die großartigen Manager von den nur durchschnittlichen Managern. Der durchschnittliche Manager verzichtet nicht auf die Insignien seiner Macht. Ein großartiger Manager weiß, daß er ohnehin nur begrenzten Einfluß auf seine Mitarbeiter hat. Das Wichtigste beim erfolgreichen Management ist die Ausrichtung aller Beteiligten auf ein gemeinsames Ziel. Dann muß man die Mannschaft so sehr anheizen, daß sie nichts mehr - nicht einmal ihr Manager - auf dem Weg zu diesem Ziel stoppen kann.

Ein eingeschworenes Team bringt Leute dazu, viel produktiver und zielgerichteter zu arbeiten. Und als Manager geben Sie die Kontrolle (zumindest scheinbar) teilweise auf, wenn ein Team zusammenwächst. Das Team fängt an, sich in irgendeiner Beziehung als etwas Besonderes zu sehen, wobei alle Mitglieder das gleiche Elitegefühl verspüren. Die Einzigartigkeit eines Teams muß nichts besonders Großartiges sein. Es gab zum Beispiel eine Verteidigungsriege in einem Football-Team, bei dem die einzige Gemeinsamkeit darin lag, daß alle Teammitglieder ziemlich unbekannt waren. Das reichte aus. Sie waren stolz darauf, unbekannt zu sein, und das hielt sie zusammen. Die Einzigartigkeit, egal worin sie sich ausdrückt, ist die Grundlage für die Identität eines Teams, und diese Identität ist ein wichtiger Bestandteil eines eingeschworenen Teams.

Beachten Sie, daß die Einzigartigkeit eines Teams sich nur in einem Aspekt zeigen muß, nicht in allen Aspekten. Es gibt viele Beispiele für Teams, die sich in vielen Aspekten an organisationsweite Vorschriften halten. Militärische Spezialeinheiten tragen die normalen Uniformen und die meisten Sportteams tragen die gleiche Kleidung. Aber solange sie sich in einer Hinsicht als herausragend empfinden können, können sie sich in anderen

Hinsichten mit den Vorschriften anfreunden.

Manager, die sich von Eliteteams bedroht fühlen, führen oft das Argument an, daß Eliteteams verheerenden Schaden bei den Mitarbeitern anrichten können, die nicht Teil des Eliteteams sind. Wenn sich eine kleine Gruppe als die absoluten Sieger sieht, dann müssen sich doch alle anderen als Verlierer fühlen. Es ist richtig, daß extrem erfolgreiche Teams entmutigend auf andere Personen wirken. Das ist aber weniger auf die Teams zurückzuführen, als auf den Erfolg. Wenn das Ihr einziges Problem ist, dann sollten Sie selbst ein Buch schreiben.

Never Change A Winning Team

Wenn ein Team harmonisch zusammenarbeitet, dann sollten Sie es nicht zerstören. Geben Sie dem Team wenigstens die Chance, das nächste Projekt wieder gemeinsam zu bestreiten. Vielleicht entschließen die Mitarbeiter sich, getrennte Wege zu gehen, aber sie sollten die Wahl haben. Wenn Teams von einem Projekt zum nächsten zusammenbleiben, dann haben sie schon am Anfang des neuen Projekts einen riesigen Motivationsvorsprung.

Das Team als Netzwerk

Als Manager hören Sie vielleicht das Folgende nicht so gerne, aber Manager sind normalerweise nicht Teil des Teams, das sie managen. Teams bestehen aus gleichrangigen Mitgliedern, die auch gleichrangig agieren. Der Manager ist meist außerhalb des Teams, gibt gelegentlich Anweisungen von oben und räumt die administrativen und organisatorischen Hürden aus dem Weg. Per Definition ist der Manager nicht gleichrangig und kann daher nicht Teil einer Gruppe von gleichrangigen Mitarbeitern sein.

Die Idee irritiert die Manager, die stolz auf ihre Führungsqualitäten sind. Soll der Manager nicht Führungsstärke beweisen, als Libero agieren, das Team auf dem Weg zum Sieg motivieren, und in Sekundenschnelle Entscheidungen treffen und Spielvarianten vorschlagen? Das klingt recht gut, aber ein Team, das soviel Führung braucht, funktioniert als Team noch nicht richtig. In den besten Teams übernehmen verschiedene Personen zeitweise die Führungsrolle, und zwar genau in dem Gebiet, in dem die Einzelnen ihre Stärken haben. Keiner ist dauernd die Leitfigur, denn diese Person würde rasch aufhören, gleichrangig zu sein, und dadurch würde die gute Zusammenarbeit langsam aufhören.

Die Struktur eines Teams ist ein Netzwerk und keine Hierarchie. Bei aller Hochachtung vor dem Konzept der "Leadership" (einem Kultwort in unserer Industrie), hier hat es keinen Platz.

Die Qual der Wahl

Bei unseren Betrachtungen von Teams haben wir hin und wieder die natürliche Analogie zwischen Teams im Sport und Teams in der Industrie genutzt. Das Wort *Team* alleine bringt uns sofort Bilder von gesunden, jungen Menschen, die hinter einem Fußball, hinter einem Eishockeypuck oder hintereinander herjagen, vor unser geistiges Auge. Es fällt uns schwer, an Teams zu denken, ohne an Sport zu denken. Aber die Analogie zu Sportteams führt uns an einigen Stellen auch in die Irre.

Das typische Team, das wir am Wochenende im Fernsehen sehen, besteht aus Einzelpersonen, die vieles gemeinsam haben: die Spieler eines Basketballteams sind z.B. meist groß, jung, kräftig und männlich. Sie sind sich ähnlich, weil ihr gemeinsames Hobby diese gleichartigen Eigenschaften erfordert. Diese Forderung nach Gleichartigkeit trifft auf Entwicklungsteams weniger stark zu. Da aber unser ganzes Denken von Sportteams geprägt ist, erwarten wir diese Gleichheit von Teams und arbeiten vielleicht unterbewußt darauf hin.

Ein bißchen Heterogenität kann erheblich zur Bildung eines eingeschworenen Teams beitragen. Lassen Sie eine behinderte Person zusätzlich in einem neuen Team mitarbeiten, und die Erfolgschancen für gute Zusammenarbeit sind größer. Den gleichen Effekt können Sie erreichen, wenn Sie einen Studenten, der Teilzeit arbeitet, mit einspannen, oder eine Ex-Sekretärin, die gerade nach einer Umschulung ihr erstes DV-Projekt anfängt. Was auch immer die Heterogenität in das Team bringt, es wird symbolhaften Wert für die Teammitglieder haben. Damit geben Sie ein Signal, daß man nicht unbedingt eine Kopie von den anderen sein muß, daß man nicht wie der Einheitsangestellte auftreten muß, um dazu zu gehören.

Das traurigste Beispiel einer homogenen Arbeitsgruppe ist ein Team, das nur aus Männern besteht. Frauen sind die offensichtlichen Opfer der Sport-Analogie: Die gleiche Männergesellschaft, die Frauen so lange aus den Teamsportarten ferngehalten hat, tut auch jetzt nichts zur Wiedergutmachung dieses Verbrechens. Man(n) läßt es sogar angehen, daß der Meinung, Frauen seien schlechte Teamgefährten, nicht widersprochen wird. Natürlich passen Frauen genau so gut in Entwicklungsteams wie Männer. Männer, die irgendwann in gemischten Teams gearbeitet haben, können sich ein Arbeiten in reinen Männerteams kaum mehr vorstellen. Das war das traurige Los der Generation ihrer Väter.

Fassen wir noch einmal zusammen

Sie können Harmonie nicht immer erzwingen, aber wenn ein Team es schafft, dann war es jeden Aufwand wert. Die Arbeit macht Spaß, die Leute strotzen vor Leistungswillen. Sie flitzen von Meilenstein zu Meilenstein und halten Ausschau nach weiteren. Sie fühlen sich wohl. Sie stehen treu zu ihrem Team und auch zu der Firma, die sie als Team arbeiten läßt.

Unser westliches Erbe, insbesondere das amerikanische Erbe, ist voll von alten Geschichten von Gemeinschaften. Unsere Literatur und unsere Filme zeigen immer wieder das Bild der amerikanischen Kleinstadt. Man wandert entlang der Holzzäune der Nachbarn, winkt ihnen zu, hält ein kurzes Schwätzchen mit dem Fleischer oder streichelt den Hund des Kaufmanns. Diese Kleinstadtidylle ist in unser Gehirn eingebrannt. Aber man findet sie kaum irgendwo. Die Bilder kommen uns noch ziemlich echt vor, aber die meisten von uns leben nicht so. Stattdessen leben wir in modernen, gemeinschaftslosen Städten.

Anonyme Hochhaussiedlungen und überfüllte Züge zum Arbeitsort befriedigen unsere Bedürfnisse bezüglich Gemeinschaft nicht. Teams können das ersetzen, wenn sie funktionieren. Vielleicht sind sie deshalb für uns so wichtig.

TEIL V

DIE ARBEIT HIER SOLL SPASS MACHEN

Irgendwo tief in unserem Gehirn ist die Vorstellung eingebrannt, daß Arbeit beschwerlich sein muß. Wenn Sie etwas gerne tun, dann kann das keine richtige Arbeit sein. Wenn Sie etwas sehr gerne tun, dann ist das bestimmt sündhaft. Sie sollten das nicht so häufig machen oder vielleicht gar nicht machen. Und ganz bestimmt sollten Sie dafür nicht auch noch Geld erhalten. Stattdessen sollten Sie sich lieber andere Arbeit suchen, etwas, was mehr nach wirklicher Arbeit aussieht. Dabei können Sie sich dann genauso langweilen, müde und unglücklich fühlen, wie alle anderen auch.

Wenn Sie als Manager tätig sind, dann verlangt diese überlieferte Grundeinstellung von Ihnen, daß Sie dafür sorgen, daß keiner Ihrer Mitarbeiter bei der Arbeit Spaß hat. Jedes Anzeichen von Vergnügen und Freude am Arbeitsplatz deutet ganz sicher darauf hin, daß irgendein Manager seinen Job nicht richtig im Griff hat. Die Mitarbeiter scheinen nicht wirklich hart und konzentriert zu arbeiten, sonst hätten sie doch keine Zeit, um auch noch Spaß bei der Arbeit zu haben.

Natürlich gibt keiner offen zu, daß Arbeit keinen Spaß machen darf, aber die Idee ist sehr weit verbreitet und schlummert tief in unserem kulturellen Unterbewußtsein. Hin und wieder kommt sie ans Tageslicht. In uns rührt sich sofort das schlechte Gewissen, wenn wir uns dabei ertappen, vor lauter Freude über eine Arbeit am Arbeitsplatz zu lachen. Die Idee tritt auch zu Tage, wenn wir uns widerwillig den Kleidungsvorschriften beugen oder den Anti-Popcorn-Erlaß akzeptieren. Auch die sorgenvoll gerunzelte Stirn unterscheidet den ernsthaften Profi von den Leuten, die sich gut unterhalten.

In diesem Teil des Buches gehen wir von der gegenteiligen Annahme aus: Arbeit soll Spaß machen.

Kapitel 24

Chaos und Ordnung

Irgendetwas in unserer menschlichen Natur ist darauf programmiert, Ordnung zu schaffen. Sobald wir irgendwo Chaos erblicken, rollen wir sofort die Ärmel hoch und fangen an, Ordnung zu schaffen. Wo wir hinsehen finden wir Ordnung - in unseren Wohnungen, in den Gärten, bei der Art, wie wir uns frisieren und wie wir unsere Straßen in schönen Mustern bauen. Daraus sollte man aber nicht schließen, daß wir viel glücklicher wären, wenn es kein Chaos mehr gäbe. Ganz im Gegenteil, wir würden uns tödlich langweilen. Das bißchen Chaos, das in unserer zivilisierten Welt noch übriggeblieben ist, ist ein wertvoller Besitz. Wir müssen es sorgfältig bewahren und wir müssen die gierigen Ordnungsfanatiker davon abhalten, zuviel davon "aufzuräumen".

Wir Manager gehören oft zu diesen Ordnungsfanatikern. Wir halten das Chaos für unsere Herausforderung. Wir glauben, daß Ordnung schaffen unser oberstes Ziel ist. Ein Manager mit großem Vertrauen zu seinen Mitarbeitern geht da anders vor. Er überläßt einige wohlabgegrenzte, chaotische Teilaufgaben seinen Leuten. Seine Aufgabe ist nur die Zerteilung des großen Chaos in kleine, wohldefinierte Pakete. Seine Mitarbeiter haben dann das Vergnügen, in diesem Rahmen wirklich Ordnung schaffen zu dürfen.

Fortschritt ist unser vordringlichstes Problem

Die Menge an Chaos nimmt ständig ab. Bei neuen Technologien merkt man das am deutlichsten. Personen, die sich vor einigen Jahren wegen der Neuheit zu solchen Gebieten hingezogen fühlten, sprechen jetzt schon von der guten, alten Zeit, als die Dinge noch nicht so einfach, mechanisch erledigt werden konnten. All die großartigen Fortschritte der letzten 20 Jahre haben dazu beigetragen, Teile unserer Arbeit weniger chaotisch zu gestalten. Natürlich waren all diese Fortschritte wunderbar - wir würden niemals zu den alten Gepflogenheiten zurückkehren wollen, aber trotzdem ...

Wir streben nach einer Verbesserung unserer Methoden und wir trachten danach, Systementwicklung zu einer "richtigen" Disziplin auszubauen. Das ist Fortschritt. Natürlich geht dadurch etwas von dem irren Spaß verloren, aber was für den einen Spaß war, war für den anderen vielleicht Qual und Pein. (In dem Projekt, in dem Sie soviel Spaß hatten, hat sich Ihr Chef vielleicht ein Magengeschwür eingefangen.) Der Fortschritt zu immer besser strukturierten, plan- und kontrollierbaren Methoden ist - im großen betrachtet - ein unaufhaltsamer Trend. Der kluge Manager wird sich nicht gegen diesen Trend auflehnen; vielleicht will er aber hin und wieder etwas von dem verlorenen Chaos, das soviel Energie in den Mitarbeitern freigesetzt hatte, wieder in die Projekte einbauen. Das führt zu einem Verfahren der *konstruktiven Wiedereinführung von kleinen Bereichen mit Unordnung.*

Nachdem wir die Idee so schonungslos vorgestellt haben, können wir Ihnen leicht einige Wege aufzeigen, wie Sie diese Idee in die Praxis umsetzen können.

- durch Pilotprojekte
- durch Wettkämpfe
- durch Brainstorming
- durch provokative Schulungserfahrungen
- durch Ausbildung, Reisen, Konferenzen und Feiern

Wir haben in diese Liste nur Praktiken zur Einführung von gezielter Unordnung aufgenommen, von denen wir wissen, daß sie in realen Projekten erfolgreich waren. Ihre eigene Liste kann natürlich viel länger sein. Ein kurzes Brainstorming kann wilde und wunderbare Möglichkeiten aufzeigen. (Über Brainstorming als Technik sprechen wir gleich noch.)

Pilotprojekte

Ein Pilotprojekt ist ein Projekt, in dem Sie das dicke Buch mit den Firmenstandards zur Seite schieben und etwas Neues ausprobieren. Ein neues Verfahren ist am Anfang natürlich unbekannt, deshalb müssen Sie beim ersten Einsatz einen Rückgang der Effizienz einplanen. Das sind die Lernkosten. Auf der anderen Seite der Gleichung kommt die Produktivitätssteigerung zum Tragen, die durch Verwendung eines neuen Verfahrens entsteht. Auf dieser Seite der Gleichung kommt auch der Hawthorne-Effekt ins Spiel: die zusätzliche Motivation und das gesteigerte Interesse Ihrer Mitarbeiter, die nur wegen der Neuheit und Andersartigkeit ausgelöst werden.

Reichen diese beiden positiven Faktoren aus, um den Nachteil der Lernkurve auszugleichen? Wir sind nicht so blauäugig, Ihnen das für jeden Fall zu garantieren. Bei so einem Experiment spielen die Art des neuen Verfahrens, die Länge des Projekts und die Fähigkeiten des Projektteams eine entscheidende Rolle. Außerdem ist es ausschlaggebend, wie sehr Ihre Mitarbeiter an das Verfahren glauben, das sie gerade ausprobieren wollen. In unserer Erfahrung weisen Pilotprojekte, also Projekte, die irgendeinen neuen Ansatz austesten, normalerweise überdurchschnittliche Nettoproduktivität auf. Das heißt, ein bestimmtes Projekt kostet Sie weniger, wenn Sie sich dazu durchringen, es als Pilotprojekt mit irgendeinem neuen Verfahren abzuwickeln.

Sollte man also jedes Projekt als Pilotprojekt abwickeln? Wenn sich Ihre Firma dazu entschließt, so wäre sie in guter Gesellschaft, zusammen mit Fujitsu, Teilen von Southern California Edison und einigen Abteilungen von IBM. Insgesamt gesehen ist es sicherlich sinnvoller, jedes Projekt als eine Art Pilotprojekt aufzuziehen, als nie Pilotprojekte durchzuführen.

Es gibt zwei offensichtliche Einwände gegen längerfristig angelegte Programme von Pilotprojekten:

- Werden uns nicht eines Tages die Ideen ausgehen, was wir noch probieren könnten?
- Werden wir nicht spätere Tätigkeiten (wie Produktwartung, Kundenschulung, usw.) erschweren, wenn wir ständig anders entwickelte Produkte abliefern?

Den erste Einwand kann man nur auf abstrakter Ebene ernsthaft diskutieren. Nachdem die meisten Firmen bis jetzt eine Strategie verfolgt haben, die nur selten - wenn überhaupt - zur Erprobung neuer Ideen anregte, brauchen sie sich jetzt keine Sorgen darüber machen, daß ihnen die Ideen ausgehen. Sie könnten damit anfangen, zunächst all die guten Ideen auszuprobieren, die sie in den 60er Jahren ignoriert haben, dann die Ideen aus den 70er und 80er Jahren. Bis sie das alles durchprobiert haben, ist wieder ein Jahrzehnt vergangen, und es wird viele neue Ideen geben.

Beleuchten wir die mögliche Gefahr, daß ein Projekt inkonsistent entwickelte Produkte der Nachwelt hinterläßt. Sie müssen wohl zugeben, daß das heute selbst bei Firmen mit vielen Standards auch nicht viel anders ist. Was wir heute bezüglich Standards erreicht haben, könnte man als *Dokumentenkonsistenz* zwischen einzelnen Produkten bezeichnen. Wir haben keineswegs schon *funktionale Konsistenz* erreicht. Mit anderen Worten: die Standardisierungsbemühungen haben hauptsächlich eine Angleichung der mit einem Projekt verbundenen Dokumentation erreicht, nicht eine Angleichung der Produkte. Wenn die Dokumentationsspuren, die ein Projekt hinterläßt, geringfügig verschieden wären, so würde das nicht viel zu den generellen Unterschieden zwischen Projekten beitragen.

Eine Warnung bezüglich Pilotprojekten ist angebracht: Versuchen Sie nicht, mit mehr als einem neuen Technologieaspekt pro Projekt zu experimentieren. Es wird sehr viel über die Bedeutung von Firmenstandards diskutiert. Trotzdem findet man immer wieder Manager, die plötzlich alle Standards mißachten, wenn sie sich dazu durchgerungen haben, ein Projekt als Pilotprojekt laufen zu lassen. Sie setzen neue Hardware ein, eine neue Programmiersprache, neue Qualitätssicherungsrichtlinien, ein Matrixmanagement und neue Prototyptechniken - und das alles in einem Projekt!

Ein sinnvoller Ansatz in Pilotprojekten ist das Austesten einer neuen Komponente pro Projekt. In einer gesunden Firmenumgebung werden die Mitarbeiter einsehen, daß sie in jedem Projekt mit einer bestimmten neuen Technologie herumexperimentieren dürfen, sich aber in allen anderen Aspekten an die erprobten Firmenstandards halten müssen.

Wettkämpfe

In den vier Jahren, in denen wir die Wettkampfspiele für Programmierer veranstaltet haben, haben wir gelernt, daß manchmal solch rauhe Erfahrungen, die auf Konfrontation ausgelegt sind, bei denen man aber trotzdem nicht verlieren kann, eine hervorragenden Quelle zur Einführung gezielter Unordnung sind. Unsere Wettkämpfe waren auf die Welt der Programmierer zurechtgeschnitten; das Konzept läßt sich aber auf andere Branchen übertragen. Unabhängig von Ihrem Arbeitsgebiet kann es sehr unterhaltsam sein, wenn Sie sich an fest vorgegebenen Problemstellungen versuchen und hinterher Ihre Leistung mit einem statistisch ermittelten Leistungsprofil Ihrer Kollegen vergleichen können. (Natürlich ist das Ganze nur dann unterhaltsam, wenn die Sicherheits- und Vertrauensgarantien, die wir in Kapitel 8 beschrieben haben, eingehalten werden. Sie müssen wirklich darauf vertrauen können, daß die Ergebnisse keineswegs gegen Sie verwendet werden können.)

Diese Wettkämpfe ermöglichen Ihnen eine realistische Einschätzung Ihrer relativen Stärken und Schwächen; Ihre Organisation kann zu globalen Aussagen über Stärken und Schwächen kommen. Aus diesen Gründen führen zwei unserer Kunden nun jährlich solche Wettkämpfe durch, damit die Mitarbeiter ihre eigenen Fähigkeiten im Lauf der Zeit gezielt verbessern können. Einmal im Jahr unterwerfen sich alle einem geheimen Test, ungefähr so, wie sie zu den jährlichen Routineuntersuchungen zum Arzt gehen könnten.

Eine sehr effiziente Art, gezielte Unordnung zu stimulieren, sind Wettkämpfe, bei denen Ihre Mitarbeiter in Teams arbeiten müssen. Im folgenden beschreiben wir dafür eine Rahmenvorgabe, die wir mit einigem Erfolg (und ungeheuer viel Spaß) ausprobiert haben:

1. Machen Sie ein kleines Entwicklungsprojekt oder eine gut umrissene Problemstellung zum Versuchskaninchen. Am besten nehmen Sie eine Aufgabe, die in Ihrer Organisation wirklich erledigt werden muß. Die Größenordnung sollte ungefähr 1 bis 2 Mannmonate betragen. Suchen Sie nach einer Problemstellung, die innovativ und herausfordernd ist. Trotz-

dem aber sollten die typischen Fähigkeiten Ihrer Mitarbeiter dabei zum Tragen kommen.

2. Fangen Sie das Projekt ganz normal an, bis Sie zu einer wohldefinierten Aufgabenbeschreibung kommen.

3. Kündigen Sie ein 24-stündiges Projektturnier an, das am kommenden Wochenende durchgeführt wird. Stellen Sie sicher, daß Ihre Mitarbeiter Sie nicht verdächtigen, daß Sie der Firma durch ihre freiwillige Wochenendarbeit nur Geld sparen wollen. Erklären Sie ihnen, daß das Turnier am Wochenende stattfindet, damit man das Büro und alle Ressourcen ganz alleine für sich hat, nicht um Geld zu sparen. Fordern Sie Ihre Mitarbeiter auf, Teams von 4 Personen zu bilden, die auf freiwilliger Basis gegeneinander antreten.

4. Verteilen Sie die Aufgabenstellung, sowie die Ziele und die Spielregeln für das Turnier im voraus.

5. Am Tag des Turniers dürfen nur Teilnehmer die Firma betreten. Sorgen Sie dafür, daß alles da ist, was die Teams brauchen (Essen, Maschinen, Liegestühle, Kopierer, Konferenzräume, ...). Lassen Sie alle Teams die gleichen Aufgaben im direkten Konkurrenzkampf anfangen.

6. Stellen Sie Betreuer bereit, die über die Einhaltung der Spielregeln wachen, aber auch Probleme aus dem Weg räumen können. Die Betreuer sind auch dafür zuständig, jedes erreichte Zwischenergebnis lauthals zu verlautbaren.

7. Suchen Sie nach Möglichkeiten, jeden irgendwie gewinnen zu lassen (schnellste Lösung, robustestes Produkt, eleganteste Lösung). Veranstalten Sie einen großen Zirkus für alle erreichten Ergebnisse.

8. Installieren Sie das Siegerprodukt, oder auch einige davon nebeneinander. Überwachen Sie im Folgezeitraum die Produktstabilität, die Fehlerraten, die Akzeptanz durch die Anwender, die Kosten für Änderungen oder andere Parameter,

die den Projekterfolg beeinflussen. Berichten Sie den Teams über diese Zahlen.

Wenn Sie dieses Turnier erfolgreich organisieren, dann werden Ihnen die Mitarbeiter sagen, daß das die erfreulichste Erfahrung in ihrer bisherigen Karriere war; genau das sollte Ihr Ziel sein. Arbeiten Sie auf die Erreichung dieses Ziels hin, auch wenn Sie vielleicht ein paar Anläufe brauchen.

Ein paar Dinge müssen Sie bedenken, wenn Sie Experimente, wie z.B. solche Turniere durchführen wollen: erstens kostet das Geld. Fangen Sie nicht damit an, wenn Sie insgeheim hoffen, daß Ihre Mannschaft am Samstag etwas produziert, wofür Sie sonst Gehalt zahlen hätten müssen. Gehen Sie davon aus, daß das Turnier ein Vielfaches von dem kostet, was Sie investieren müßten, wenn Sie das Projekt ganz normal durchziehen. Zweitens sollten Sie viel Zeit investieren, um die Aufgabenstellung absolut wasserdicht zu bekommen, um die Betreuer gut vorzubereiten und um viele Meilensteine und Prüfpunkte einzubauen. Drittens müssen Sie sicherstellen, daß der Umfang des Projekts der zur Verfügung stehenden Zeit angemessen ist. (Niemand hat Spaß daran, wenn alle Teams scheitern oder wenn das Turnier eine Stunde nach dem Anfang schon abgeschlossen ist.) Schließlich sollten Sie vor allem bei den Essensausgaben großzügig sein. (Bei einem Turnier haben wir Picknickpakete von einem Restaurant in der New Yorker Innenstadt bestellt, ließen uns das Abendessen ins Haus liefern und haben um 2 Uhr nachts alle in ein Chinarestaurant geschleppt, um einen kleinen Imbiß einzunehmen.)

Die Einbeziehung der Nacht in das Turnier scheint aus irgendwelchen Gründen sehr viel zur Unterhaltung beizutragen. Die Mitarbeiter mögen die Situationen, die dabei entstehen: gemeinsam müde werden und gegen den Schlaf ankämpfen, unrasiert und ungekämmt zu arbeiten, auch einmal mürrisch und zerknittert sein zu dürfen, hinter die Fassade der anderen sehen zu können. Dabei entsteht ein sehr starkes Zusammengehörigkeitsgefühl:

"Während der Veranstaltung merkte ich, wie eine von den Kolleginnen auf dem Teppich in der Eingangshalle ein Nickerchen hielt. Ich kannte sie eigentlich schon seit Jahren und habe sie immer für etwas steif gehalten. Von dem Augenblick an hatte sich meine Meinung geändert. Ich habe über viele Leute meine Meinung geändert. Wir haben das alles gemeinsam erlebt."

- aus einer Turniernachbesprechung

Brainstorming

Brainstorming ist eine strukturierte, interaktive Sitzung, bei der es insbesondere um das Aufspüren kreativer Ideen geht. Bis zu 6 Personen treffen sich, um sich auf ein relevantes Problem zu konzentrieren. Die Spielregeln für so einen Sitzung und die Kunstgriffe, die der Einladende anwendet, tragen dazu bei, ein Brainstorming zu einem erfreulichen Erlebnis in puncto Unordnung zu machen, das sich sehr oft wirklich lohnt.

Es gibt nicht viele Spielregeln. Da Sie ja Chaos in den Gedankenprozeß einbringen wollen, ist für Regeln kein Platz. Als Moderator sollten Sie jedem klarmachen, daß es um die Quantität der Ideen geht, nicht um die Qualität. Sie müssen auch dafür sorgen, daß die Stimmung locker bleibt, manchmal sogar albern. Es passiert immer wieder, daß eine ursprünglich närrisch erscheinende Idee, die in einer formaleren Besprechung überhaupt nie ausgesprochen worden wäre, sich letztendlich durchsetzt. Während des Brainstormings dürfen die Ideen nicht bewertet werden. Die Bewertungsphase kommt später. Sorgen Sie dafür, daß keine negativen Äußerungen gemacht werden, wie z.B. "Das ist aber eine dumme Idee", denn gerade diese dummen Ideen führen bei anderen vielleicht zu sehr guten Ideen.

Wenn der Ideenfluß nachläßt, können Sie als Moderator folgende Kunstgriffe anwenden, um die Teilnehmer wieder zu aktivieren:

- Analogiedenken (Wie löst die Natur dieses oder ein ähnliches Problem?)
- Inversion (Wie könnten wir das Gegenteil von dem erreichen, was wir derzeit versuchen?)
- Eintauchen (Auf welche Weise können Sie sich in das Problem hineinversetzen?)

Im Kapitel "Kommentare" finden Sie einige gute Literaturverweise zum Thema Brainstorming.

Ausbildung, Reisen, Konferenzen und Feiern

Eine traurige Tatsache über unsere Arbeitsplätze in den Firmen ist, daß viele sich sehnsüchtig die Gelegenheit wünschen, einmal aus dem Büro herauszukommen. Am häufigsten hört man den Wunsch, mit Kollegen gemeinsam reisen zu können und dabei etwas Einmaliges erleben zu können. Das könnte zum Beispiel der gemeinsame Besuch eines Fortbildungskurses sein, insbesondere wenn das Thema etwas provokativer ist, oder eine Reise zu einer internationalen Konferenz über irgendetwas. Es wird umso attraktiver, wenn das Reiseziel etwas Besonderes ist. Sie können zwei Mitarbeiter von Boston aus für das gleiche Geld zu einer Konferenz nach London reisen lassen, wie zu einer Konferenz nach St. Louis oder Chula Vista.

Gerade wenn ein Team sich neu formt, ist es im Firmensinne vorteilhaft, wenn Sie um Reisekosten kämpfen, damit die Teammitglieder gemeinsam aus dem Büro herauskommen. Wenn der Kunde irgendwo weit weg sitzt, sollten Sie das ganze Team dorthin schicken, um die Gegend kennenzulernen. Wenn ein Abgabetermin einer gedankenintensiven Arbeit herannaht, dann sollten Sie das ganze Team in ein Konferenzzentrum oder Hotel stecken. Geben Sie den Mitarbeitern die Gelegenheit, gemeinsam zu fliegen, zu essen und ihre Rollen in dem neuen Team zu finden.

Eine Überlebenstrainingsschule verdient viel Geld damit, Firmengruppen in die Wildnis zu bringen und dort deren Mut zu testen. Die Gruppen müssen sich über Dschungelbrücken und durch Flußschnellen kämpfen, die Wasser der Penobscot-Bucht durchpflügen und die Hänge von Mount Katahdin bewältigen. Am Vortag haben sie noch mit IDMS gekämpft, jetzt hängen sie an den Fingerspitzen in der Steilwand, während ein Kollege das sichernde Seil hält. Natürlich ist diese Erfahrung nicht billig. Wenn Sie all die Kosten für die Schule, die Reise und die verlorenen Arbeitstage zusammenaddieren, dann kommen Sie auf mehrere tausend Dollar pro Person. In den meisten Firmen sind solche Ausgaben unvorstellbar. Aber betrachten wir doch einmal die anderen Firmen, die sich solche Überlebenstrainingsschulen oder ähnliches leisten. Haben sie etwas übersehen, was allen anderen, vernünftig kalkulierenden Firmen in der Welt klar geworden ist? Oder gehen sie nur an den Rand ihrer Möglichkeiten, um das Beste aus ihren Leuten herauszuholen?

Sind einige Tausend Dollar für ein solches Reiseexperiment zu viel für das Budget, das Sie für gezielte Unordnung ausgeben können? Wie wäre es denn vielleicht mit 40 Dollar? Einer der innovativsten Manager, die wir kennen, hat einen Hang dazu, ungewöhnliche Mittagessen für seine Mannschaft zu organisieren. Einmal ging er einfach auf die Straße und hat einen Würstchenverkäufer mit seinem ganzen Wagen voller Senf, Brötchen, Sauerkraut und mit aufgespanntem Sonnenschirm angeheuert, auf die dritte Etage gebracht und seinem Team Mittagessen servieren lassen. Für einen Ernährungswissenschaftler war das Essen ein Alptraum, für einen Soziologen ging ein Traum in Erfüllung. Diejenigen, die dabei waren, hatten unheimlich viel Spaß, begannen mit Parodien über ihre Arbeit, ihre Manager und über die Kollegen. Der Geräuschpegel bei dem Mittagessen stieg parallel zu ihrer Begeisterung. Es hat nur 40 Dollar gekostet, aber man spricht noch immer darüber. Natürlich konnte der Manager die Ausgaben als Geschäftsessen absetzen; aber es war eigentlich kein Essen, es war eine Feier.

Vernunft und Ordnung sind ohne jede Frage erstrebenswerte Bestandteile unseres täglichen Arbeitslebens. Es gibt aber auch Freiräume für Abenteuer, für Albernheit und für kleine Mengen von konstruktiver Unordnung.

Kapitel 25

Freie Elektronen

Die Generation unserer Eltern erlebte die Arbeit in ziemlich starren Strukturen innerhalb des Firmenumfelds. Man arbeitete für eine Firma, man mußte jeden Tag an der Stechuhr vorbei oder man hatte ohnehin fest vorgeschriebene Arbeitszeiten. Jeden Freitag bekam man seine Lohntüte und immer war das gleiche darin. Die Vorgesetzten wurden mit Respekt und Ehrerbietung behandelt: "Natürlich, Herr Dr. Müller, ich stürze mich sofort in diese Arbeit, Herr Dr. Müller." Man hatte nicht das Gefühl, an einem großartigen Lebenswerk zu arbeiten - es war einfach ein Job. Aber die Dinge haben sich geändert:

Einer meiner ehemaligen Kommilitonen hat kürzlich ein Treffen unserer Abiturklasse arrangiert. Es stellte sich heraus, daß von den zwanzig Kollegen, die dazu erschienen waren, nur einer einen "normalen Job" hatte, wie man sich das so vorstellt. Alle anderen waren selbständig, arbeiteten unabhängig, oder verdingten sich oder ihre Dienste auf irgendeine andere nicht-konventionelle Art.

-TDM

Das Phänomen der Heimindustrie

Die Nachricht, daß viele von uns als kleine Privatunternehmer von zu Hause aus arbeiten, ist nicht sehr neu. Viele verkaufen sich als Programmierer, als Designer und hin und wieder auch als Manager auf Tages- oder Wochenbasis. Es gibt sogar Agenturen, die sich darauf spezialisiert haben, solche unabhängigen Personen mit den Firmen in Kontakt zu bringen, die ein bestimmtes Know-how gerade brauchen.

Selbst große und renommierte Firmen und Institutionen beschäftigen immer wieder unabhängige Leute. Natürlich wäre es ihnen oft lieber, entsprechende Leute fest einzustellen, statt mit Freelancern zu arbeiten. Aber was bleibt ihnen übrig. Der Markt für diese Experten ist heute sehr gut. Diese Firmen müssen oft mit Dutzenden kleinen Organisationen mit blumigen Namen, wie Johann Tiefenbach und Co. (es gibt gar kein Co., nur Hans), oder Ideenschmiede Großranning kooperieren. Einige von den Heimwerkern, mit denen sie arbeiten müssen, sind ganz bestimmt etwas exzentrisch: sie arbeiten nur dann, wenn sie arbeiten wollen, machen vielleicht ein Projekt und nehmen sich dann wieder zwei, drei Monate frei zum Schi laufen. Bah! Wie unprofessionell.

Wenn Sie einer der Industriebosse sind, dann kann Ihnen diese Heimindustrie schon ganz schön im Magen liegen. Diese selbständigen Kleinunternehmer tendieren nicht nur zur Aufsässigkeit, sie sind auch ein fürchterlich schlechtes Vorbild für Ihre Mitarbeiter. Sie haben mehr Freiheit, mehr Freizeit, und viel mehr Wahlmöglichkeiten bezüglich ihrer Arbeit.

Fellows, Gurus, und Unternehmer in der Firma

Organisationen geraten unter immer stärkeren Druck, ihren besten Angestellten auch attraktive Angebote innerhalb der Organisation zu unterbreiten, ansonsten laufen sie weg und machen sich selbständig. Eine Alternative dazu sind Positionen, deren Aufgaben nur vage umrissen sind, so daß die Positionsinhaber ziemlich viel Mitspracherecht bei der Definition der Aufgaben haben. Die Jobbeschreibung könnte z.B. so aussehen: "Untersuchen Sie Methoden für das nächste Jahrzehnt", oder "Stellen Sie einen neuen, anregenden Ausbildungsplan auf", oder "Entwerfen Sie eine ideale Workstationumgebung für Systementwickler".

Im Extremfall kann die Aufgabenbeschreibung sogar ein Blankoscheck sein; wenn Ihre Firma in der glücklichen Lage ist, ein ergebnisorientiertes, von sich aus motiviertes Genie in ihren Reihen zu haben, dann reicht es oft, zu sagen "Definieren Sie sich Ihren eigenen Job". Unser Kollege Steve McMenamin bezeichnet solche Personen als "freie Elektronen", da sie ihre Umlaufbahn weitgehend frei festlegen können.

Der Trend, immer mehr solche freie Elektronen in einer Firma zu haben, ist nicht nur eine Reaktion auf das Phänomen der stärker werdenden Heimindustrie. Der Grund, daß es soviele Gurus, Fellows, und interne Top-Berater in gesunden, modernen Firmen gibt, ist ganz einfach: die Firmen profitieren davon. Diese Personen tragen überproportional zum Erfolg der Organisationen bei, die sie anstellen. Sie sind hochmotiviert, der Firma mehr zu geben, als die Dotierung ihrer Position ausmacht.

Wohin ich gehe und was ich treibe, das lege ich ziemlich selbständig fest. Die Firma hat erkannt, daß sie jemanden braucht, der all die Dinge untersucht, die wir derzeit nicht direkt brauchen; daraus resultiert meine unstrukturierte Aufgabenbeschreibung. Eigentlich bin ich eine Art Importeur, ständig auf der Suche nach neuen Technologien, die uns helfen könnten. Diese Position hat die Loyalität zu meiner Firma erhöht, nicht jedoch die Loyalität zu meinem alten Aufgabengebiet, der Informationsforschung - ich nehme gute Ideen von überall an, wo ich sie bekommen kann. Mein Erfolg ist durch den Wert definiert, den ich meiner Firma bringe. Ich fühle mich fast so, wie wenn mir die Firma gehörte. Es gibt eine ganze Menge Mitarbeiter, die irgendwo in sich diesen Unternehmergeist verspüren. Sie müssen nur nach solchen Ausschau halten und sie dazu ermutigen, doch etwas innerhalb der Firma zu unternehmen.

-Michael L. Mushet
Leiter der Technologieforschung
Southern California Edison

Ich habe im Lauf der letzten Jahre eine Menge unterschiedlicher Posten in der Firma bekleidet, aber nur einen davon gab es schon, bevor ich die Aufgabe übernahm. Seither habe ich immer wieder meine Aufgabengebiete weitestgehend selbst definieren können. Es gibt immer irgendwen in einer großen Organisation, der sinnvolle Arbeit auf einem neuen Gebiet sponsert, zumindest bis zu einem bestimmten Umfang. In den besten Fällen vertraut das höhere Management eher einer Person als einer bestimmten Idee. Die Person definiert und verkauft dann ein Konzept. Jeder sollte etwas Verantwortung für weiter gesteckte Ziele haben und ein paar Freiräume, um auf solche Ziele auch hinarbeiten zu können.

- Richard Branton
Leiter der Informationsdienste Datenadministration
Southern Company Services, Inc.

Es funktioniert immer, wenn Personen ein starkes Maß an Selbstmotivation mitbringen und bei Ihrer Arbeit den Boden der Tatsachen nicht aus den Augen verlieren. Ich werde immer wieder in die Realität zurückgeholt, weil das Interesse meiner Firma es verlangt. Eine Menge reiner Forschungsarbeit verläuft im Sande. Es ist wichtig, daß man sich eher auf die angewandte Technologie konzentriert, denn das kann man immer zum Nutzen der Firma einsetzen. Die ganze Idee von sehr lockeren Aufgabenbeschreibungen kann natürlich auch schief gehen, wie bei Xerox. Einige der besten Mitarbeiter kamen zu dem Schluß, daß die Firma nie etwas von den guten Ideen umsetzen wird, die sie [in XEROX PARC] entwickelt hatten, und sind daher gegangen.

-Bill Bonham
Sage Fellow
MicroSage Computer Systems, Inc.

Ohne elterliche Aufsicht

In der sowjetischen Gesellschaft, insbesondere unter den Mitgliedern der kommunistischen Partei, gibt es ein sehr ausgeprägtes System zur Lebensberatung. Nahezu jeder erhält einen Berater zur Seite gestellt, jemanden, mit dem man sich wöchentlich trifft, um Hilfestellung bei wichtigen Entscheidungen zu bekommen, um Eheprobleme oder Schwierigkeiten in der Firma aus dem Weg zu räumen und um die politische Gesinnung immer wieder aufzufrischen. Der Berater nimmt in vielen Aspekten die Rolle der Eltern wahr.

Für Menschen aus dem Westen klingt das fürchterlich aufdringlich. Wir glauben, daß jeder solche Fragen mit sich alleine ausmachen sollte, oder daß es einem zumindest freigestellt sein muß, woher man sich Hilfe besorgt. Die Erfahrung zeigt, daß uns dieses feine Gefühl von Unabhängigkeit und Individualität an unserem Arbeitsplatz verlorengegangen ist. Dort hat sich inzwischen die Meinung etabliert, daß feste Vorgaben von "oben" kommen müssen. Fast jeder erwartet eine klare Anweisung des Chefs und akzeptiert die Vorgaben, welche Ziele erreicht werden müssen, damit das Projekt als Erfolg eingestuft wird. Viele Personen brauchen solche wohldefinierten Vorgaben; schwierig ist nur das Management der Personen, die so etwas nicht brauchen.

Die Fähigkeit, die wenigen Schüsselfiguren zu erkennen, die ein ausgewogenes Maß an zukunftsorientierten Ideen und Erfahrung aus der Vergangenheit mitbringen, und diesen Schlüsselfiguren dann auch Freiheiten einzuräumen, kennzeichnen einen Topmanager. Solche Manager wissen, daß sie diesen freien Elektronen ohnehin keine Richtung aufzwingen können. Sie sind inzwischen an einem Punkt angelangt, wo ihre selbstgesetzten Ziele wesentlich besser den Zielen der gesamten Organisation entsprechen, als jede Anweisungen, die von "oben" erteilt werden könnte. Es ist Zeit, ihnen aus dem Weg zu gehen.

Kapitel 26

Holgar Dansk

Wir haben dieses Buch in Form von mehreren Essays zu dem Thema zusammengestellt, woran Firmen oder Projekte scheitern können. Wenn wir unser Ziel erreicht haben, dann sollten Sie die Situation in Ihrer Firma wenigsten in einigen der Aufsätze wiedererkannt haben. Jedes Kapitel, auch die schwermütigsten, enthalten einige konstruktive Ratschläge und Maßnahmen, die Sie ergreifen können, um ein Projekt, eine Abteilung oder eine ganze Organisation wieder auf Vordermann zu bringen. Natürlich reichen diese Maßnahmen alleine nicht aus, aber sie stellen zumindest Weichen. Sie ermutigen Sie, den Kampf mit der Möbelpolizei aufzunehmen, gegen die Entropie in der Firma anzugehen, sich gegen teammörderische Tendenzen aufzulehnen, die Qualität Ihrer Produkte zu steigern (auch wenn dafür *keine* Zeit zur Verfügung steht), das Parkinsonsche Gesetz abzuschaffen, METHODIKEN nicht mehr so ernst zu nehmen, Ihren U-Faktor zu erhöhen, mehr Vertrauen zu haben, und noch viele andere Dinge anzupacken.

Man muß nicht gerade Hellseher sein, wenn man voraussagt, daß Sie sicherlich nicht all diese Maßnahmen umsetzen können. Wenn Sie zuviel davon auf einmal probieren, werden Sie sich nur verzetteln. Der Krawall, den Sie machen, wird mehr Unruhe auslösen als Positives bewirken und Ihre Kollegen und Ihre Chefs werden Sie als Quengler einstufen. *Eine* Änderung ist genug. Selbst *eine* fühlbare Änderung der Soziologie in Ihrer Organisation ist schon ein Riesenerfolg.

Warum gerade ich?

Die Herausforderung, nur eine einzige Änderung herbeizuführen, ist für eine Einzelperson schon groß genug. Wenn Sie etwas zögern, sich in diese Schlacht zu stürzen, so ist dies nur allzu gut verständlich. Wer sind Sie schon, im Vergleich zu der mächtigen Gruppe, die gerade eine neue METHODIK einführen will, oder der Gruppe, die die neue Büroausstattung plant und vorbereitet? Sind Sie wirklich stark genug?

Vor einigen Jahren gab es einen berühmten Stierkämpfer, der unter dem Namen El Cordobes auftrat. Er war eine charismatische Persönlichkeit. Sowohl sein Privatleben, wie auch seine berufliche Karriere wurden ständig von der Weltpresse beobachtet. In einem Interview fragte ein Reporter El Cordobes, was er an Training treibe, um den Anstrengungen des Stierkampfes gewachsen zu bleiben.

> "Training?"
>
> "Ja, Sie wissen schon: Jogging oder Gewichtheben, um in Form zu bleiben."
>
> "Ich glaube, mein Freund, Sie haben da etwas falsch verstanden. Ich ringe nicht mit den Stieren."

Wenn Sie versuchen, solche Änderungen herbeizuführen, dann liegt der Schlüssel zum Erfolg darin, daß Sie nicht versuchen, mit dem Stier zu ringen. Dazu fehlt Ihnen sicherlich die Kraft.

Eine Einzelperson kann mit großer Wahrscheinlichkeit solche Änderung nicht alleine herbeiführen. Sie müssen aber nicht alleine agieren. Wenn irgendetwas augenscheinlich schief läuft (wie zu viel Lärm am Arbeitsplatz), dann muß man gar nicht viel tun, um andere Leute wachzurütteln. Dann sind Sie plötzlich nicht mehr alleine. Jetzt machen alle mit.

Der schlafende Riese

Ein paar Kilometer nördlich der dänischen Hauptstadt Kopenhagen liegt das Schloß Kronborg. Für ein paar Kronen können Sie die Kellergewölbe des Schlosses besuchen und dort die Umrisse von Holgar Dansk sehen, dem legendären schlafenden Riesen von Dänemark. Solange das Land in Frieden lebt, schläft er ruhig. Sollte Dänemark jedoch jemals in Gefahr geraten, dann würde Holgar aufwachen und sein Zorn wäre fürchterlich. Ganze Klassen von dänischen Schulkindern schleichen auf Zehenspitzen in die Keller, um den schlafenden, 5 Meter großen Riesen zu sehen. Neben ihm liegen sein Schild und sein Schwert bereit und auch seine Rüstung. Die Kinder flüstern ganz leise - denn keiner möchte den Riesen im Einsatz erleben. Aber alle sind froh, daß er auf ihrer Seite steht.

Vielleicht gibt es auch in Ihrer Organisation einen schlafenden Riesen, der sofort aufwacht, wenn Gefahr droht. Gefahr droht immer dann, wenn es zuviel Entropie gibt, und zu wenig gesunden Hausverstand. Der Riese steckt in den Körpern Ihrer Kollegen und Ihrer Mitarbeiter, in den Körpern aller vernünftig denkenden Männer und Frauen, deren Geduld fast am Ende ist. Ob das nun große Strategen und Planer sind, ist nicht wichtig, sie erkennen auf jeden Fall Dummheit, wenn sie diese sehen. Und einige Dinge, die unser Arbeitsumfeld und die Soziologie am meisten schädigen, sind einfach dumm.

Wie man den Riesen weckt

Man braucht nicht viel zu tun, um den Riesen aufzuwecken. Wenn die Zustände unerträglich genug geworden sind, dann braucht man nur einen kleinen Katalysator; eine leise Stimme, die nur einmal sagt: "Das ist doch unerträglich". Alle wissen sofort, daß das wahr ist. Und wenn es einmal ausgesprochen wurde, dann kann man es nicht länger ignorieren.

Es klingt vielleicht nach Idealismus, aber wenn Sie den schlafenden Riesen in Ihrer Firma aufwecken, dann sind Sie nicht der Erste:

- Eine ganze Abteilung in einer großen Behörde hat ihre Telefone mit Papiertüchern ausgestopft. Jetzt klingelt kein Telefon mehr laut - man hört nur ein leises Surren (oder ist das die sanfte Stimme von Holgar Dansk?).

- In einer kalifornischen Firma gab es massenweise Guerilla-Attacken gegen das Personenrufsystem in der Programmierabteilung. Ständig waren die Drähte durchgeschnitten. Weil die Programmierer in einer alten Montagehalle untergebracht waren, waren die Decken (und die Lautsprecher des Personenrufsystems) in mehr als 5 Meter Höhe angebracht. Wer konnte so hoch nach oben reichen? Vielleicht war es der Riese Holgar Dansk.

- Der Manager eines großen Projekts in Minneapolis hat sich gewehrt, seine Mannschaft in neue Räume zu übersiedeln. ("Neu" bedeutete in diesem Fall kleinere und lautere Räume.) Die Verwaltung war angesichts dieser Weigerung total verblüfft; sie hatten so etwas für unmöglich gehalten. Die Arbeiter hatten gefälligst das zu tun, was man ihnen sagt. Der Manager hatte zu dem Thema eine andere Meinung: Die Arbeiter sollten arbeiten. Er hatte genug Fakten zusammengetragen, die ihn davon überzeugten, daß in der neuen Umgebung keine sinnvolle Arbeit möglich war. Deshalb verweigerte er als Manager die Übersiedlung. Wenn er allein gewesen wäre, hätte er leicht überstimmt werden können. Aber er war nicht allein. Holgar Dansk war auf seiner Seite.

- Eine australische Firma stellt die Projektteams nicht mehr selbst zusammen, sondern gestattet es den Mitarbeitern, sich selbst zu Teams zusammenzuschließen. In dieser Firma suchen Sie sich selbst zwei Kollegen aus; die Firma weist Arbeiten dann an solche Gruppen zu. Ohne etwas Druck von Holgar Danks wäre das sicherlich nicht so leicht möglich gewesen.

Wenn Sie über die eine oder andere Beobachtung in diesem Buch traurig gelächelt haben, dann sollten Sie jetzt aufhören zu lächeln und endlich zur Tat schreiten. Soziologie ist viel wichtiger als Technologie und sogar wichtiger als Geld. Arbeit sollte produktiv sein, zufrieden stellen und Spaß machen. Wenn das nicht der Fall ist, dann gibt es nichts Lohnenderes, worauf Sie sich konzentrieren könnten. Überlegen Sie sorgfältig, an welcher Stelle Sie zupacken wollen, sammeln Sie Fakten und verschaffen Sie sich Gehör. Sie können etwas ändern ... mit etwas Hilfe von Holgar Dansk.

Kommentare

Kapitel 1

S.3 Die DeMarco/Lister-Projektübersichten sind in [DeMarco, 1977], [DeMarco, 1978], [DeMarco, 1982] und [DeMarco & Lister, 1985] beschrieben.

S.4 Die Zahl über die Fehlerraten von Projekten mit mehr als 25 Personenjahren stammt von [Jones, 1981].

Kapitel 2

S.9 Wir haben Begriffe wie "Kopfarbeiter", "Systementwickler", "Geistesarbeiter" und "Intellektarbeiter" an verschiedenen Stellen im Buch verwendet. Wir sprechen dabei immer über Personen, die sich ihren Lebensunterhalt hauptsächlich durch Denken verdienen müssen.

S.14 Leider gibt es keine Nationales Amt für Tatsachen, das sorgfältig recherchierte Zahlen und Prozentangaben über die Zeiten publiziert, die ein Entwickler mit Nachdenken oder mit der Erprobung neuer Methoden verbringt. Die Fünf-Prozent-Angabe, die im Text erwähnt wird, stammt aus Experimenten, in denen Personen entweder laut vor einer Gruppe von Beobachtern nachgedacht hat, während sie ein Problem lösten, oder es anderen erlaubten, sie durch einen Einwegspiegel bei der Arbeit zu beobachten. Mehr dazu finden Sie in [Soloway & Iyengar, 1986].

S.14 Die Statistiken über den Besitz von Büchern und das Lesen stammen aus privater Korrespondenz mit Karl Karlstrom, dem Hauptherausgeber und Vizepräsidenten der College-Abteilung von Prentice Hall, 1981.

Kapitel 3

S.15 Die Verse und der Kapiteltitel sind aus dem Album "The

Stranger" von Billy Joel aus dem Jahre 1977 entnommen und mit Genehmigung hier wiedergegeben.

S.20 Näheres zu dem Eagle-Projekt von Data General finden Sie in [Kidder, 1981].

Kapitel 4

S.25 Lesen Sie [Jones, 1981], wenn Sie mehr über die vorherrschenden Standards über Softwarequalität wissen möchten.

S.26 [Tajima & Matsubura, 1984], Seite 40

S.26 Vgl. [Crosby, 1979]

Kapitel 5

S.28 Mehr über dieses berühmte Gesetz in [Parkinson, 1954].

S.30 Die neuesten Zahlen über die Studien in New South Wales finden Sie in [Jeffery & Lawrence, 1985].

S.31 Vgl. [Boehm, 1982]

S.31 Die Tabellen 5.1 und 5.2 stammen aus [Jeffery & Lawrence, 1985].

S.32 Das Zitat stammt aus [Jones, 1986], Seite 213.

S.33 Tabelle 5.3 stammt ebenfalls aus [Jeffery & Lawrence, 1985].

S.33 Ihre Bedenken, die 24 Projekte, für die keine Schätzungen gemacht wurden, könnten in irgendeiner Beziehung etwas Besonderes gewesen sein, sind berechtigt: vielleicht sehr kurze Projekte, oder Projekte mit sehr erfahrenen Mitarbeitern. Wir haben die Daten nach so offensichtlichen Fakten durchsucht, aber keine davon gefunden.

Kapitel 6

S.38 Die Angaben über die (so bedauerlich kleinen) Produktivitätssteigerungen in der Software-Industrie haben wir von [Morrissey & Wu, 1980] übernommen.

Kapitel 7

S.46 Christopher Alexander führt seine Gründe für Räume mit Fenstern in [Alexander et al., 1977] an. Mehr über Fenster in Kapitel 13.

Kapitel 8

S.50 Die Spielregeln und die Daten über die öffentlichen Produktivitätsstudien von 1977 bis 1981 sind in [DeMarco, 1982] dargestellt. Die Kriegsspiele für Programmierer wurden in [DeMarco & Lister, 1985] ausführlich beschrieben.

S.52 Die Produktivitätsunterschiede in Abb. 8.1 und die drei Faustformeln wurden aus folgenden Quellen abgeleitet: [Boehm, 1981], Seite 435-437 und Seite 447; [Sackman et al., 1968], Seite 3 - 11 und [Augustine, 1979]. Eine spätere Studie von Michael Lawrence an der Universität von New South Wales verleiht den Faustformeln noch mehr Gewicht. (Vgl. [Lawrence, 1981])

S.53 Abb. 8.2 über die Leistungsschwankungen in den Kriegsspielen von Programmierern ist aus [DeMarco & Lister, 1985] entnommen.

S.54 Mehr über die schwachen Wechselwirkungen zwischen Produktivität einerseits und Gehalt und Erfahrung andererseits finden Sie in [Lawrence & Jeffery, 1983].

S.55 Das Zitat von Harlan Mills stammt aus [Mills, 1983], Seite 266.

S.57 Wir sind nicht die Einzigen, die über den Zusammenhang zwischen Arbeitsumfeld und Produktivität berichten. Ergänzenden Ausführungen finden Sie bei [Boehm et al., 1984].

Kapitel 9

S.59 Die Zahlen über Raumkosten stammen von [Brill, 1983].

S.60 Vgl. [Brunner, 1972]

S.61 Zitat aus *Data Management*: vgl. [Dittrich, 1984].

S.62 Details über die IBM-Studie finden Sie in [McCue, 1978].

S.63 Abb. 9.1 ist aus [DeMarco & Lister, 1985] entnommen.

Intermezzo

S.69 Gilb ist weder der Erste noch der Einzige, der über Meßbarkeit spricht. Sie finden z.B. auch in [Gilbert, 1978] Näheres dazu.

S.70 Bezüglich Meßlatten für Produktivität vgl. [Albrecht, 1979], [Bailey & Basili, 1981], [Boehm, 1981], [Jones, 1986] und [DeMarco, 1982]

S.70 Die Produktivitätsmessungen als Dienstleistung, die wir erwähnt haben, werden unter der Bezeichnung "Software Evaluation and Assessment Service" von Quantitative Software Management in McLean, Virginia, angeboten.

S.71 Vgl. [DeMarco, 1982] bezüglich mehr Details zum Messen von individuellen Leistungsmerkmalen mit verschlossenen Augen.

Kapitel 10

S.73 Tabelle 10.1: vgl. [McCue, 1978].

S.74 Mehr zum Thema "In Fahrt" finden Sie in [Goleman, 1986] und [Brady, 1986]

Kapitel 12

S.91 Das Cornell-Experiment wurde nie dokumentiert. Deshalb sind die Ergebnisse nur mehr vom Hörensagen bekannt, außer bei denen von uns, die damals dabei waren. Ähnliche Aussagen über den Effekt von Musik auf die Konzentration finden Sie aber bei [Jaynes, 1976] auf den Seiten 367 und 368.

Kapitel 13

S.94/95 Zitat aus [Alexander, 1979], Seite 7.

S.97 Zitat aus [Alexander et al., 1975], Seite 10 und 11.

S.97 Die Abbildung stammt aus [Alexander et al., 1975], Seite 46

S.98/99 Zitat aus [Alexander et al., 1977], Seite 847 - 851.

S.99 Die Abbildung stammt aus [Alexander et al., 1977], Seite 846.

S.102 Abbildung aus [Alexander et al., 1975], Seite 125.

S.102 Unsere Informationen darüber, daß Fenster für jeden Mitarbeiter keine Zusatzkosten verursachen, stammen aus privater Korrespondenz mit Michael Brill, Geschäftsführer von BOSTI, aus dem März 1987.

S.104 Zitat aus [Alexander et al., 1977], Seite 697-699

Kapitel 16

S.121 Typische Fluktuationszahlen finden Sie in [Bartol, 1983].

S.124 Das niedrige Durchschnittsalter derjenigen, die wirklich Produkte entwicklen, ist überraschend. Originalzahlen finden Sie bei [Hodges, 1986].

S.126 Vgl. [Townsend, 1970], Seite 64.

Kapitel 17

S.136 Ken Orr hat die Idee der METHODIKEN in seinem reizvollen Büchlein "The One Minute Methodology" aufgegriffen.

S.139 Eine hervorragende Abhandlung über den Hawthorne-Effekt finden Sie in [Parsons, 1974].

Kapitel 20

S.154 Vgl. [DeBono, 1970]

S.157 Vgl. [Jones, 1981]

Kapitel 22

S.166 Vgl. [Thomsett, 1980]

S.167 Vgl. [Robbins, 1977], Seite 280.

Kapitel 23

S.176 Der Titel dieses Abschnitts über Lob stammt von einer Präsentation von Nancy Meabon bei der Konferenz *Feedback '86*, die von Ken Orr & Associates im Oktober 1986 in Kansas City veranstaltet wurde.

Kapitel 24

S.189 Die ursprüngliche Idee für derartige Wettspiele stammt von Robert Chase. Unter der Bezeichnung "Hotel and Club Management Simulation Exercise" wurden die Wettspiele vom Statler College of Hotel Administration and der Cornell Universität durchgeführt.

S.192 Die beste Quelle über Brainstorming ist DeBonos immer wieder faszinierendes Buch *Lateral Thinking: Creativity Step by Step*. DeBono weist auf den Zusammenhang zwischen Kreativität und Humor durch eine Reihe von einfachen Übungen hin. Wenn Sie das Buch fertiggelesen haben, dann werden Sie jedesmal, wenn Sie lachen, nach kreativen Einsichten suchen.

S.192 DeBono ist der Meister bezüglich Kreativität als Übung für den *Einzelnen*. Einige der besten, kreativen Einfälle in der Geschäftswelt kamen jedoch von kreativen Teams. Die beste Quelle für Teamkreativität (oder Synetik) ist William J.J. Gordon. [Gordon, 1961] ist ein leicht lesbares, anregendes und überaus wundervolles Buch.

Kapitel 26

S.200 Während der deutschen Besetzung in den 40er Jahren wählte eine sehr aktive dänische Widerstandsbewegung den Namen "Holgar Dansk".

Literatur

[Albrecht, 1979]
Albrecht, A.J.: *Measuring Application Development Productivity,* Proceedings of the Joint SHARE/GUIDE/IBM Application Development Symposium, Chicago, Guide International Corp., 1979

[Alexander, 1964]
Alexander, Christopher: *Notes on the Synthesis of Form,* Cambridge, Mass., Harvard University Press, 1964

[Alexander, 1979]
Alexander, Christopher: *The Timeless Way of Building,* New York, Oxford University Press, 1979

[Alexander et al., 1975]
Alexander, Christopher; M. Silverstein; S. Angel; S. Ishikawa; D. Abrams: *The Oregon Experiment,* New York: Oxford University Press, 1975

[Alexander et al., 1977]
Alexander Christopher; S. Ishikawa S.; M. Silverstein; M. Jacobsen; I. Fisksdahl-King; S. Angel: *A Pattern Language,* New York: Oxford University Press, 1977

[Augustine, 1979]
Augustine, N.R.: *Augustine's Laws and Major System Development Programs,* Defense Systems Management Review, 1979, Seite 50ff

[Bailey & Basili, 1981]
Bailey, J.W.; V. R. Basili: *A Meta-Model for Software Development and Resource Expenditures,* Proceedings of the 5th International Conference on Software Engineering, New York: Institute of Electrical and Electronics Engineering, 1981, Seite 107ff

[Bartol, 1983]
Bartol, K.: *Turnover Among DP Personnel: A Causal Analysis,* Communications of the ACM, Vol 26, No 10, October 1983, S. 807ff

[Boehm, 1981]
Boehm, Barry W.: *Software Engineering Economics,* Englewood Cliffs, N.J., Prentice Hall, 1981

[Boehm et al., 1984]
Boehm, Barry W.; Maria H. Penedo; E. Don Stuckle; Robert D. Williams; Arthur B. Pyster: *A Software Development Environment for Improving Productivity,* IEEE Computer, Vol. 17, No 6, June 1984, S. 25ff

[Brady, 1986]
Brady, J.: *A Theory of Productivity in the Creative Process,* IEEE Computer Graphics & Applications, May 1986, S. 25ff

[Brill, 1983]
Brill, Michael; Stephen T. Margulis, Ellen Konar, BOSTI: *Using Office Design to Increase Productivity,* Buffalo, N.Y., Buffalo Organization for Social and Technological Innovation, 1983

[Brunner, 1972]
Brunner, John: *The Sheep Look Up,* New York, Ballantine Books, 1972

[Couger & Zawacki, 1980]
Couger, J. Daniel; Robert A. Zawacki: *Motivating and Managing Computer Personal,* New York, John Wiley & Sons, 1980

[Crosby, 1979]
Crosby, Philip B. *Quality is Free: The Art of Making Quality Certain,* New York, McGraw-Hill, 1979

[deBono, 1970]
deBono, Edward: *Lateral Thinking: Creativity Step by Step,* New York, Harper & Row, 1970

[DeMarco, 1977]
DeMarco, Tom: *Report on the 1977 Productivity Survey,* New York, Yourdon Inc., September 1977

[DeMarco, 1978]
DeMarco, Tom: *Structured Analysis and Systems Specification,* Englewood Cliffs, N.J., Prentice Hall, 1978

[DeMarco, 1982]
DeMarco, Tom: *Controlling Software Projects: Management, Measurement & Estimation,* Englewood Cliffs, N.J., Prentice Hall, 1982

[DeMarco & Lister, 1985]
DeMarco, Tom; Tim Lister: *Programmer Performance and the Effects of the Workplace,* Proceedings of the 8th International Conference on Software Engineering, New York, Institute of Electrical and Electronics Engineers, 1985, S. 268ff

[Dittrich, 1984]
Dittrich, R.: *Open-Plan DP Environment Boosts Employee Productivity,* Data Management, Vol 22, 1984

[Forester, 1950]
Forester, C.S.: *Midshipman Hornblower,* New York, Pinnacle Books, 1950

[Gilb, 1977]
Gilb, Tom: *Software Metrics,* Cambridge, Mass., Winthrop Publishers, 1977

[Gilbert, 1978]
Gilbert, Thomas F.: *Human Competence: Engineering Worthy Performance,* New York: McGraw-Hill, 1978

[Goleman, 1986]
Goleman, D.: *Concentration Is Likened to Euphoric States of Mind,* New York, Science Times, The New York Times, March 4, 1986

[Gordon, 1961]
Gordon, William J.J.: *Synectics,* New York, Harper & Row, 1961

[Hodges, 1986]
Hodges, Parker: *Salary Survey: Small Change for DP Pros,* Datamation, Vol 32, No 18, Sept. 15, 1986, S. 72ff

[Jaynes, 1976]
Jaynes, Julian: *The Origin of Consciousness in the Breakdown of the Bicameral Mind,* Boston, Houghton Mifflin, 1976

[Jeffery & Lawrence, 1985]
Jeffery, D.R; M.J. Lawrence: *Managing Programming Productivity,* Journal of Systems and Software, Vol 5, No 1, January 1985

[Jones, 1981]
Jones, Capers: *Programmer Productivity: Issues for the Eighties,* IEEE Catalog No. EHO 186-7, New York, Institute of Electrical and Electronics Engineers, 1981

[Jones, 1986]
Jones, Capers: *Programming Productivity,* New York, McGraw-Hill, 1986

[Kidder, 1981]
Kidder, Tracy: *The Soul of a New Machine,* Boston, Atlantic Monthly/Little Brown, 1981

[Lawrence, 1981]
Lawrence, Michael: *Programming Methodology, Organizational Environments, and Programming Productivity,* Journal of Systems and Software, Vol 2, 1981, S. 257ff

[Lawrence & Jeffery, 1983]
Lawrence, Michael; D.R. Jefferey: *Commercial Programming Productivity - An Empirical Look at Intuition,* Australian Computer Journal, Vol 15, No 1, February 1983, S. 28

[McCue, 1978]
McCue, Gerald: *IBM's Santa Teresa Laboratory - Architecture Design for Program Development,* IBM Systems Journal, Vol 17., No. 1 (1978), S. 320ff

[Mills, 1983]
Mills, Harlan D.: *Software Productivity in the Enterprise,* Software Productivity, Boston, Little Brown, 1983

[Morrissey & Wu, 1980]
Morrissey, J.H.; S.-Y. Wu: *Software Engineering: An Economic Perspective,* Proceedings of the 4th International Conference on Software Engineering, New York: Institute of Electrical and Electronics Engineers, 1979, S. 412ff

[Orr, 1984]
Orr, Kenneth T.: *The One Minute Methodology,* Topeka, Kan., Ken Orr and Associates, 1984

[Parkinson, 1954]
Parkinson, C. Northcote: *Parkinson's Law and Other Studies in Administration,* New York, Ballantine Books, 1979

[Parsons, 1974]
Parsons, H.M.: *What Happened at Hawthorne?,* Science, Vol. 183, March 8, 1974, S. 922ff

[Robbins, 1977]
Robbins, Tom: *Even Cowgirls Get the Blues,* New York, Bantam Books, 1977

[Sackman et al., 1968]
Sackman, H.; W.J. Erikson; E.E. Grant: *Exploratory Experimental Studies Comparing Online and Offline Performance,* Communications of the ACM, Vol 11, No. 1, January 1968, S. 3ff

[Soloway & Iyengar, 1986]
Soloway, Elliot; Sitharam Iyengar (Hrsg.): *Empirical Studies of Programmers,* Norwood, N.J., Ablex Publishing Corp. 1986

[Tajima & Matsubara, 1984]
Tajima, D.; T. Matsubara: *Inside the Japanese Software Industry,* IEEE Computer, Vol 17., March 1984

[Thomsett, 1980]
Thomsett, Rob: *People & Project Management*, Englewood Cliffs, N.J.: Prentice Hall, 1980

[Townsend, 1970]
Townsend, R.: *Up the Organisation,* New York: Alfred A. Knopf, 1970